"十二五"国家重点图书出版规划项目
长江黄金水道建设关键技术丛书

# 航运综合信息服务系统技术与应用

杜经农　赵德鹏　等　著

人民交通出版社股份有限公司
China Communications Press Co.,Ltd.

## 内 容 提 要

本书围绕内河航运综合信息服务系统的构建技术，以长江航运综合信息服务系统为例，针对航运业务流分析、业务协同建模、航运综合信息服务系统逻辑结构设计、软件平台架构设计、综合信息服务支撑技术等关键技术问题进行了探索和研究，提出了综合信息服务数据中心建构方案、数据交换标准、综合信息服务平台与智能终端的开发方案。

本书可作为航运信息化工程设计人员和信息化管理者的参考书，也可供相关院校的师生参考。

## Abstract

Based on the construction technologies of the integrated inland shipping transportation information service system, taking the integrated shipping transportation information service system of the Yangtze River as instance and focusing on shipping traffic flow analysis, business cooperative modeling, logic architecture design of the integrated shipping transportation information service system, software platform architecture design and integrated information service support technology etc, this book offers construction schemes of integrated information service data center, data exchange standards and development programs of integrated information service platform and intelligent terminals.

This book can serve as reference for both shipping transportation information engineering designers and information managers, as well as teachers and students of related specialties in colleges and universities.

**图书在版编目 (CIP) 数据**

航运综合信息服务系统技术与应用 / 杜经农等著
.—北京：人民交通出版社股份有限公司，2015.12
(长江黄金水道建设关键技术丛书)
ISBN 978-7-114-12540-9

Ⅰ.①航… Ⅱ.①杜… Ⅲ.①长江－内河航运－信息化－研究 Ⅳ.①U6–39

中国版本图书馆 CIP 数据核字 (2015) 第 243277 号

长江黄金水道建设关键技术丛书
**书　　名：**航运综合信息服务系统技术与应用
**著 作 者：**杜经农　赵德鹏　等
**责任编辑：**丁润铎　钱　堃
**出版发行：**人民交通出版社股份有限公司
**地　　址：**（100011）北京市朝阳区安定门外外馆斜街 3 号
**网　　址：**http://www.ccpress.com.cn
**销售电话：**（010）59757973
**总 经 销：**人民交通出版社股份有限公司发行部
**经　　销：**各地新华书店
**印　　刷：**北京盛通印刷股份有限公司
**开　　本：**787 × 1092　1/16
**印　　张：**15
**字　　数：**330 千
**版　　次：**2015 年 12 月　第 1 版
**印　　次：**2015 年 12 月　第 1 次印刷
**书　　号：**ISBN 978-7-114-12540-9
**定　　价：**45.00 元
（有印刷、装订质量问题的图书由本公司负责调换）

# 《长江黄金水道建设关键技术丛书》审定委员会

## 《长江黄金水道建设关键技术丛书》主要编写单位

交通运输部长江航务管理局

交通运输部水运科学研究院

南京水利科学研究院

交通运输部长江口航道管理局

交通运输部天津水运工程科学研究院

中交第二航务工程勘察设计院有限公司

武汉理工大学

重庆交通大学

长江航道局

长江三峡通航管理局

长江航运信息中心

上海河口海岸科学研究中心

## 《长江黄金水道建设关键技术丛书》编写协调组

**组　长**　杨大鸣（交通运输部长江航务管理局）

**成　员**　高惠君（交通运输部水运科学研究院）

裴建军（交通运输部长江航务管理局）

丁润铎（人民交通出版社股份有限公司）

# 本书编写委员会

主　　任　杜经农

副主任　赵德鹏

编写人员　刘　青　潘明阳　廖小飞　邓　燕　熊　辉　付晓坤　张　娜　芦　伟　李　超　张建雄　李慧琴　熊　翀

# 序

（为《长江黄金水道建设关键技术丛书》而作）

河流，是人类文明之源；交通，推动了人类不同文明的碰撞与交融，是经济社会发展的重要基础。交通与河流密切联系、相伴而生。在古老广袤的中华大地上，长江作为我国第一大河流，与黄河共同孕育了灿烂的华夏文明。自古以来，长江就是我国主要的运输大动脉，素有“黄金水道”之称。水路运输在五大运输方式中，因成本低、能耗少、污染小而具有明显的优势。发展长江航运及内河运输符合我国建设资源节约型、环境友好型社会以及可持续发展战略的要求。目前，长江干线货运量约 20 亿 t，位居世界内河第一，分别为美国密西西比河和欧洲莱茵河的 4 倍和 10 倍。在全面深化改革的关键期，作为国家重大战略，我国提出“依托长江黄金水道，建设长江经济带”，长江黄金水道又将被赋予新的更高使命。长江经济带覆盖 11 个省（市），面积 205.1 万 $km^2$，约占国土面积的 21.4%。相信长江经济带的建设将为“黄金水道”带来新的发展机遇，进一步推动我国水运事业的快速发展，也将为中国经济的可持续发展提供重要的支撑。

经过 60 余年的努力奋斗，我国的内河航运不断发展，内河航道通航总里程达到 12.63 万 km，航道治理和基础设施建设不断加强，航道等级不断提高，在我国的经济社会发展中发挥了不可估量的作用。长江口深水航道工程的建成和应用，标志着我国水运科学技术水平跻身国际先进行列。目前正在开展的长江南京以下 12.5m 深水航道工程的建设，积累了更多的先进技术和经验。因此，建设长江黄金水道具有先进的技术积累和充足的实践经验。

《长江黄金水道建设关键技术丛书》围绕“增强长江运能”这一主题，从前期规划、通航标准、基础研究、航道治理、枢纽通航，到码头建设、船型标准、安全保障与应急监管、信息服务、生态航道等方面，对各项技术进行了系统的总结与著述，既有扎实的理论基础，又有具体工程应用案例，内容十分丰富。这套丛书是行业内集体智慧之力作，直接参与编写的研究人员近 200 位，所依托课题中的科研人员超过 1 000 位，参与人员之多，创我国水运行业图书之最。长江黄金水道的建设是世界级工程，丛书涉及的多项技术属世界首创，技术成果总体处于国际先进水平，其中部分成果处于国际领先水平。原创性、知识性和可读性强为本套丛书的突出特点。

该套丛书系统总结了长江黄金水道建设的关键技术和重要经验，相信该丛书的出版，必将促进水运科学领域的学术交流和技术传播，保障我国水路运输事业的快速发展，也可为世界水运工程提供可资借鉴的重要经验。因此，《长江黄金水道建设关键技术丛书》所总结的是我国现代水运工程关键技术中的重大成就，所体现的是世界当代水运工程建设的先进文明。

是为序。

南京水利科学研究院院长
中国工程院院士
英国皇家工程院外籍院士
张建云

2015年11月15日

# 前 言

在内河航运不断发展的进程中，航运信息化技术起到越来越关键的作用，引领着内河航运从传统水上运输向现代物流业发展。为满足各自的业务需要，航运行业的管理者、经营者开发了各类信息系统，如船舶监管系统、电子巡航系统、运政管理系统、船舶调度系统、港口作业系统等。这些信息系统在建设完成后发挥了很大的作用，但是随着信息化应用的进一步发展，航运业务系统间自动协同的需求越来越强烈，各信息系统间建设标准不统一，数据不能交换共享，难以实现有效协同，“信息烟囱”“信息孤岛”的问题非常突出。因此，行业亟需建立综合信息服务系统，将各类航运信息有效整合起来，实现信息的交换、共享，在统一的平台进行发布，以提高航运管理和经营的效率。

航运综合信息服务系统作为航运活动的神经中枢，贯穿于整个航运体系。它利用现代卫星定位技术、通信技术、信息技术和计算机技术，将航运市场的空间形态、时间形态和网络形态有机结合，通过对航运管理基础数据的采集、处理、融合、共享和传递，为航运系统提供基础信息，支撑航运系统各种业务功能的实现。通过共享信息，航运各相关部门间行业管理与市场规范化管理协同工作机制得以建立与实施，使航运体系中航运活动参与者、运输业者以及管理者实现协同工作，从而极大地提高航运的管理和生产效率。

本书围绕建设航运综合信息服务系统，实现信息整合，促进数据交换，提升业务协同能力的总体目标，以广泛的调研分析和资料收集为基础，分析了各类航运业务的流程，研究了航运信息流在各类业务中的处理和传播规律；对各类业务的协同模式和数据交换需求进行了分析，提出了航运综合信息服务系统的总体架构，研究了相关的支撑技术；并以世界内河运量最大的长江为例，提出了航运综合信息服务平台及相关终端的开发方案，制定了相关的数据标准和接口标准。除了对航运综合信息服务系统总体架构的研究外，本书还对智能导航、航运数据链、船岸一体化服务等方面的技术进行了探讨。

本书对从事航运信息化建设工作的工程设计人员和信息化管理者有较好的借鉴意义，除在建设类似的综合信息服务系统中可予以借鉴外，即使仅仅建设单一类别的航运业务系统时，也可根据航运综合信息服务的思路，按照相应的数据标准预留数据接口，为今后的系统整合和综合服务奠定良好的基础。

本书成书过程中，得到但乃越、杨大鸣、裴建军等领导的指导和支持，在此表示衷心感谢！本书引用了较多的科技文献，在此对相关作者一并表示感谢！

作　者

2015年8月

# 目 录

# 1 绪 论

## 1.1 航运综合信息服务系统的产生背景

在全球经济一体化的形式下，物流体系的网络化成为现代物流发展的必然趋势。航运作为物流网络中的重要环节，必须顺应网络化物流体系的需求和发展，实现传统的航运服务模式向现代航运服务模式的转变。以网络化信息技术为支撑的航运信息服务系统无疑是现代航运服务模式的重要标志之一。航运综合信息服务系统作为航运活动的神经中枢，贯穿于整个航运体系，它利用现代卫星定位技术、通信技术、信息技术和计算机技术将航运市场的空间形态、时间形态和网络形态有机结合，通过对航运管理基础数据的采集、处理、融合、共享和传递，为航运信息系统提供基础信息，满足航运信息系统对相关信息的需求，支撑航运信息系统各种功能的实现；通过共享信息建立与实施航运各部门间行业管理与市场规范化管理协同工作机制，使航运体系中航运活动参与者、运输业者以及管理者实现协同工作，确保航运信息共享正确、及时、高效和畅通。

伴随着物流体系网络化态势的发展以及客户要求信息获取可视化、多样化和综合化的特点，航运综合信息服务系统的建设应该考虑融合空间信息资源、航运信息资源和物流信息资源，实现航运业众多组织参与且广域分布的空间信息、航运信息和物流信息的交互共享以及信息系统集成，从而以船舶、航道、货物等航运要素的动态信息适时交换为重点，实现海图（江图）基础地理信息、船舶动态信息、航道信息、港口信息、船舶基本信息、船员信息、货运信息、水上交通信息、船舶交通监管信息、水上应急指挥调度、综合物流信息、法律法规信息、航运市场信息、航运市场指数信息等各种航运信息服务和信息发布。航运综合信息服务系统可以实现包括港口，航运企业，航运支持、监管、服务和保障单位等航运业各参与方的业务联动，从而形成涵盖航运业各个方面较为完善的航运综合信息服务体系，以此提升航运的安全，降低整体航运和物流的成本，提高航运乃至物流整体的效率和效益，实现航运和物流的现代化管理。

## 1.2 我国航运信息系统的发展

自 20 世纪 90 年代以来，数字化和智能化信息技术在航运领域的应用与发展非常迅速，涉及航运的政府职能部门和企业大都在各自的管理领域内建设了较完善的管理信息系统，在降低成本和提高效率方面取得了显著的效益。

海关系统信息化建设起步较早，它利用现代信息技术，借助国家电信公网，将各行政管理机关分别管理的进出口业务信息流、资金流和货物流电子底账数据集中存放到公共数据中心，在统一、安全和高效的计算机物理平台上实现数据共享和交换。目前，我国已建成“中国海关网”和“中国电子口岸专网”两个全国性网络。“中国电子口岸专网”是贸易现代化的重要标志，提高了行政执法的透明度，成为政府部门行政执法公平、公正和公开的重要途径。公共数据中心可以向企业提供全天候、全方位网上服务，可联网办理各种进出口业务，使口岸业务更方便、更快捷，从而提高效率，降低成本。

港口信息化建设从起步开始，经历了管理信息系统（MIS）开发、电子数据交换（EDI）和国际互联网（Internet）应用等几个发展阶段，在港口生产经营管理中发挥着重要作用。目前，港口信息化建设的重点已转移到港口公共物流信息平台的开发与建设，正在着力解决现有的跨领域、跨部门的独立信息系统和分散数据的整合问题，根据最佳业务流程，实现数据自动采集和处理，实时在线跟踪、监控、统计和查询，提高港口信息服务能力。港口物流信息平台的特点是突出区域物流枢纽的数据交换和信息共享，支持港口生产经营活动的高效经济运行。

航运企业的信息化建设因企业规模不同而存在较大差异。大型航运企业投入较大资金建设契合企业特点的业务信息系统，而中小型航运企业往往依赖于第三方软件开发商所提供的成熟产品。基于网络信息技术的“中国航运信息网”“航运在线”“锦程物流网”等一批门户网站为航运公司提供航运产业链的在线交易和航运信息服务，解决了信息化建设能力低而有需求的中小航运企业的实际困难，提高了这些企业的运作效率。

海事系统的信息化建设主要是围绕保障航行安全、保护生命财产、减少海难事故和减少环境污染等航运安全这一永恒主题进行的。一方面，航海科学与技术的发展和进步，为船舶安全航行提供技术上的保障，海事卫星通信系统、海上无线电通信（GMDSS）、GPS、船舶自动识别系统（AIS），特别是电子海图和显示系统（ECDIS）的相继出现，在很大程度上改变了传统航海的概念，航海者对船舶和周围环境的掌控能力大大提高，进而有效地保障了船舶安全航行。另一方面，功能强大的水上交通管制系统的建设为船舶安全航行提供了基础保障。在继美国的港口和水路安全系统之后，我国海事系统从 1994 年开始建设沿海水上交通管制系统。我国岸上助导航基础设施已逐步完善，建成了几十个船舶交通管理系统（VTS）中心、雷达站和船舶自动识别系统（AIS），沿海重点港口实现了视觉航标、无线电航标、VTS、AIS 等综合助航系统的多重覆盖；水上交通安全通信网络完善，基本形成了以国际海事卫星、搜救卫星和海岸电台等多种通信方式组成的海上遇险与安全通信系统，可满足近岸和远洋船舶通信的需要。同期，长江干线的航运通信也基本形成。目前，水上交通管制系统以 AIS 系统岸台链为核心，覆盖沿海海岸和可航行内陆水域的大部分范围，与雷达、VTS 结合，具备计算机的信息处理功能，是一套自动从事数据采集、监视、处理、发布安全信息，实现监控功能的水上交通管理信息系统。同时，新一代基于信息技术的水上安全管理技术的不断发展，进一步提高了安全航行的保障能力。我国水上交通安全管理已初步建成了覆盖交通运输部海事局、所有直属海事局、所有海事分支机构和部分海事派出机构的四级海事专网；基于该广域网初步实现了船舶管理、船员管理、事故与应急、通航安全管理、船载客货管理、行政办公和法规管理七大业务的信息化管理，在保障海上安全方面发挥了重要的作用。

## 1.3 内河航运综合信息服务系统发展现状和趋势

欧美发达国家的内河航运信息化建设起步较早，在内河航运信息化领域做了大量研究工作，建立了比较完善的内河航运信息服务理论框架、技术体系、标准规范以及法律法规保障体系，并在莱茵河、多瑙河、密西西比河沿线开展了一些示范工程项目，产生了比较好的社会、经济及环保效益，为我国内河航运信息化建设提供了良好的借鉴作用。

20 世纪 90 年代末期，美国海岸警备研究发展中心开展了水上运输信息服务网络系统 WIN（Waterway Information Network）的研究，主要从水上运输安全和水上运输管理两个方面系统地研究了船舶自动识别系统、海事数据信息自动交换、先进智能导航系统、水上运输信息网络系统，构架了美国水上运输综合信息服务系统的体系框架。2000 年前后，美国洛克希德•马丁公司设计了 MS3 海事管理及搜救集成系统（Maritime Safety，Security and Surveillance）。该系统主要是整合现有雷达系统、AIS 系统、CCTV、甚高频（VHF）、VHF-DF、水文与气象、卫星应答器、红外（光）电传感器、其他特殊传感器等设备（系统）所获取的信息，形成海事预防、决策支持、现场指挥协调平台，并通过相关部门的网络互联，使搜救能力可以覆盖美国的海岸线、所有内陆湖泊和江河。

欧洲国家也非常重视内河航运的信息化建设，在莱茵河流域大力开展技术研发，为内河航运搭建良好的信息平台。20 世纪 80 年代，欧洲各国在缺乏统一组织和协调的情况下自行建立了大量的内河航运信息系统，如荷兰的 IVS90 系统、比利时的 IBIS/GINA 系统、德国的 MIB/MOVES 系统、法国的 VNF 2000 系统、匈牙利的 DISR 系统和奥地利的 DoRIS 系统等。由于各个国家之间的内河航运信息系统有着不同的标准规范、技术体系以及法律法规，这些不同规模、不同体系的航运信息系统之间互相孤立的弊端不断呈现，影响了欧洲跨国、跨区域内河运输的快速发展。因此，欧盟提出建立统一的内河航运信息协同服务系统（River Information Service System，简称 RIS），消除各国制度、法规不一致所带来的障碍，促进欧洲内河航运信息系统的规范化与协同化。2005 年 9 月 30 日，欧盟提出建立统一 RIS 的建议，并颁布 RIS 指令，标志着 RIS 进入全面实施阶段。RIS 主要提供八大类服务，即航道信息服务、交通信息服务、交通管理、减灾服务、运输物流信息服务、法规信息服务、统计服务、航道和港口收费服务。为发展 RIS 系统，欧盟主要制定了四个方面的技术标准：内河 ECDIS 相关标准、船长通知标准、电子报告标准及跟踪和自动识别标准。目前 RIS 系统按照制定的标准和法规已经稳定运行，在未来欧洲内河航运信息化发展建设过程中，也将发挥重要的作用。

我国从 20 世纪 80 年代末期陆续开展内河航运信息化研究和应用，但与其他交通运输行业相比，发展较为缓慢。“九五”规划以来，政府和相关部门对内河航运重要性的认识越来越深刻，特别是“长江黄金水道”的战略地位得到了普遍重视，长江航运信息化基础设施和应用研究得到了较快发展。在全行业的高度重视和大力推进下，长江航运信息化实现了从起步到发展、从单一到系统化的演变。全行业初步研究开发了以计算机网络、视频监视、GPS 定位、VTS 监控等为基础的信息化基础体系，有力地支撑了业务系统的研发和应用。长江航务管理局（以下简称长航局）组织研究了长江干线的数字传输网络等关键技术，覆盖长江干线流域的广域网系统基本形成，研究实现了重点航段的 CCTV 监控系统和 GPS 应用系统。在长江航运信息化应用方面，电子政务和电子商务的相关技术受到重视，进行了较多的研究和应用。在交通运输部的统一组织下，长航局及沿江港航管理部门研究开发了运政管理系统、船舶登记系统、船员管理系统等公共服务平台。沿江港航企业也研究开发了一些物流信息化系统，如重庆港务物流集团的物流信息化管理和移动电子商务、中国长江航运集团（以下简称长航集团）的船舶管理系统、上海港的洋山港综合信息服务平台等。

然而，上述的信息化研究和应用均由各单位独立开展，系统间信息不共享、格式不兼容，难以实现良好协同，单位间的系统互联和数据交换技术尚未得到重视、研究和开发，不能充分发挥信息化建设对长江航运乃至全行业发展的推进作用。

近年来，长航局组织开展了一系列有关长江航运信息化标准、资源整合与服务的研究。2009 年，长航局组织开展了长江电子航道图标准的编制工作，由长江航运信息中心牵头，联合大连海事大学等相关单位开展研究工作，定义了长江上特有的各类物标，制定了长江电子航道图的数据保护体系，编制了与国际 S57 系列标准相兼容的长江电子航道图标准。该标准已经成为行业标准。

2010 年，长江航运信息中心组织开展了交通运输部西部课题“长江航运公共综合服务一体化关键技术研究”的研究工作，通过解析长江航运现有业务流程，提出了信息化与业务流程融合的初步方案与信息融合应用模式模型；开展了长江航运公共综合服务一体化平台构建技术、数据交换平台、信息共享操作平台和数据组织技术研究；开发了公共综合服务一体化应用基础平台，研究了应用配套协议与标准、业务协同，开发了基于 Web GIS 的航运企业一体化导航终端平台，在三峡坝区航段开展了示范应用。

2013 年，长航局为贯彻实施交通运输部组织编制的《长江航运信息资源整合与建设工作推进方案》，以“统筹协调、整合资源，明确责任、分步推进，完善制度、保障安全，技术引领、统一标准，开放互联、服务社会”为原则，以务实推进长江航运信息资源共享交换、提高航运信息资源集约化和综合服务能力为目标，开展了长江航运信息资源整合和建设工作。结合各有关单位实际，相关人员从加强信息化规划，做好顶层设计和机制创新；提高信息交换能力，实现长江航运重要信息的交换共享；提升信息采集能力，推进业务应用系统及网络基础设施建设；提高信息服务能力，初步实现综合信息服务四大工作要点着手开展工作。

同时，交通运输部珠江航务管理局也于 2012 年 8 月启动了“珠江航运综合信息服务体系架构和运行机制研究”软科学研究项目，目的是推进珠江流域航运信息资源共享与互联互通工作，提升珠江航运综合信息服务水平。

从上述研究情况可以看出，未来航运发展迫切需要打破信息资源分散、封闭和垄断的现状，建设覆盖航运各项业务的一体化应用体系，对公益性、基础性数据资源进行有效整合，提供航道、港口、船舶船员、航运管理、水上安全、三峡通航信息、航运市场、公共服务等各种信息服务，实现航运行业各参与方信息发布、信息交互与信息共享，充分发挥信息资源整体效能，全面提升航运生产组织、运输管理、安全管理和行政管理的手段，为黄金水道的建设和发展提供信息化支撑环境，引领航运业向现代服务业转型。

考虑到长江航运在我国内河航运中的重要地位及其典型代表性，本书以长江航运业务为例，讨论内河航运综合信息服务系统的相关建设技术。

# 2 长江航运业务流分析与建模

## 2.1 长江航运服务业务流分析

长江航运业务纷繁复杂，以服务为主线进行航运综合信息服务系统设计，可以分为政务、行业、公众服务三个方面；按功能归类，业务流可分为管理流程、支持流程和面向公众的流程。本节通过政务、行业、公众三个方面的服务，贯穿整个长江航运业务的全方面，认真分析长江航运业务流，使三条服务主线有效重合产生出清晰的长江航运综合服务信息主线，从而更好地梳理长江航运综合服务信息系统业务逻辑。

### 2.1.1 政务服务业务流分析

长江航运政务服务主要包括行政许可、行政监督和资源配置三个方面。

2.1.1.1 航运行政许可

航运行政许可是指航运行政主体根据行政相对方的申请，经依法审查，通过颁发许可证、执照等形式，赋予或确认行政相对方从事某种活动的法律资格或法律权利的一种具体行政行为。目前，交通运输部要求从事水路运输的企业、个人必须办理以下行政许可：

（1）设立水路运输企业（含企业变更经营范围）及个人从事国内水路运输经营活动许可。

（2）设立水路运输服务企业（含企业变更经营范围）许可。

（3）外国籍船舶临时经营我国港口之间的海上运输和拖航许可。

（4）新增客船、危险品船投入运营许可。

（5）开辟或变更集装箱班轮内支线登记。

（6）开辟或变更水路客运航线登记。

（7）国内外建造、国外购置或光租船舶（客船、危险品船除外）登记。

（8）国际航行船舶转入国内运输登记。

（9）内外贸集装箱同船运输试点业务备案。

以上大部分行政许可均能实现网上电子行政许可审批，几个典型业务的行政许可审批流程，如图 2-1、图 2-2 所示。

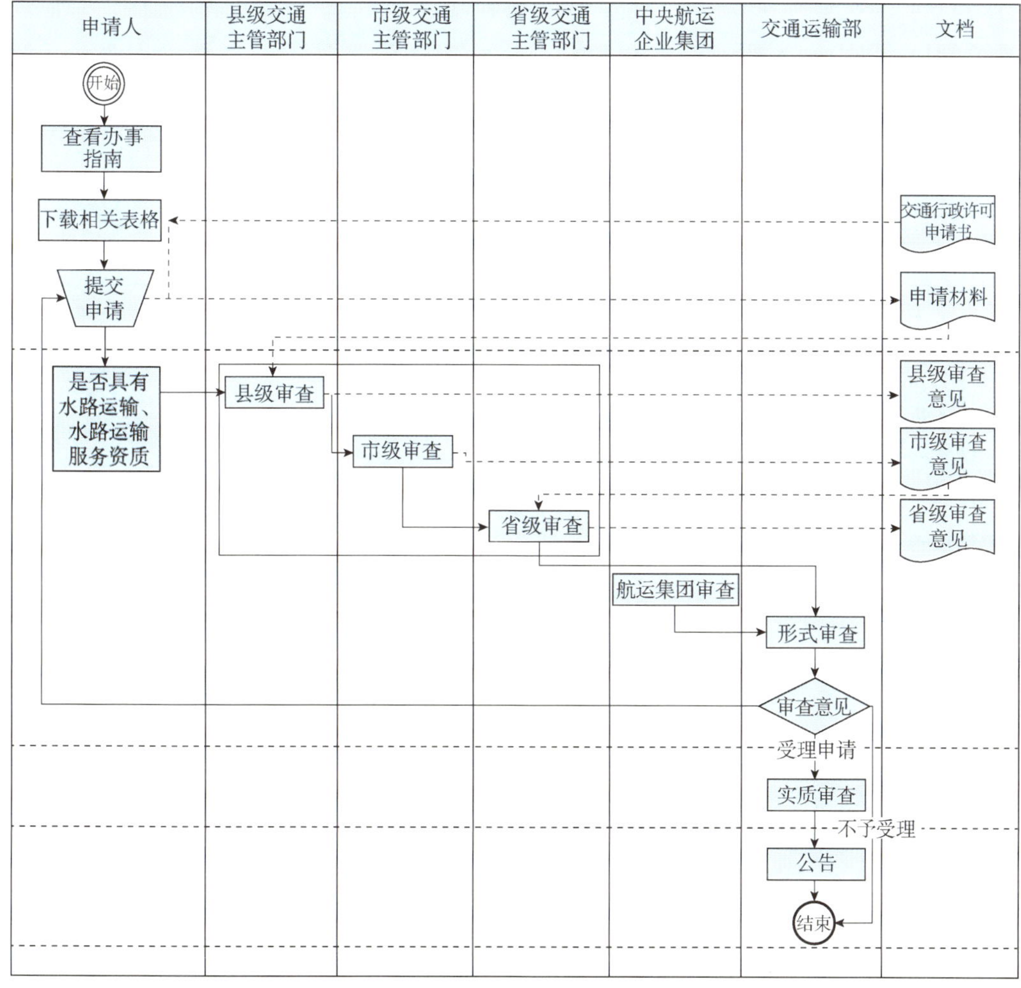


图 2−1　国内水路运输、水路服务经营许可审批流程图

2.1.1.2　航运行政许可

长江航运行政管理是为加强长江航运管理，保障航运安全、畅通，保障航道设施的完好，促进航运事业的发展，根据有关法律、法规，结合实际进行的行政管理活动，主要分为以下几个方面。

（1）船舶方面：如船舶登记、船舶检查、船舶签证、船舶国籍证书签发、通航区审批管理等。

（2）船员方面：如船员教育与训练、船员考试与发证、船员雇佣与解约、船员外借、船员奖惩、船员待遇与福利等。

（3）港口方面：如港口建设与规划、港口管理与经营、港口安全维护等。

（4）航道方面：如航道规划、建设、管理、养护和航道行政执法等。

（5）海事方面：如水上安全监管、船舶防污、生命救助、通信保障和引航管理。

（6）坝区通航方面：如长江三峡、葛洲坝水利枢纽通航建筑物及其配套设施的运行、维护、管理。

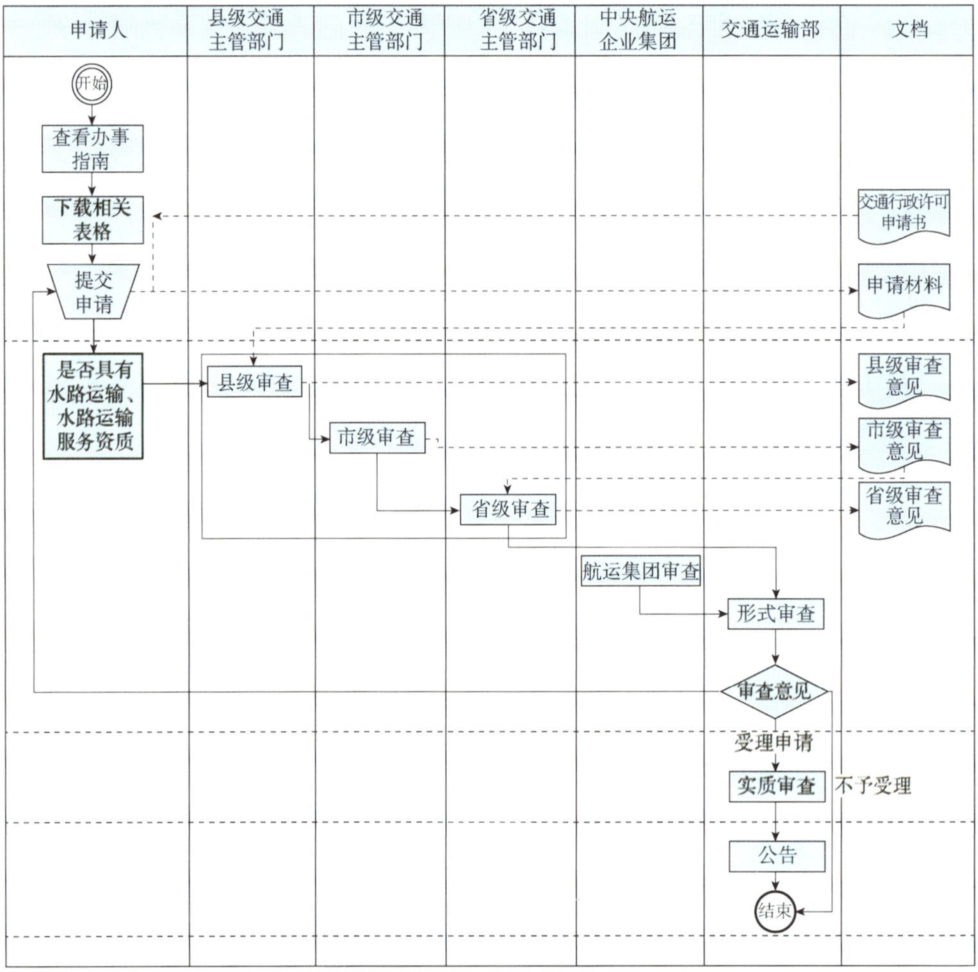

申请人
县级交通主管部门
市级交通主管部门
省级交通主管部门
中央航运企业集团
交通运输部
文档
开始
查看办事指南
下载相关表格
提交申请
是否具有水路运输、水路运输服务资质
交通行政许可申请书
申请材料
县级审查
市级审查
省级审查
县级审查意见
市级审查意见
省级审查意见
航运集团审查
形式审查
审查意见
受理申请
实质审查
不予受理
公告
结束

图 2–2　新增客船、危险品船投入运营审批流图

目前比较通用的行政管理流程与模式，如图 2–3 所示。

申请人提出申请
更正或补齐材料
窗口工作人员查验申请资料
不予受理
行政许可核准签发
在政务网站上公告
通知申请人办理有关手续、送达办理结果
送达不予办理决定书并说明理由

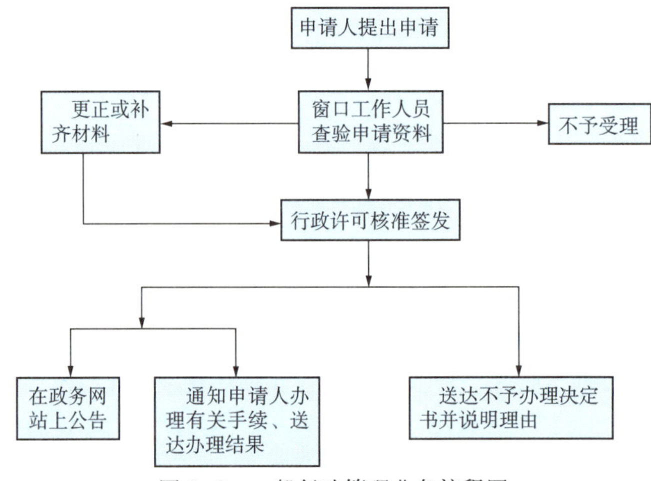

图 2–3　一般行政管理业务流程图

## 2.1.2　行业服务业务流分析

### 2.1.2.1　航行服务

航行服务主要是指由管理部门依据行政管理法规为船舶航行提供的服务。

(1) 航道图信息发布服务（图 2-4）

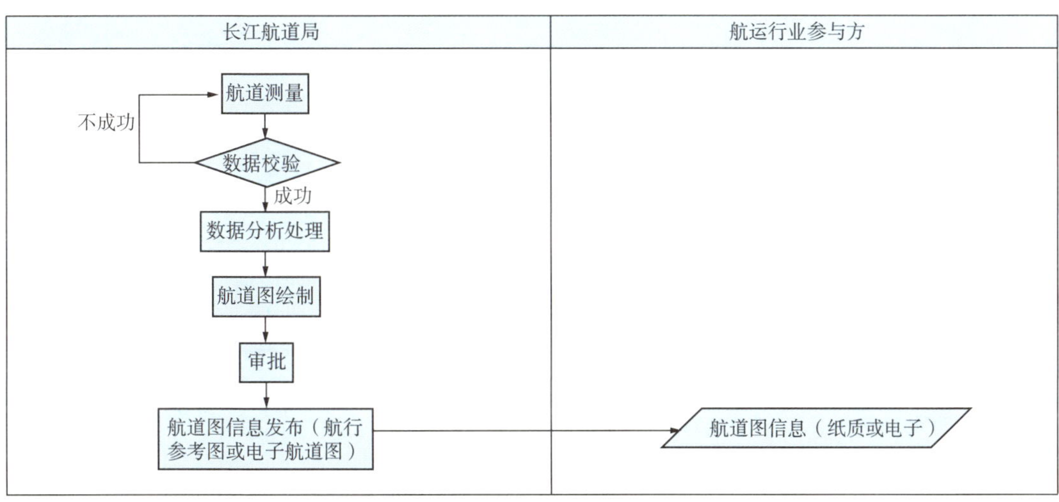


图 2-4　航道图信息发布服务流程图

(2) 航行调度服务（图 2-5）

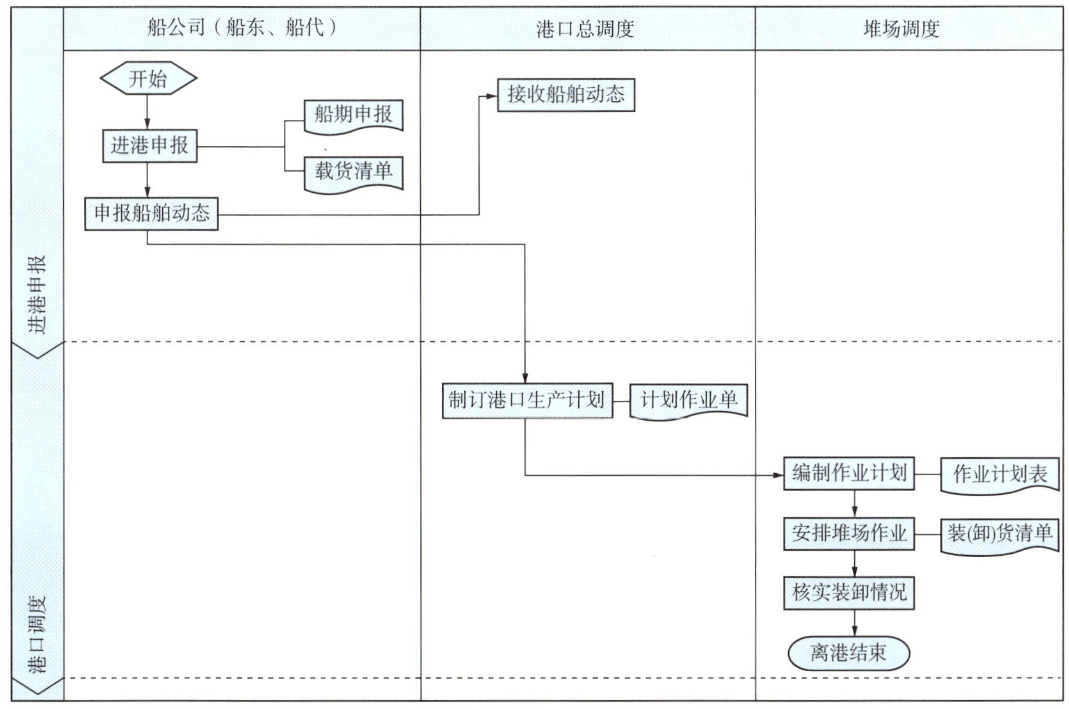


图 2-5　航行调度服务流程图

(3) 应急指挥搜救服务(图 2–6)

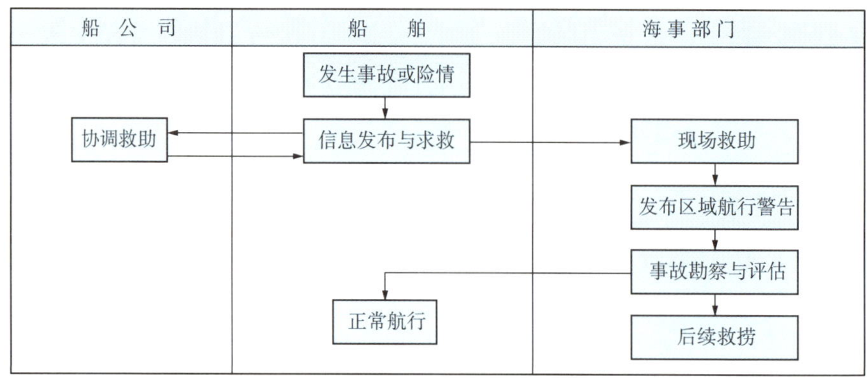


图 2–6　应急指挥搜救服务流程图

2.1.2.2　交易服务

交易服务主要为航运行业相关交易提供综合服务。

(1) 航运价格(图 2–7)

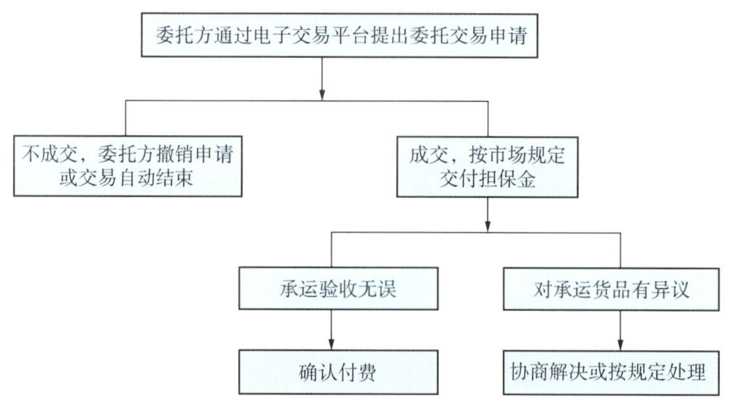


图 2–7　买方运价撮合服务流程图

(2) 船舶交易(图 2–8)

船舶交易包括船舶转让申请 、船舶转让申请审查 、船舶交易服务、交易公示、交易审核、交易结算、出具交易凭证等环节。

(3) 费用结算(图 2–9)

2.1.2.3　信息服务

航运信息服务目前主要以电子数据交换(EDI)数据交换形式存在。在 EDI 中，EDI 参与者所交换的信息客体称为邮包。在交换过程中，如果接收者从发送者所得到的全部信息包括在所交换的邮包中，则认为语义完整，并称该邮包为完整语义单元(CSU)。CSU 的生产者和消费者统称为 EDI 的终端用户。

在 EDI 工作过程中，所交换的报文都是结构化的数据，整个过程都是由 EDI 系统完成的。

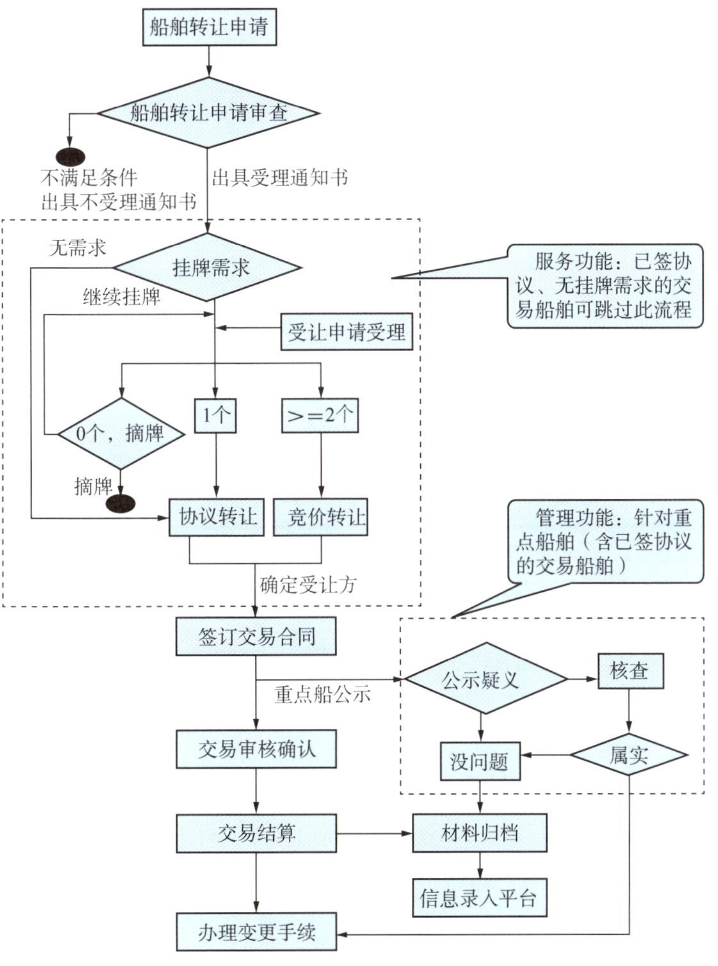


图 2–8 船舶交易服务流程图

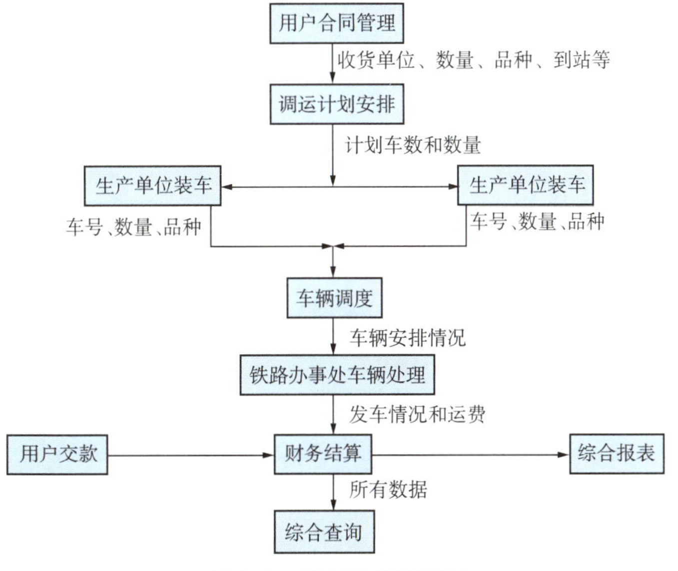


图 2–9 费用结算流程图

## 2.1.3 公众服务业务流分析

2.1.3.1 出行服务（图 2–10）

出行服务主要是满足社会公众对水路客运、旅游及综合交通出行的服务需求。

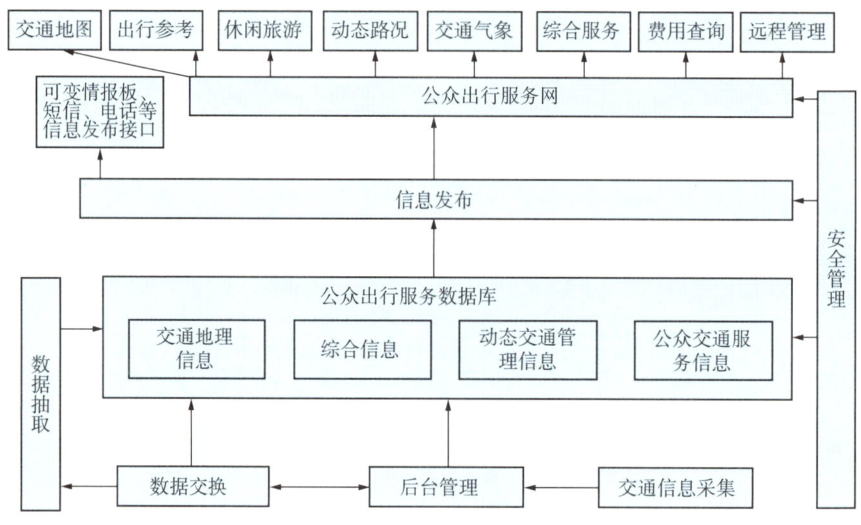


图 2–10 出行服务流程图

2.1.3.2 查询服务（图 2–11）

查询服务是由综合信息服务系统提供的，依托互联网公共服务平台，面向广大航运参与者进行长江航运公共综合信息的查询服务。该服务可根据用户的认证权限，提供长江航运相关的综合信息查询，实现综合信息的一站式获取。

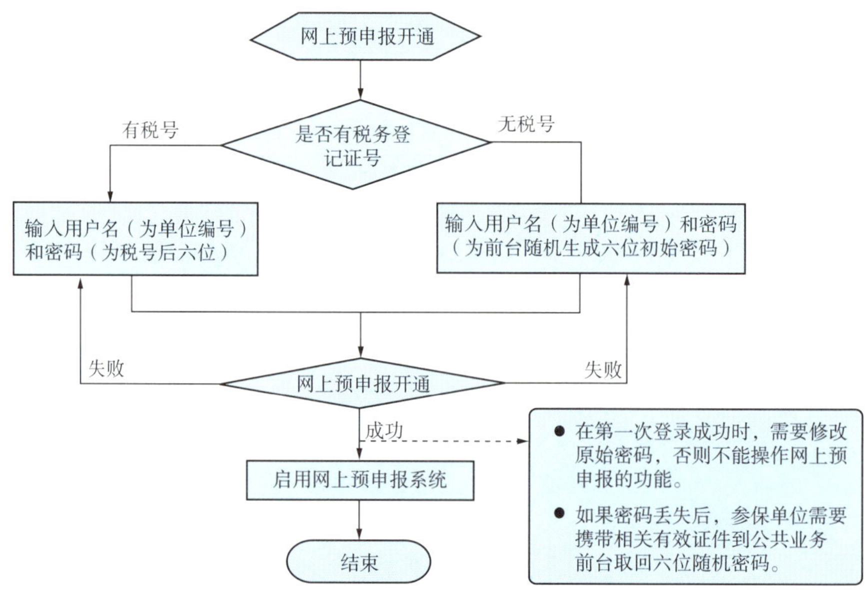


图 2–11 查询服务流程图

### 2.1.4 综合服务业务流分析

2.1.4.1 三类综合信息服务业务流分析

政务服务业务流程的特点如下：

(1) 均有申请、形式审批、实质审批和公告四个阶段；

(2) 均为申请人发起流程、行政管理部门结束流程；

(3) 均以文档载体与各参与流程的对象进行信息交换。

航行服务流程的特点如下：

(1) 所有流程叠加几乎可以涵盖水路运输的各个领域；

(2) 长江航运各参与方均有机会发起流程或结束流程；

(3) 业务信息交换点零乱，业务协同度低；

(4) 所有业务流程有较多的信息需要交换，形式多样，标准不统一。

公众服务流程的特点如下：

(1) 社会公众是业务信息的需求者，因此往往主动发起业务流程；

(2) 行政管理部门和企业的公众服务意识弱，一般不主动发起流程；

(3) 对社会公众服务的信息较多但较杂乱，对企业服务的公共信息少。

2.1.4.2 综合服务业务流主线

长江航运综合信息服务主要以长江航运业务流为主线，而业务流程又是信息流的载体，信息流是对业务流程的反映。将整个航运业的业务流进行认真分析并有效规范，则可以达到信息流真实、准确、及时地反映业务流程的目的。各个信息流形成整个航运综合服务的信息网。信息流畅与否决定着航运业务是否能快速、健康、和谐的发展。

通过对航运业务流的分析，发现现实中存在各种繁杂、个性化的业务流，产生了信息交流不一致等问题，信息孤岛问题严重。解决信息孤岛就是解决数据的一致性和交换问题，需要利用统一的平台打通数据流，使行政管理信息系统与面向航运用户的服务信息系统结合起来，促进长江航运又好又快地发展。

## 2.2 长江航运业务及 UML 建模

通过前述对航运服务业务流的概述，可以清楚了解长江航运服务业务流程的总体情况。为便于进行信息化开发，建设标准的航运综合信息服务系统，需要进一步研究细化航运业务的标准执行流程，并通过 UML 建模对流程进行规范化和形式化，与航运服务对应结合，以便于指导信息系统的具体开发工作。根据 UML 技术建模，我们需要分析参与者，建立用例图、活动图及类图。

### 2.2.1 船舶航行业务及建模

船舶是航运的主要载体，是完成水路运输的主体，作为长江航运最重要的要素之一，其业务涉及行业的各个方面，所有其他业务均围绕着船舶航行、安全管理、货物装卸等方面展开。梳理船舶航行业务对其进行分析和科学流程再造，将有效提高行业效率，对长江航运产生极大的促进作用。

2.2.1.1 船舶航行业务流程

根据调研与分析，当前的船舶航行业务流程可以概括如下。

（1）船舶开航业务流程（图 2–12）

航运企业进行船舶月度作业计划编制与下发，计划船舶当月将承运的货物，包括货物流向、货种、运量，计划月内交修与在修的船舶、营运船舶的安排及其运输任务等；在此基础上，还有旬、日作业计划，对旬度货流计划与旬度船舶运行组织的安排。日作业计划分为“预报”与“确报”，分两次通知港口。船舶航次计划（航次计划任务书），对具体船舶提出一个航次的具体任务，是在航次开始之前由调度部门发给船舶所必须执行的正式文件。航次计划内容包括船舶名称、航线、航次编号、航次起止时间、航次中的航行与停泊时间、装运货物和数量、起止港口、航次中的特殊任务和注意事项等。船舶运行组织形式分为航次形式、航线形式，即无固定出发港和终点港、固定港口之间完成运输任务。

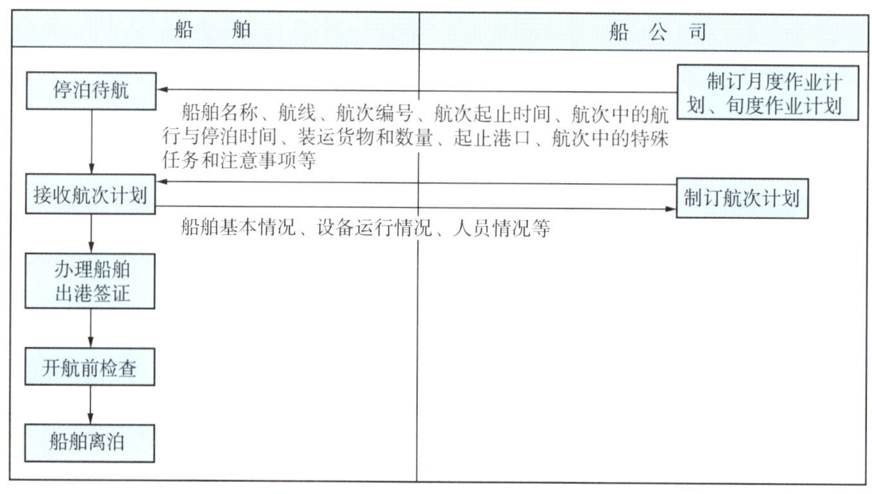


图 2–12 船舶开航业务流程图

航运企业、代理人将航线、货物详细信息、装卸港等确认信息发送至船长，船长明确了下次航程与时间安排。信息化水平高的企业和船舶，可能通过 GPS、内部管理系统或者电邮形式发送电子版本数据；信息化水平低的企业，只能通过纸质信息或者电话联系确认。船舶自身的装备也千差万别，装备齐全的配备雷达、电子航道图系统、GPS 终端，拥有 AIS 收发功能以及 GPRS/UMTS 数据上网功能等；装备不够先进的，甚至只能以电话、电台等形式与外界联系。

（2）进出港装卸业务流程（图 2–13）

船舶到港前，由航运企业或其代理部门向港口报送船舶 72h、48h、24h 抵港预报和确报时间，并及时汇报变更时间。船舶预确报的内容有：船名、国籍、性质、抵港时间、艏艉吃水、进出口货名、数量、船舶规范、装卸设备状况及特殊货物装卸情况和要求等。如果是外贸货物，船舶到港前需向 EDI 中心发出电子舱单报关申请。船长根据港口资料了解码头水域或锚地的地质、水深、水流、范围以及泊位附近的船舶动态及环境等，拟订锚泊、靠泊计划，并制订预防措施；进出锚地、靠泊前，向当地港调、锚调了解所靠泊位及锚地有关情况与要求，向港调报告船舶吃水与载量情况。

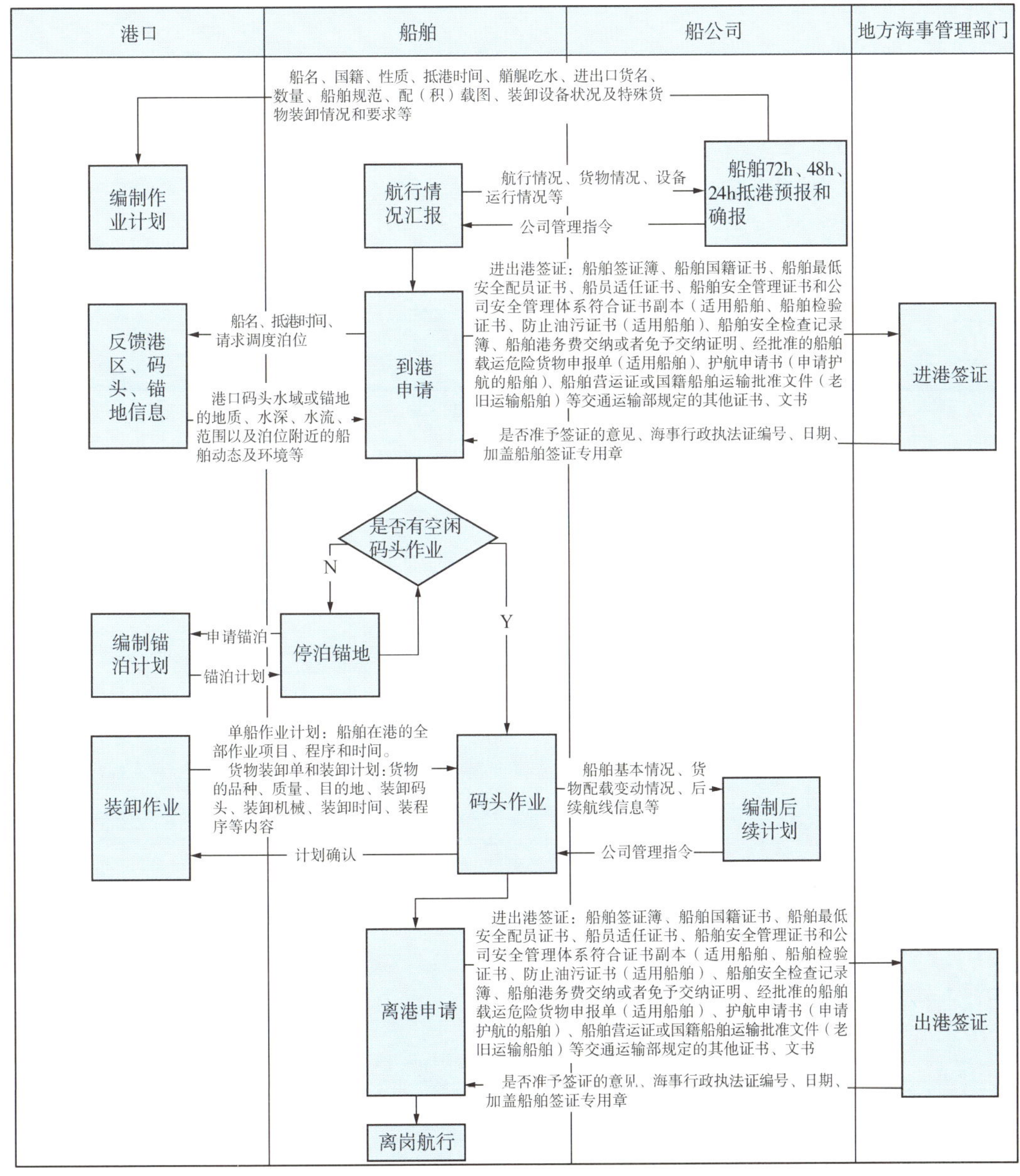


图 2–13　船舶进出港装卸业务流程图

收到到港确报时间后，由港口反馈作业码头信息。船舶到港后按规定停靠该码头。船舶抵港后，船长填写“船长航次汇报记录簿”，向航运企业汇报工作完成情况、运输生产情况、安全情况、设备状态以及船舶日常管理工作，询问下次航行计划，并按照《船舶证书管理规定》要求填写有关申报表，携有关证书到主管机关办理进出港签证。船长从码头处得到货物装卸单和装卸计划，包括货物的品种、质量、目的地等内容。根据港口信息化及货物种类信息化水平的不同，装船单的形式也分为电子和纸质两种版本；同时，船舶对于货物的装船信息处理也各有不同，配备大型信息系统的集装箱船舶，对集装箱电子装船单进行配载分析，系统考虑到箱重、船舶特性、货物危险等级和集装箱目的港等因素，以此判断装船计划的合理性。船长经过综合考虑，如果认为装卸计划合理则实施货物装卸，否则将修改计划至合理为止。得到船长确认后，码头操作员即装卸货物。装卸的货物中如果有危险品货物，港口应安排符合危险品装卸要求的人员与器械按规程进行操作，并向有关管理部门报备。货物装卸完成后，船长制订后续航行计划，向港口申报出港计划。申报内容包括：船名、船长、船宽、吃水、是否申请引水、动态时间、动态地点，所载货物是否属于危险品等。得到港口回复确认后，船舶方能离港起航。

(3) 正常航行业务流程（图 2–14）

船舶航行过程中，船长根据船舶装备不同通过各种方式（GPS 终端、信息系统、电台、电话等）获取航道、水文与天气信息，与航运企业联系更新航行计划等。当得到某区域航段发生事故或各种自然因素导致无法通航或限制通航时，船长可根据航行通（警）告信息更改航行计划。航行途中，船舶可能需要接受管理部门对证书、货物、船舶安全等方面的检查，船长需要提供此类的信息。

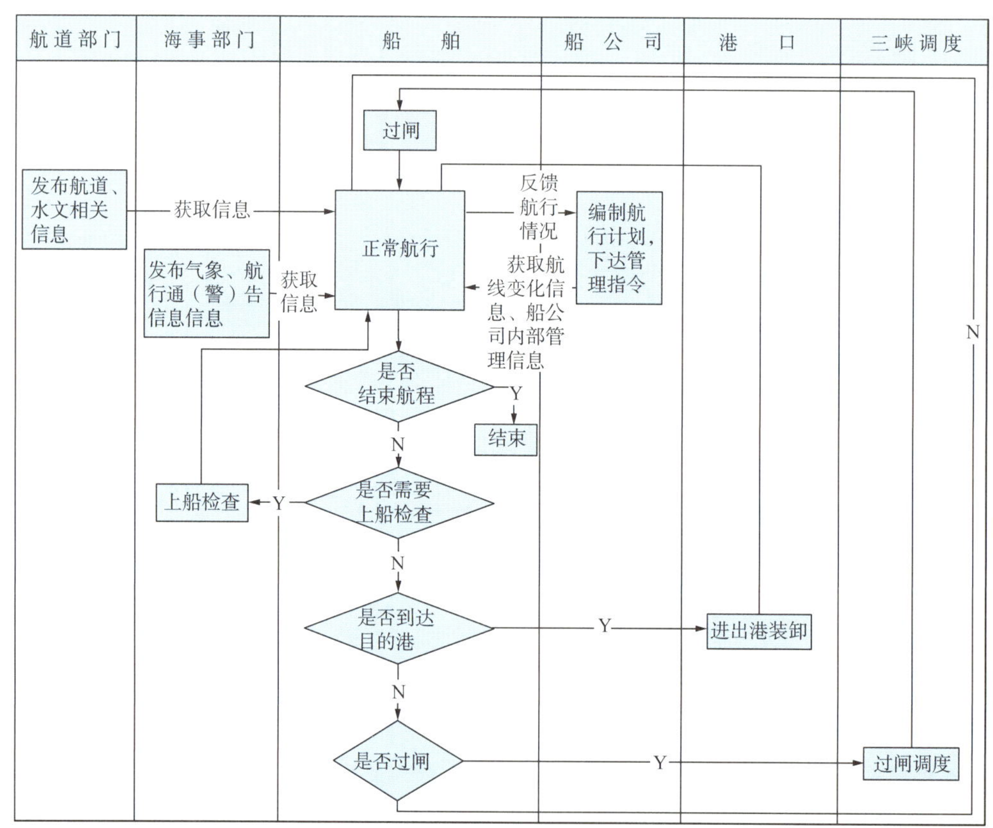


图 2–14　船舶正常航行业务流程图

船舶正常航行过程中，可能接收到航运企业或代理人发送的临时订单，要求在某港装载货物运输到目的港。因此，船长要临时修改航行计划，向装载港报送船舶航线计划与预计到达时间。在到达该港前，向该港口提出进港装卸申请，得到反馈信息后，停靠在指定区域完成货物装载。

(4) 船舶签证业务流程（图 2–15）

船舶由港内驶出港外、由港外驶入港内，因作业需要在港内航行驶入（出）港内泊位或驶入（出）船舶修造（厂）点、港外作业点、海上作业平台时，船舶或者其经营人需要申请办理船舶签证（驶入为进港签证，驶出为出港签证）。申请人需要在船舶抵达后 24h 内办理。船舶抵达前 24h 内已经向拟抵达地海事管理机构报告船舶情况的，进港签证可以与出港签证合并办理。办理签证需要提交的材料有：船舶签证簿、船舶电子信息卡（适用的船舶）、船舶国籍证书、船舶检验证书、船舶最低安全配员证书、船员适任证书、防止油污证书（适用的船舶）、船舶安全管理证书和公司安全管理体系符合证明副本（适用的船舶）、船舶安全检查记录簿、船舶港务费缴纳或者免于缴纳证明、经批准的船舶载运危险货物申报单（适用的船舶）、船长开航前声明和车辆安全装载记录（适用的船舶）、护航申请书（适用的船舶）和船舶营运证。

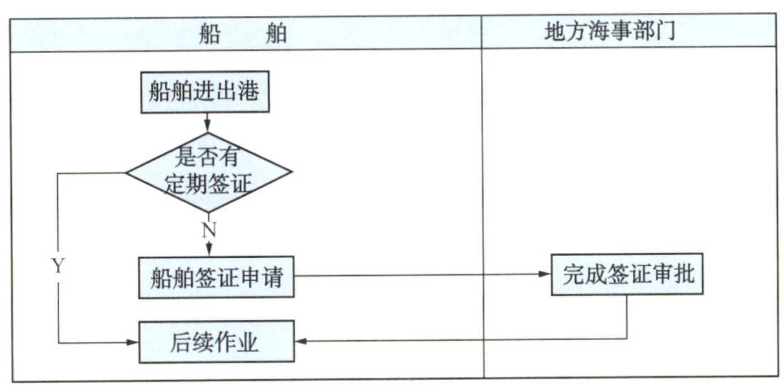


图 2–15　船舶进出港签证业务流程图

船舶或者其经营人可以通过传真、电子邮件、电子数据交换（EDI）等方式办理船舶签证，可以采用电报、电传、传真、手机信息、电子邮件、电子数据交换（EDI）等方式报告船舶进港情况，并在船舶航海（行）日志内作相应的记载。报告的内容包括船舶名称、种类、尺度、总吨、吃水、客货载运情况、拟靠泊地点。海事管理机构对航次船舶签证当场办理。签证人员应当在船舶签证簿内签注是否准予签证的意见，海事行政执法证编号、日期、加盖船舶签证专用章；不予签证的，还需在船舶签证簿内签注不予签证的理由。

符合条件的船舶可以申请短期或年度定期船舶签证。

(5) 船舶过闸申报业务流程（图 2–16）

如果船舶要经过三峡船闸或葛洲坝船闸，需要进行过闸申报。对于危险品船舶，如果是初次申报过闸，要提交相关证书的原件及复印件办理过闸船舶基本资料入库登记手续。船舶基本资料在初次申报过闸后，如有变更须重新申报登记。船舶所有人、经营人或代理人可以通过 GPS 应用系统、长江三峡通航管理局(以下简称三峡局)政务网站进行远程预报；但必须持长江海事管理机构检验合格的检验单，到仙人桥船舶过闸登记站、中水门船舶过闸登记站完成过闸计划的申报。没有 GPS 终端的船舶可以到达锚地后，在相关锚地或登记站申报过闸计划与危险品信息，根据三峡局反馈的过闸调度计划实现安全过闸。

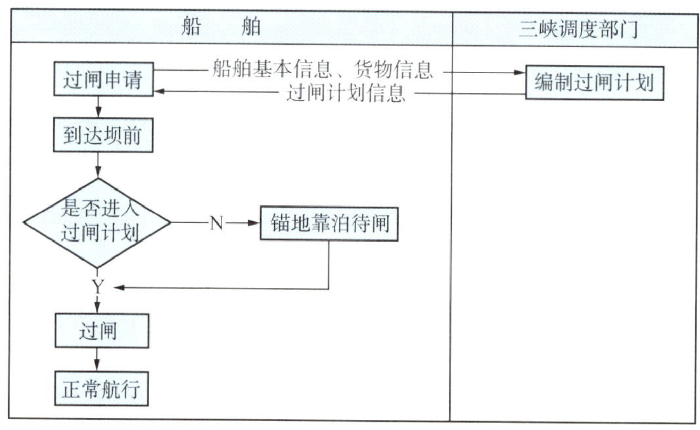


图 2–16　船舶过闸申报业务流程图

过闸船舶在驶经过闸报告线时向三峡通航指挥中心报告。下行过闸船舶在巴东大桥报告，上行过闸船舶在枝城大桥报告。所有船舶在进入 VTS 区域时必须向通航指挥中心报告。下行船舶在庙河至屋檐石的联线（长江上游航道里程 62.5km）处报告，上行船舶在中水门至卷桥河的联线（长江上游航道里程 3.5km）处报告，出黄柏河的船舶在葛洲坝三江上引航道与黄柏河长江溪桥交汇处（长江上游航道里程 9.0km）处报告。

过闸船舶申报完成后，等待三峡局编制过闸计划。船舶若到达时已进入计划编排，则可按时过闸；否则需到三峡局指定锚地靠泊，等待过闸。

（6）船舶安全管理业务流程（图 2–17）

船舶航行过程中，需要对安全航行进行管理和监控，努力做到安全避碰。安装了 GPS、AIS 终端或 CCTV 监控系统的船舶，可以通过系统得到船舶周边航区、临近船舶及周边跨江建筑物等信息，如有相对距离过近情况可以提供报警信息，甚至结合船舶管理系统，做到智能避碰。没有信息化管理的船舶，只能通过甚高频电话或者电台以及其他人工监控的手段进行安全管理。这种方法相对落后，安全系数不高。

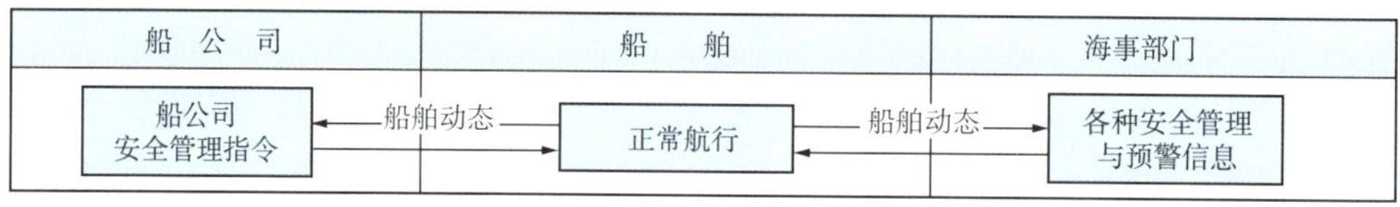


图 2–17　船舶安全管理业务流程图

（7）遇险应急指挥业务流程（图 2–18）

如果船舶航行过程中发生事故，事故信息可能通过几种方式报告给辖区所属海事管理部门或其他应急指挥平台。海事及安全部门人员将立即前往出事地点。海事部门立即发布关于事故的航行警告，向事故地点周边航段（沿线）船舶滚动发布，并在电子航道图系统或 GPS 系统中标注该事故地点信息。配备系统终端的船舶能在电子航道图上显示事故地点定位及事故信息，通过 AIS 方式也可观察到事故船舶位置。海事部门与搜救船人员到达现场勘察事故现场，查明事故原因，对事故进行鉴定与评估后，对船舶进行相应处理。如有落水沉没货物，海事部门对该地点进行标识，过往船舶可以通过电子航道图系统、AIS系统或者广播等方式得到该位置信息。

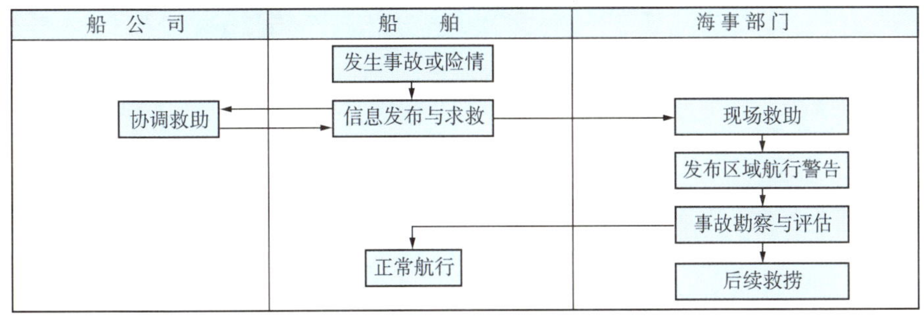


图 2-18 遇险应急指挥业务流程图

（8）锚地停泊业务流程（图 2-19）

船舶如需使用锚地，由船舶所有人、经营人、代理人或承租人提前 24h 通过 GPS、网络或传真向锚地管理机构申报。船舶应急锚泊或临时锚泊（锚泊时间 12h 内）通过甚高频无线电话（VHF）直接申报，需要提供船舶的名称、净吨（马力）、船长、吃水、抵离码头名称及停泊和离泊时间、所属航运企业或代理公司等资料。管理机构确认后，船舶按指定地点锚泊。如因情况紧急需要先行停泊的，船舶在停泊后需迅速补办有关申报手续。

（9）船舶引航业务流程（图 2-20）

船舶需要引航时，需要向引航中心（站）提出引航申请。外国籍船舶或航行国际航线的中国籍船舶必须由代理提出引航申请；航行国内航线的中国籍船舶可由船舶、船东或代理提出申请。申请引航时，要提交船舶资料包括中英文船名、船长、吃水、高度、总吨、净吨、装载情况、起讫地点及预计抵、离港时间等。

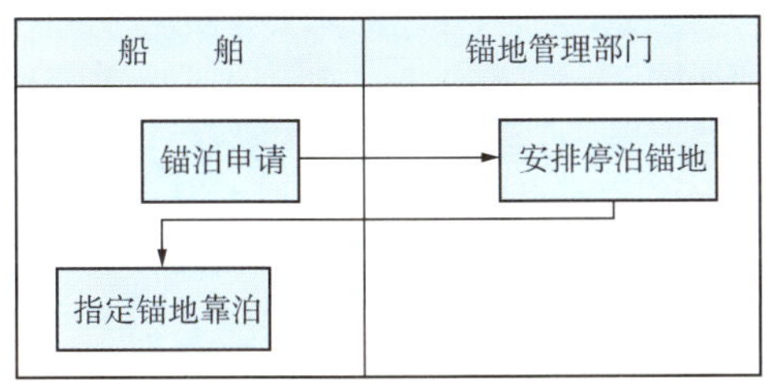


图 2-19 锚地停泊业务流程图

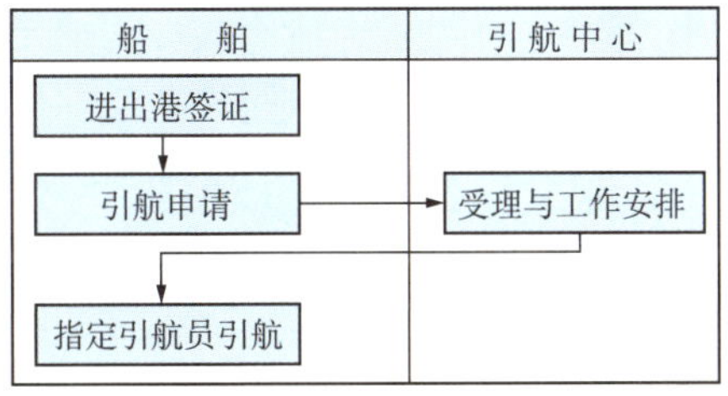


图 2-20 船舶引航业务流程图

进江船舶的引航申请单应在船舶到达起引点 48h 前递交或传真至引航中心（站），并在船舶抵达起引点 24h 前向引航站确报；出港或移泊船舶的引航申请应提前 24h 递交或传真至引航中心（站）。无代理的船舶只能通过上门或电话申请。如到达时间有变，船舶要提前通知引航中心（站）。

船舶与所有发生业务往来的港口、管理部门之间的信息交换方式，依赖于船舶自身和业务往来单位的信息化水。信息化水平高时，通过各种高科技和信息化手段进行交换，效率与准确率高，工作量小；信息化水平低时，效率低下，工作量大且容易出错。

其单次航行的业务流程图如图 2-21 所示。

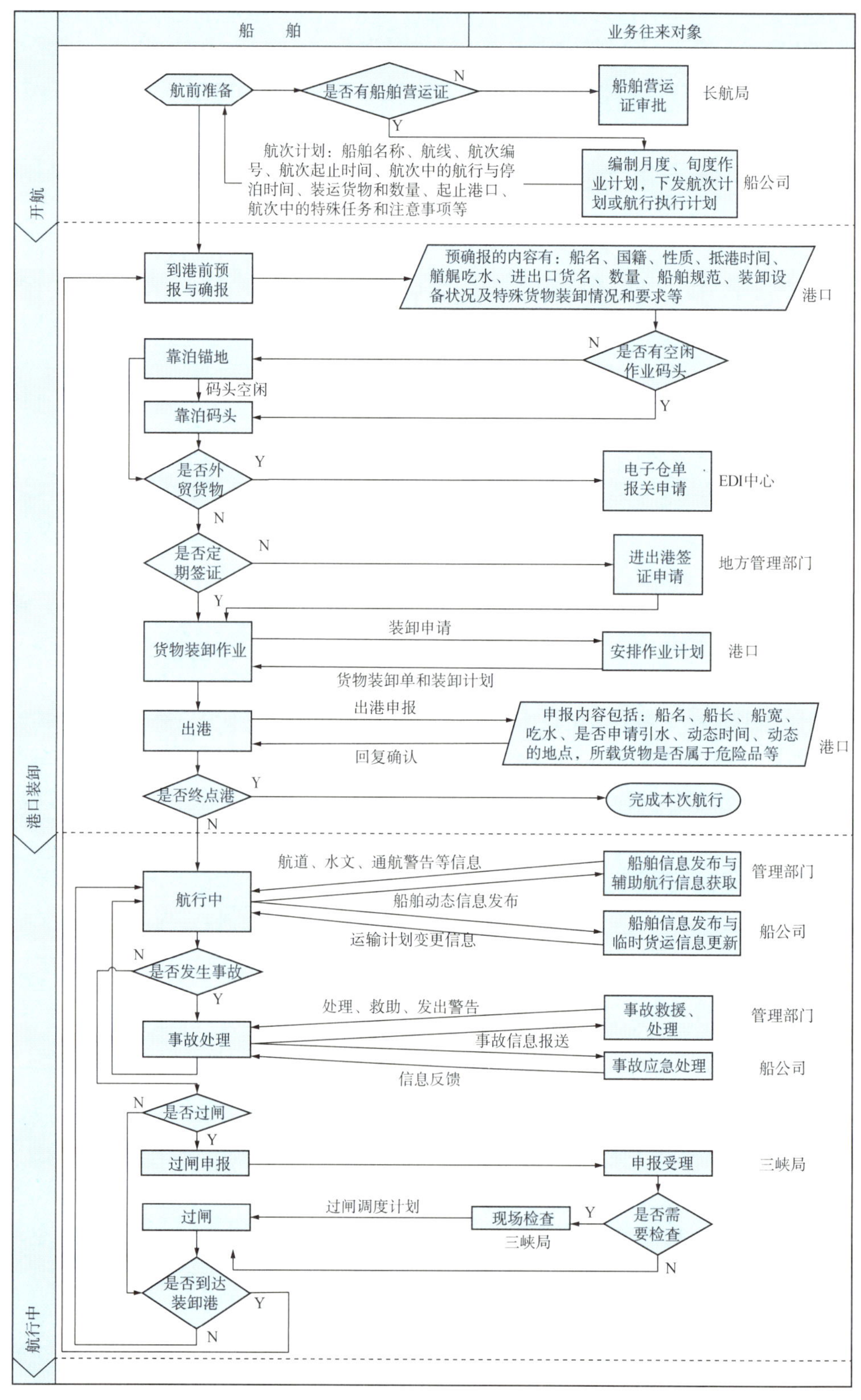


图 2–21　船舶航行业务流程图

2.2.1.2　船舶航行业务 UML 建模

经过上述分析，针对船舶航行业务，综合信息服务系统主要为船舶提供航行信息服务，并向其他参与者提供船舶信息发布。其功能使用主体为航行船舶。

（1）船舶航行业务参与者

内部参与者：船舶。

外部参与者：航运企业、港口、货主以及航运管理部门、船舶管理监控系统。

（2）船舶航行业务用例

船舶：登录系统、退出系统、航线信息查询、航运企业管理信息查询、电子航道图数据查询、航道公共信息查询、海事管理信息查询、港口信息查询、锚地信息查询、船闸调度信息查询、运政信息查询、签证信息查询、辅助航行、船舶积配载信息查询与确认、船舶信息发布、应急呼救、应急指挥信息查询、审批信息查询、短消息发送、报表查询、系统提醒。

航运企业、港口、货主以及航运管理部门：船舶信息查询。

船舶管理监控系统：船舶数据传输。

（3）船舶航行业务用例图（图 2–22）

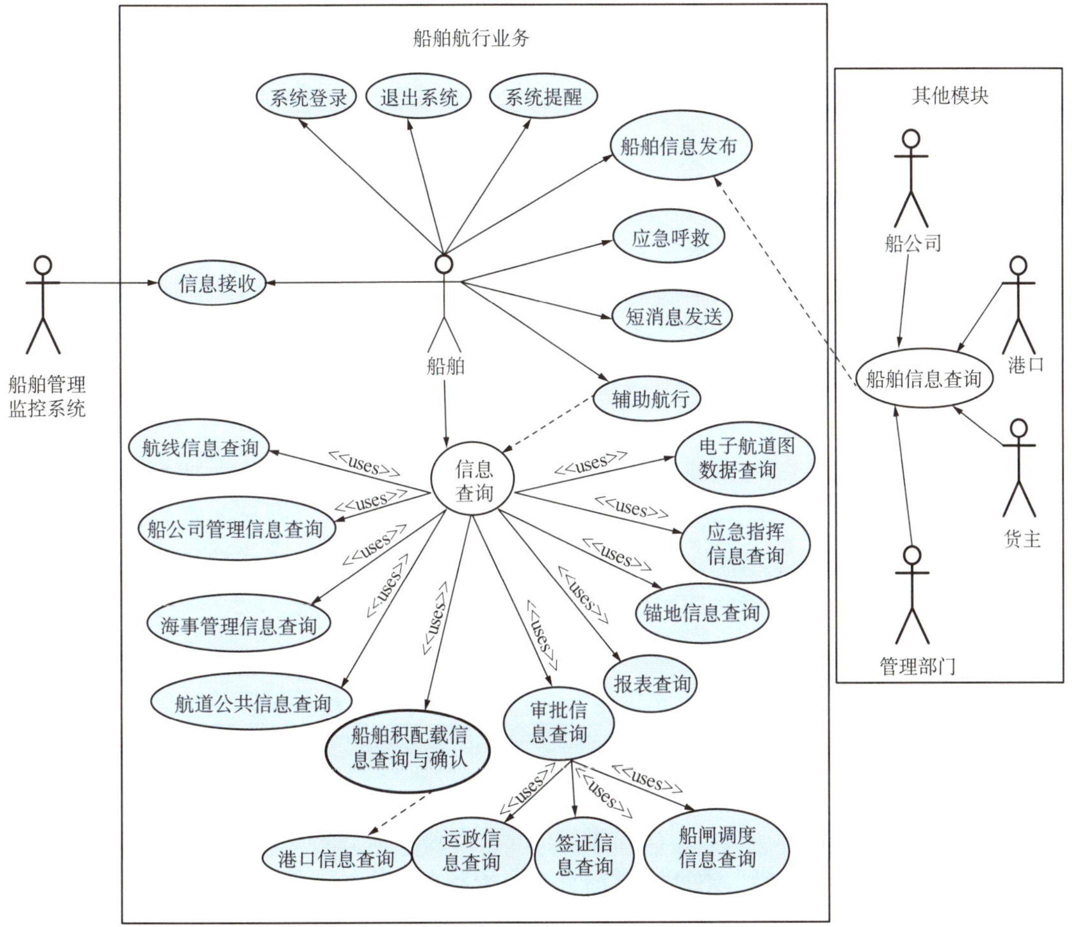


图 2–22　船舶航行业务用例图

（4）船舶航行业务用例说明

①登录系统

参与者：船舶。

说明：启动船舶航行模块。输入用户名、密码，系统检验是否匹配，如正确，则显示功能列表。

异常：用户名、密码不匹配。

②退出系统

参与者：船舶。

说明：退出船舶航行模块。系统检测当前是否有未保存或提交的信息，如有，则提示用户保存；如没有，则断开系统连接，清除占用内存，关闭页面。

③航线信息查询

参与者：船舶。

说明：查询本次航线信息。系统检测当前用户权限，如具备查询权限，则向服务器提交查询请求；如不具备权限，返回错误信息。服务器根据船舶信息与当前状态信息返回当前航线信息，显示目前航线进程、船舶已完成航程与后续航程信息。

异常：用户不具备查询权限。

④航运企业管理信息查询

参与者：船舶。

说明：查询航运企业管理信息。系统检测当前用户权限，如具备查询权限，则向服务器提交查询请求；如不具备权限，返回错误信息。服务器根据船舶信息返回其所属航运企业发布的管理信息，如安全警示、操作提示、公司管理办法等。

异常：用户不具备查询权限。

⑤电子航道图数据查询

参与者：船舶。

说明：查询电子航道图信息。系统检测当前用户权限，如具备查询权限，则向服务器提交查询请求；如不具备权限，返回错误信息。服务器根据船舶定位或用户指定区域，返回电子航道图数据。如服务器当前有新的电子航道图更新数据，则提示用户下载。

异常1：用户不具备查询权限。

异常2：下载操作意外中断，系统保存下载文件断点，下次链接继续执行。

⑥航道公共信息查询

参与者：船舶。

说明：查询航道公共信息。系统检测当前用户权限，如具备查询权限，则向服务器提交查询请求；如不具备权限，返回错误信息。服务器根据船舶定位或用户指定区域，返回当前航道公共信息，如水深、水文信息等。

异常：用户不具备查询权限。

⑦海事管理信息查询

参与者：船舶。

说明：查询海事管理信息。系统检测当前用户权限，如具备查询权限，则向服务器提交查询请求；如不具备权限，返回错误信息。服务器根据船舶定位或用户指定区域，返回当前海事管理信息，如航行通（警）告、周边事故报告等。

异常：用户不具备查询权限。

⑧港口信息查询

参与者：船舶。

说明：查询港口信息。系统检测当前用户权限，如具备查询权限，则向服务器提交查询请求；如不具备权限，返回错误信息。服务器返回用户指定的港口信息，如地理位置、生产信息、泊位信息、码头信息、锚地信息等。

异常：用户不具备查询权限。

⑨锚地信息查询

参与者：船舶。

说明：查询锚地信息。系统检测当前用户权限，如具备查询权限，则向服务器提交查询请求；如不具备权限，返回错误信息。服务器返回用户指定的锚地信息，如地理位置、水深与水文条件、靠泊注意事项等。

异常：用户不具备查询权限。

⑩船闸调度信息查询

参与者：船舶。

说明：查询船闸调度信息。系统检测当前用户权限，如具备查询权限，则向服务器提交查询请求；如不具备权限，返回错误信息。服务器返回当前最新的过闸计划信息、锚地待闸信息、过闸申报反馈信息，如船舶排入过闸计划，则提示用户所在闸次与注意事项；如船舶需要在锚地待闸，则提示用户待闸锚地详细信息；系统返回船舶发出过闸申报后是否受理等状态信息。

异常：用户不具备查询权限。

⑪运政信息查询

参与者：船舶。

说明：查询运政管理信息。系统检测当前用户权限，如具备查询权限，则向服务器提交查询请求；如不具备权限，返回错误信息。服务器返回当前船舶用户的运政受理、审批状态、内容等信息。

异常：用户不具备查询权限。

⑫签证信息查询

参与者：船舶。

说明：查询签证信息。系统检测当前用户权限，如具备查询权限，则向服务器提交查询请求；如不具备权限，返回错误信息。服务器返回当前船舶用户的签证受理、审批状态、内容等信息。

异常：用户不具备查询权限。

⑬辅助航行

参与者：船舶。

说明：辅助船舶航行。系统检测当前用户权限，如具备查询权限，则向服务器提交查询请求；如不具备权限，返回错误信息。服务器返回当前船舶状态信息，包括船舶定位、航行状态、周边电子航道图、航行通（警）告信息、安全警示等，提示最优航行线路及浅滩、暗礁的危险信息，如当前航行位置有安全风险，系统以短信和其他提醒方式发出安全警示到船舶用户和航运企业用户。

异常：用户不具备查询权限。

⑭船舶积配载信息查询与确认

参与者：船舶。

说明：船舶积配载信息查询与确认。系统检测当前用户权限，如具备查询权限，则向服务器提交查询请求；如不具备权限，返回错误信息。服务器返回当前船舶积配载信息，包括货物清单、货物位置、数量等积配载信息，以及相关货物流向及装卸信息等。如在港口装卸作业前，需船舶用户对积配载信息进行确认后，港口用户按照确认信息进行装卸作业。

⑮船舶信息发布

参与者：船舶。

说明：发布船舶信息。系统检测当前用户权限，如具备发布权限，则向服务器提交发布请求；如不具备权限，返回错误信息。服务器接收当前船舶状态信息、人员信息、设备信息等，供具有权限的用户查询。

异常：用户不具备发布权限。

⑯应急呼救

参与者：船舶。

说明：船舶发布应急呼救信息。系统检测当前用户权限，如具备发布权限，则向服务器提交发布请求；如不具备权限，返回错误信息。服务器接收当前船舶发出的呼救相关信息以及船舶状态信息、人员信息、设备信息、视频信息等，系统自动发布到相关的航运企业、管理部门与应急指挥部门，并通过各种方式提醒相关用户。

异常：用户不具备发布权限。

⑰应急指挥信息查询

参与者：船舶。

说明：船舶查询应急指挥信息。系统检测当前呼救船舶，自动将应急指挥信息发布到该船舶用户。服务器将从管理部门接收到的应急指挥信息打包后主动推送给遇险船舶，如指挥调度信息、周边管理救助及医疗部门信息、周边可支援船舶信息等。

⑱审批信息查询

参与者：船舶。

说明：船舶查询审批信息。系统检测当前用户权限，如具备查询权限，则向服务器提交查询请求；如不具备权限，返回错误信息。服务器返回当前船舶相关的所有审批信息列表，包括运政审批、船舶签证、过闸申报、船检登记审批等，用户可以查询当前审批状态、批复情况等。

异常：用户不具备查询权限。

⑲短消息发送

参与者：船舶。

说明：船舶发送短消息。系统检测当前用户权限，如具备发送权限，则向服务器提交发送请求；如不具备权限，返回错误信息。服务器接收船舶发出的短消息，发送给指定用户或用户组，并返回发送日志。

异常：用户不具备发送权限。

⑳报表查询

参与者：船舶。

说明：船舶查询报表。系统检测当前用户权限，如具备查询权限，则向服务器提交查询请求；如不具备权限，返回错误信息。服务器返回当前船舶相关的所有统计报表，并提供数据挖掘功能。

异常：用户不具备查询权限。

㉑系统提醒

参与者：船舶。

说明：系统提醒。系统根据当前用户信息，返回各类功能提醒与系统提示。

㉒船舶信息查询

参与者：航运企业、港口、货主以及航运管理部门。

说明：查询船舶信息。系统检测当前用户权限，如具备查询权限，则向服务器提交查询请求；如不具备权限，返回错误信息。服务器返回当前船舶相关的基本信息、状态信息、货物信息及其他相关信息。

异常：用户不具备查询权限。

㉓船舶数据传输

参与者：船舶管理监控系统。

说明：传输船舶数据。系统检测当前用户权限，如具备数据交换权限，则向服务器提交请求；如不具备权限，返回错误信息。服务器根据标准接口，向外部系统用户传输当前船舶相关的基本信息、状态信息、货物信息及其他相关信息，并在系统中记录数据传输日志。

异常：用户不具备权限。

（5）船舶航行业务活动图（图 2–23）

（6）船舶航行业务类图（图 2–24）

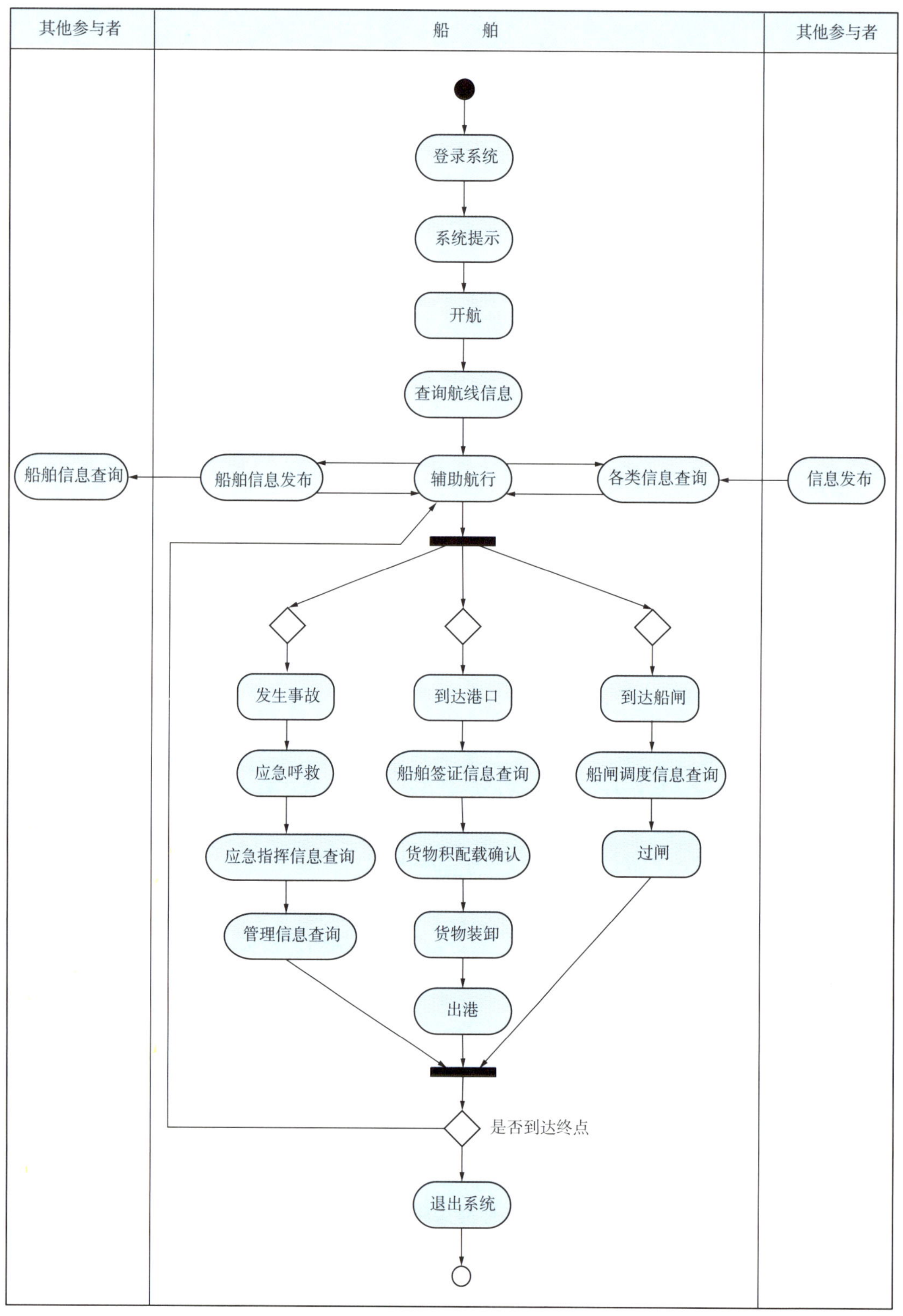


图 2-23　船舶航行业务活动图

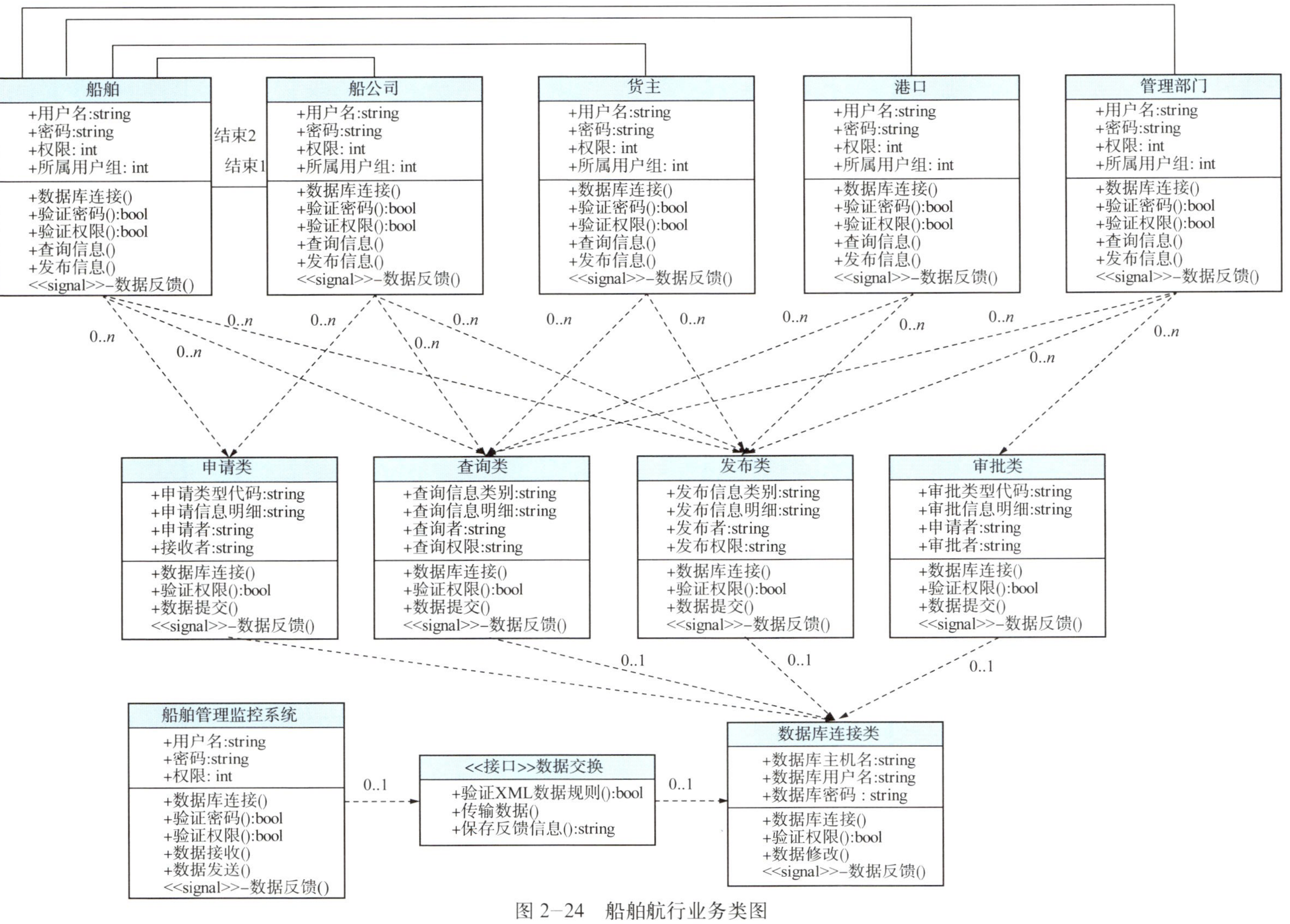


图 2−24 船舶航行业务类图

2.2.1.3　航运企业管理业务 UML 建模

由于航运企业管理业务与船舶航行业务密不可分，在综合信息服务系统中将紧密结合，在船舶航行业务基础上，进行航运企业业务建模，主要为航运企业提供综合信息查询与企业信息发布服务。

（1）航运企业管理业务参与者

内部参与者：船舶。

外部参与者：航运企业、港口、货主以及航运管理部门、船舶管理监控系统。

（2）航运企业管理业务用例

航运企业：登录系统、退出系统、航线数据发布、公司调度信息发布、公司管理信息发布、电子航道图数据查询、航道公共信息查询、海事管理信息查询、港口信息查询、船闸调度信息查询、货物信息查询、船舶信息查询、进出港申请、过闸申请、引航申请、船舶签证申请、运政申请、应急指挥信息查询、信息查询、短消息发送、报表查询。

船舶、港口、货主以及航运管理部门：航运企业信息查询。

航运企业调度管理系统：数据传输。

（3）航运企业管理业务用例图（图 2–25）

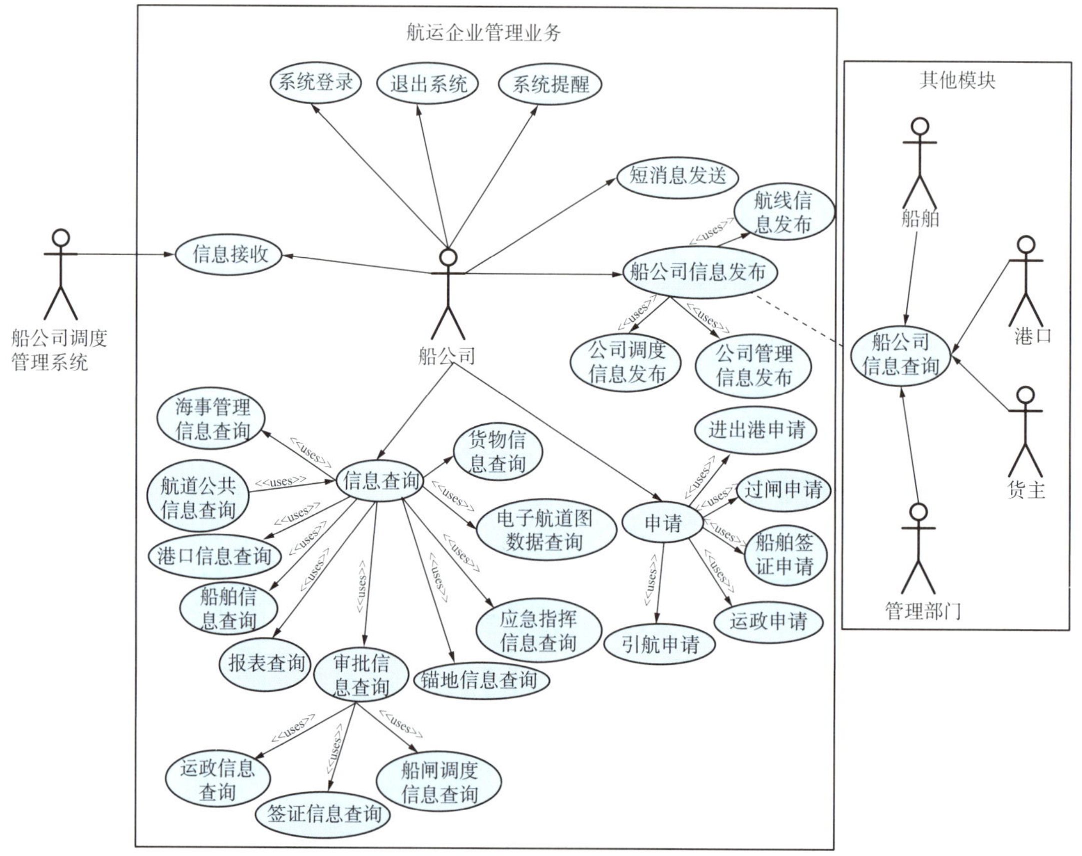


图 2–25　航运企业管理业务用例图

（4）航运企业管理业务用例说明

①登录系统

参与者：航运企业。

说明：启动航运企业管理航行模块。输入用户名、密码，系统检验是否匹配；如正确，则显示功能列表。

异常：用户名、密码不匹配。

②退出系统

参与者：航运企业。

说明：退出航运企业管理模块。系统检测当前是否有未保存或提交的信息，如有则提示用户保存；如没有，则断开系统连接，清除占用内存，关闭页面。

③航线数据发布

参与者：航运企业。

说明：发布船舶航线信息。航运企业管理人员在系统内查找指定船舶，输入该船舶航线信息，发送航线文件；或通过数据接口导入船舶航线信息。若导入数据，则系统首先检测数据合法性，如合法，系统执行后续操作；如不合法，返回错误信息。系统检测当前用户权限，如具备发布权限，则向服务器提交发布请求；如不具备权限，返回错误信息。

异常1：用户导入数据不合法。

异常2：用户不具备发布权限。

④航运企业调度信息发布

参与者：航运企业。

说明：发布航运企业调度信息。航运企业管理人员在系统输入调度信息，发送调度文件；或通过数据接口导入调度信息。若导入数据，则系统首先检测数据合法性，如合法，系统执行后续操作；如不合法，返回错误信息。系统检测当前用户权限，如具备发布权限，则向服务器提交发布请求；如不具备权限，返回错误信息。

异常1：用户导入数据不合法。

异常2：用户不具备发布权限。

⑤航运企业管理信息发布

参与者：航运企业。

说明：发布航运企业管理信息。航运企业管理人员在系统输入管理信息，发送管理文件；或通过数据接口导入管理信息。若导入数据，则系统首先检测数据合法性，如合法，系统执行后续操作；如不合法，返回错误信息。系统检测当前用户权限，如具备发布权限，则向服务器提交发布请求；如不具备权限，返回错误信息。

异常1：用户导入数据不合法。

异常2：用户不具备发布权限。

⑥电子航道图数据查询

参与者：航运企业。

说明：查询电子航道图信息。系统检测当前用户权限，如具备查询权限，则向服务器提交查询请求；如不具备权限，返回错误信息。服务器根据用户指定区域，返回电子航道图数据。如服务器当前有新的电子航道图更新数据，则提示用户下载。

异常 1：用户不具备查询权限。

异常 2：下载操作意外中断，系统保存下载文件断点，下次链接继续执行。

⑦航道公共信息查询

参与者：航运企业。

说明：查询航道公共信息。系统检测当前用户权限，如具备查询权限，则向服务器提交查询请求；如不具备权限，返回错误信息。服务器根据用户指定区域，返回当前航道公共信息，如水深、水文信息等。

异常：用户不具备查询权限。

⑧海事管理信息查询

参与者：航运企业。

说明：查询海事管理信息。系统检测当前用户权限，如具备查询权限，则向服务器提交查询请求；如不具备权限，返回错误信息。服务器根据用户指定区域，返回当前海事管理信息，如航行通（警）告、周边事故报告等。

异常：用户不具备查询权限。

⑨港口信息查询

参与者：航运企业。

说明：查询港口信息。系统检测当前用户权限，如具备查询权限，则向服务器提交查询请求；如不具备权限，返回错误信息。服务器返回用户指定的港口信息，如地理位置、生产信息、泊位信息、码头信息、锚地信息等。

异常：用户不具备查询权限。

⑩锚地信息查询

参与者：航运企业。

说明：查询锚地信息。系统检测当前用户权限，如具备查询权限，则向服务器提交查询请求；如不具备权限，返回错误信息。服务器返回用户指定的锚地信息，如地理位置、水深与水文条件、靠泊注意事项等。

异常：用户不具备查询权限。

⑪船闸调度信息查询

参与者：航运企业。

说明：查询船闸调度信息。系统检测当前用户权限，如具备查询权限，则向服务器提交查询请求；如不具备权限，返回错误信息。服务器返回当前最新的过闸计划信息、锚地待闸信息、过闸申报反馈信息，如该公司所属船舶排入过闸计划，则提示用户所在闸次与注意事项；如该公司所属船舶需要在锚地待闸，则提示用户待闸锚地详细信息；系统返回该公司所属船舶发出过闸申报后是否受理等状态信息。

异常：用户不具备查询权限。

⑫货物信息查询

参与者：航运企业。

说明：查询货物信息。系统检测当前用户权限，如具备查询权限，则向服务器提交查询请求；如不具备权限，返回错误信息。服务器返回当前航运企业所属船舶载货情况与将装卸的货物详细信息，包括货物基本信息、状态、位置等。

异常：用户不具备查询权限。

⑬船舶信息查询

参与者：航运企业。

说明：查询船舶信息，进出港申请、过闸申请、引航申请、船舶签证申请、运政申请、应急指挥信息查询、信息查询、短消息发送、报表查询。系统检测当前用户权限，如具备查询权限，则向服务器提交查询请求；如不具备权限，返回错误信息。服务器返回用户指定的若干船舶详细信息列表，包括基本信息、位置信息、航行状态信息、设备信息、油料使用供应信息、备品备件信息等。

异常：用户不具备查询权限。

⑭进出港申请

参与者：航运企业。

说明：向港口提交船舶进出港申请。航运企业管理用户在查询船舶动态信息后，根据船舶航行或装卸状况，向港口提交进出港申请。系统检测当前用户权限，如具备提交申请的权限，则向服务器提交请求，并返回申请日志信息；如不具备权限，返回错误信息。

异常：用户不具备查询权限。

⑮过闸申请

参与者：航运企业。

说明：向船闸管理部门提交船舶过闸申请。航运企业管理用户在查询船舶动态信息后，根据船舶航行状况，向船闸管理部门提交船舶过闸申请。系统检测当前用户权限，如具备提交申请的权限，则向服务器提交请求，并返回申请日志信息；如不具备权限，返回错误信息。

异常：用户不具备查询权限。

⑯引航申请

参与者：航运企业。

说明：向引航中心提交船舶引航申请，船舶签证申请、运政申请、应急指挥信息查询、信息查询、短消息发送、报表查询。航运企业管理用户在查询船舶动态信息后，根据船舶航行状况与实际需求，向引航中心提交船舶引航申请。系统检测当前用户权限，如具备提交申请的权限，则向服务器提交请求，并返回申请日志信息；如不具备权限，返回错误信息。

异常：用户不具备查询权限。

⑰船舶签证申请

参与者：航运企业。

说明：向海事管理部门提交船舶签证申请。航运企业管理用户在查询船舶动态信息后，根据船舶航行状况，向海事管理部门提交船舶签证申请。系统检测当前用户权限，如具备提交申请的权限，则向服务器提交请求，并返回申请日志信息；如不具备权限，返回错误信息。

异常：用户不具备查询权限。

⑱运政审批申请

参与者：航运企业。

说明：向管理部门提交运政审批申请。航运企业管理用户根据业务状况，向管理部门提交运政审批申请。系统检测当前用户权限，如具备提交申请的权限，则向服务器提交请求，并返回申请日志信息；如不具备权限，返回错误信息。

异常：用户不具备查询权限。

⑲应急指挥信息查询

参与者：航运企业。

说明：航运企业查询应急指挥信息。系统检测当前用户所属船舶有呼救信息，自动将应急指挥信息发布到该船舶所属公司用户。服务器将从管理部门接收到的应急指挥信息打包后主动推送给遇险船舶所属公司，如指挥调度信息、周边管理救助及医疗部门信息、周边可支援船舶信息等。

⑳信息查询

参与者：航运企业。

说明：查询各类信息。航运企业管理用户向系统提交查询要求，系统检测当前用户权限，如具备查询权限，则向服务器提交查询请求，服务器返回用户需要查询的信息；如不具备权限，返回错误信息。

异常：用户不具备查询权限。

㉑短消息发送

参与者：航运企业。

说明：航运企业发送短消息。系统检测当前用户权限，如具备发送权限，则向服务器提交发送请求；如不具备权限，返回错误信息。服务器接收航运企业发出的短消息，发送给指定用户或用户组，并返回发送日志。

异常：用户不具备发送权限。

㉒报表查询

参与者：航运企业。

说明：航运企业查询报表。系统检测当前用户权限，如具备查询权限，则向服务器提交查询请求；如不具备权限，返回错误信息。服务器返回当前用户相关的所有统计报表，并提供数据挖掘功能。

异常：用户不具备查询权限。

㉓系统提醒

参与者：航运企业。

说明：系统提醒。系统根据当前用户信息，返回各类功能提醒与系统提示。

㉔航运企业信息查询

参与者：船舶、港口、货主以及航运管理部门。

说明：查询航运企业信息。系统检测当前用户权限，如具备查询权限，则向服务器提交查询请求；如不具备权限，返回错误信息。服务器返回当前航运企业相关的基本信息、运营信息及其他相关信息。

异常：用户不具备查询权限。

㉕ 数据传输

参与者：航运企业调度管理系统。

说明：传输船舶数据。系统检测当前用户权限，如具备数据交换权限，则向服务器提交请求；如不具备权限，返回错误信息。服务器根据标准接口，与外部系统用户进行标准数据传输。接收数据时，系统首先判断接收数据的合法性，如合法则继续操作，并在系统中记录数据传输日志。发送数据时，系统将标准数据向外部系统传输，并记录日志。

异常 1：用户不具备权限。

异常 2：传输数据不合法。

（5）航运企业管理业务活动图（图 2–26）

（6）航运企业管理业务类图（图 2–27）

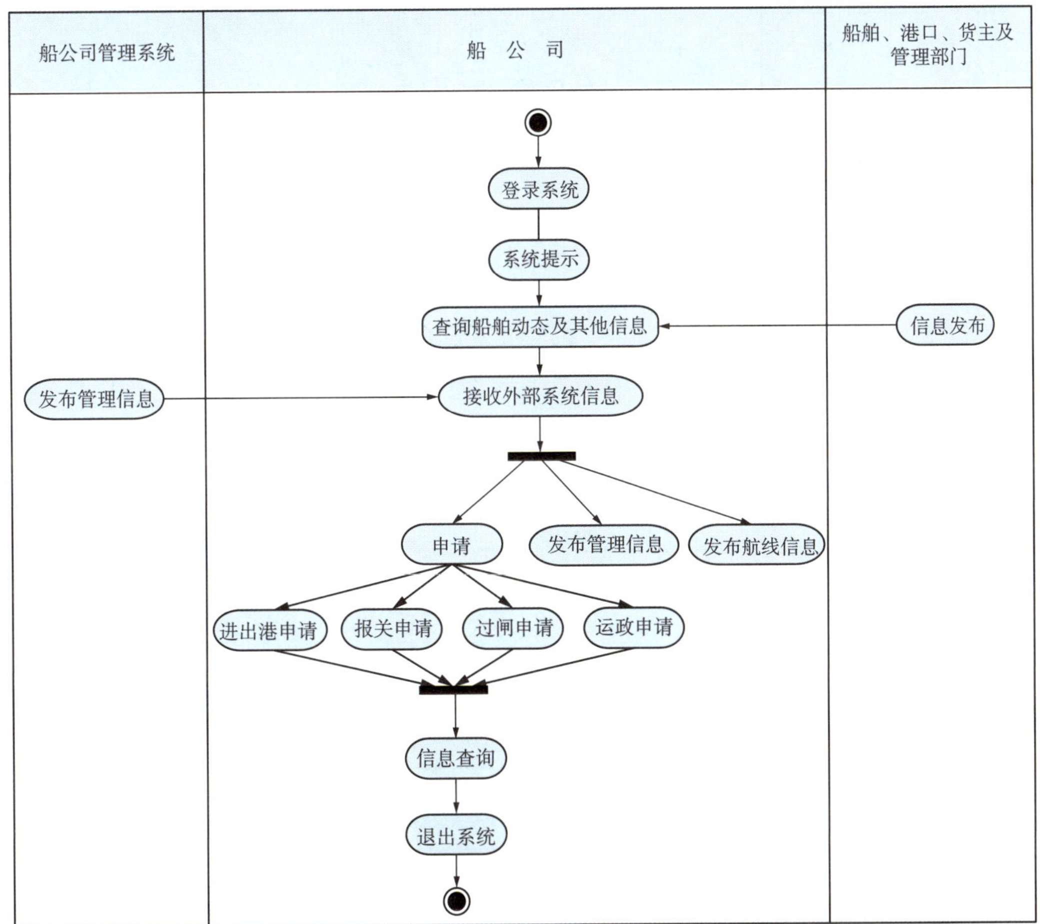


图 2–26 航运企业管理业务活动图

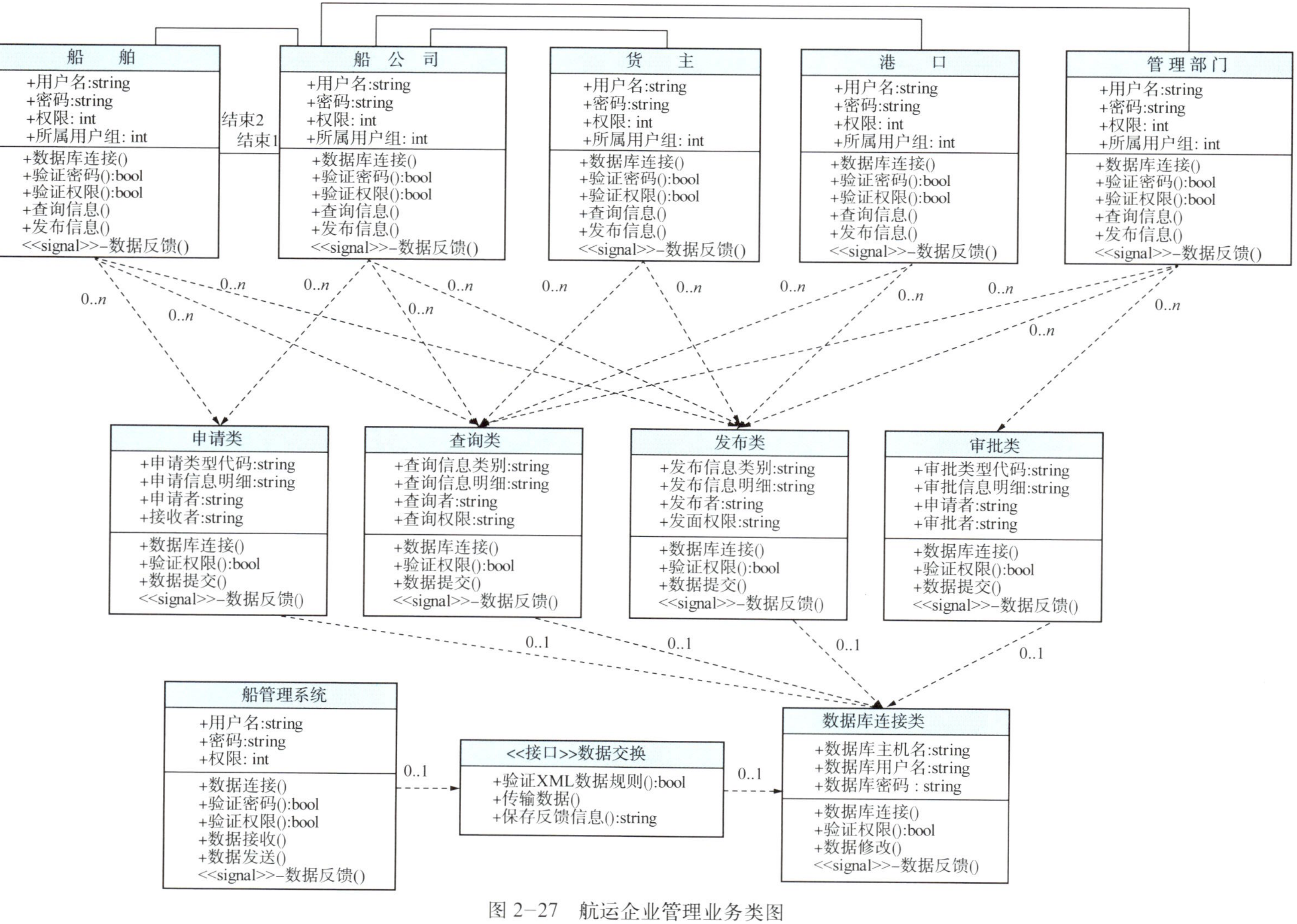


图 2-27　航运企业管理业务类图

### 2.2.2 港口业务及建模

港口作为交通运输的枢纽，货物从一地到另一地的流动，以港口作为最好的交汇点。随着现代物流的不断发展，港口的功能定位也从纯粹的“运输中心”，逐渐过渡到“运输中心+服务中心”,目前正向“国际物流中心”迈进。港口已逐渐成为涵盖物流大部分环节、掌握航运业务大量信息的重要节点。港口不再只是装卸货物的转运地，而是物流的平台，货物的分拨中心，同时也是航运的信息中心。

2.2.2.1 港口业务流程

港口在航运业的特殊地位，可以将大量的船、货、装卸、堆场等信息，利用信息化的手段使其流动起来，而信息技术的开发和利用也对港口的发展和市场化起着至关重要的作用。港口信息的流动，可以实现港口内外的物流信息共享，消除信息孤岛，带动产业集群及价值流、货物流与贸易流的全面流动，充分发挥港口对其周边及沿江腹地的经济带动作用。

（1）港口业务概述

港口业属于交通运输业、第三产业和公共服务业，应具有船舶进出、停泊、靠泊，上下旅客，货物装卸、驳运、储存等功能，具备相应的码头设施，由一定范围的水域和陆域组成，主要从事货物处理（包括接收、理货、分票、堆装、积载、保管、交付、转运、搬移等）、货物装卸以及港口相关的服务（广义上包括引航服务、船舶交通系统、船舶挂靠及进出港口服务、油水等供应、安全服务及“一关三检”等）。

港口的传统经营业务包括：码头和其他港口设施的经营，港口旅客运输服务经营，在港区内从事货物的装卸、驳运、仓储的经营和港口拖轮经营，及辅助经营业务的港口调度业务。具体包括：

货物装卸（搬运）——在同一地域范围内（如港区、堆场等）以改变货物的存放、支撑状态的活动称为装卸，以改变货物的空间位置的活动称为搬运。

货物驳运——利用港口船舶运输货物。运输货物的船叫作驳船。

港口调度——分为港口值班调度、船舶调度、引航调度。港口值班调度主要是根据货流、货种、车船到港变化情况，平衡调整各作业区的作业安排，组织均衡生产；船舶调度是根据生产计划对拖轮进行调度，掌握全港生产动态，根据需要选派拖轮作业；引航调度是按生产计划合理安排引航员进行引航任务，接收船舶进出港动态，掌握进出船舶的基本资料，如总长、总吨、吃水等。

随着港口功能的完善和现代物流的发展，港口已增加了多项物流相关服务业务，具体包括：

“一关三检”——海关、商检、动植物检、卫生检疫。

货代和船代——提供国内外货物运输和船舶代理服务，包括“国际多式联运”“国内一票到底”等货物代理服务。

贸易及流通加工——兼有国际贸易的业务职能，并对进出口货物按照客户的要求进行流通加工。

保险——提供各种运输方式的货运保险、财产保险以及人身保险等各种符合国际惯例的保险服务。

结算——无论是贸易运输还是提供服务，都需要进行财务结算，并向高效的电子结算服务转变。

法律服务——提供一流的法律咨询、律师服务。港口与周边产业集群之间的相互依赖、共同发展，形成彼此之间的相互依存性。

港口各项经营业务及服务业务的流程图 2–28 所示。

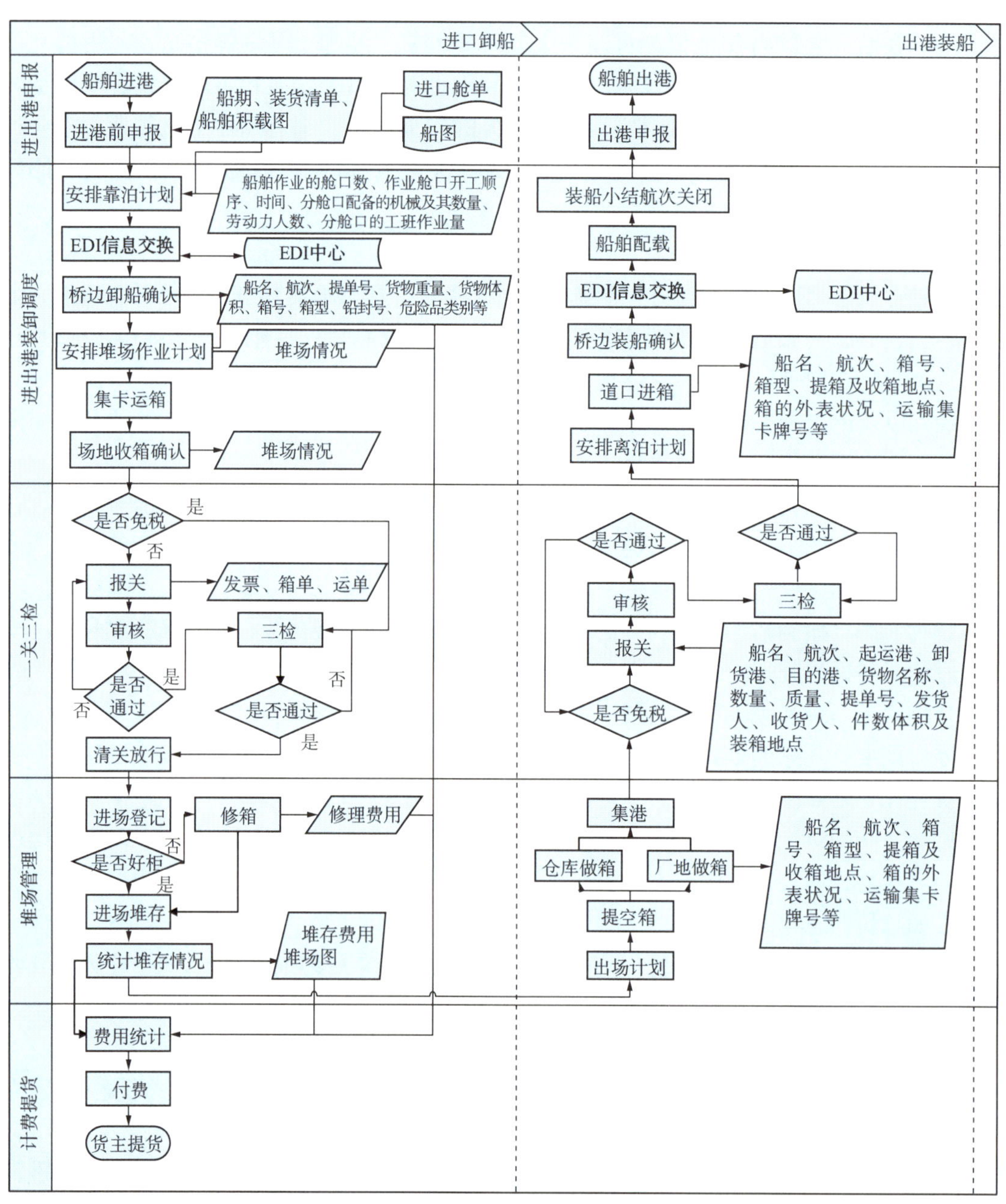


图 2–28　港口业务流程图

（2）港口调度业务分析

港口的装卸过程在调度的统一指挥下进行，其大致的工作流程是：船舶在到港前要向港口预报船期，调度员按照船期安排货物装卸生产计划；船舶到港后，如船舶运载的是进出口货物，需要经过海关及检验检疫等部门的检查，港口在获得批准单后方可进行装卸作用。集装箱堆场调度员根据目前港口装卸作业的实际情况安排装卸作业计划，集装箱装卸现场（称之为集装箱堆场，简称堆场）人员依据作业计划进行装卸作业，同时将实际作业情况再上报给调度员，以便制订下一步的作业计划。由于港口的装卸业务不单有集装箱这一种类的货物，同时还有散杂货等其他类型货物的装卸业务，因此港口的生产调度分为两级，一级在港务局总调度中心，该中心制订全局的装卸生产计划；集装箱堆场调度员则对中心的装卸生产计划进行细分，形成实际的作业计划，指导装卸作业。具体的装卸调度作业流程是船方到港前要提供船期预报及载货清单给港口的船舶代理员；船舶代理员是港口为船方服务的人员，他接到每条到港船的船期预报后要汇总船期预报信息，并以船舶动态报表形式提交给调度中心。调度中心的总调度员根据船舶动态制订港口作业计划。堆场调度员从港口作业计划中抽取出集装箱货物的作业计划，并根据堆场中集装箱堆放的实际情况（堆场图）、船舶所提供的集装箱在船上的堆场情况（称为船舶进口积载图）、载货清单、货物舱单制订详细的生产计划。堆场指导员对详细的生产计划进行认真核实后，将货物提交给堆场装卸队实施装卸操作。

港口调度业务流程图见图 2–29。

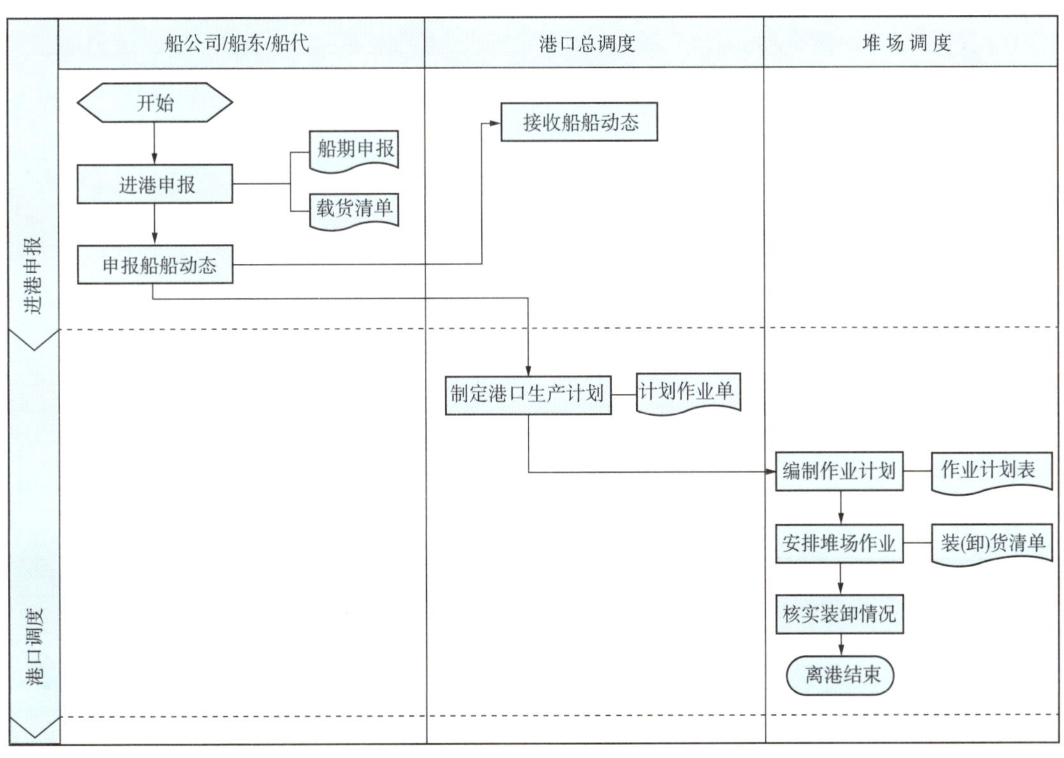


图 2–29　港口调度业务流程图

（3）港口货物装卸业务分析

港口装卸业务又分为进口卸船业务和出口装船业务。其大致流程是：作业委托人持与港口签订的《港口作业委托合同（协议）》，填写《货物港口作业合同》。办理内贸进口时，作业委托人应持《运输合同》及“水陆货物运单”；作业委托人办理外贸进口时，作业委托人出具船舶代理公司的“提货单”（加盖海关放行章）或“海关的装卸货通知单”（货物落地封存）；同时根据签订的《港口作业委托合同（协议）》中条款所定的费率标准和结算办法，如需要交纳抵押金，还应向作业委托人出具“资金往来专用收据”（公司财务人员开具）。

公司商务部计划员根据船舶预抵时间、设备情况、场存情况，确定装卸计划，并给公司生产部、卸装队下达“单船作业通知单”，主要内容有：船名、载货品种、载货数量、装卸要求、预抵时间、货物堆存位置、效率要求、泊位计划等。

作业委托人待各项作业完毕后，根据《港口作业委托合同（协议）》中结算时间及结算方式的条款规定，凭稽核人员开具的费收票据、提单（或商检单据）、装车交接单、堆存费结算单，结算港口装卸费、堆存费、过衡费等有关费用。

港口的集装箱装卸是一个流程相对标准，且证单齐全的业务流程，图 2–30 是集装箱的卸船流程。

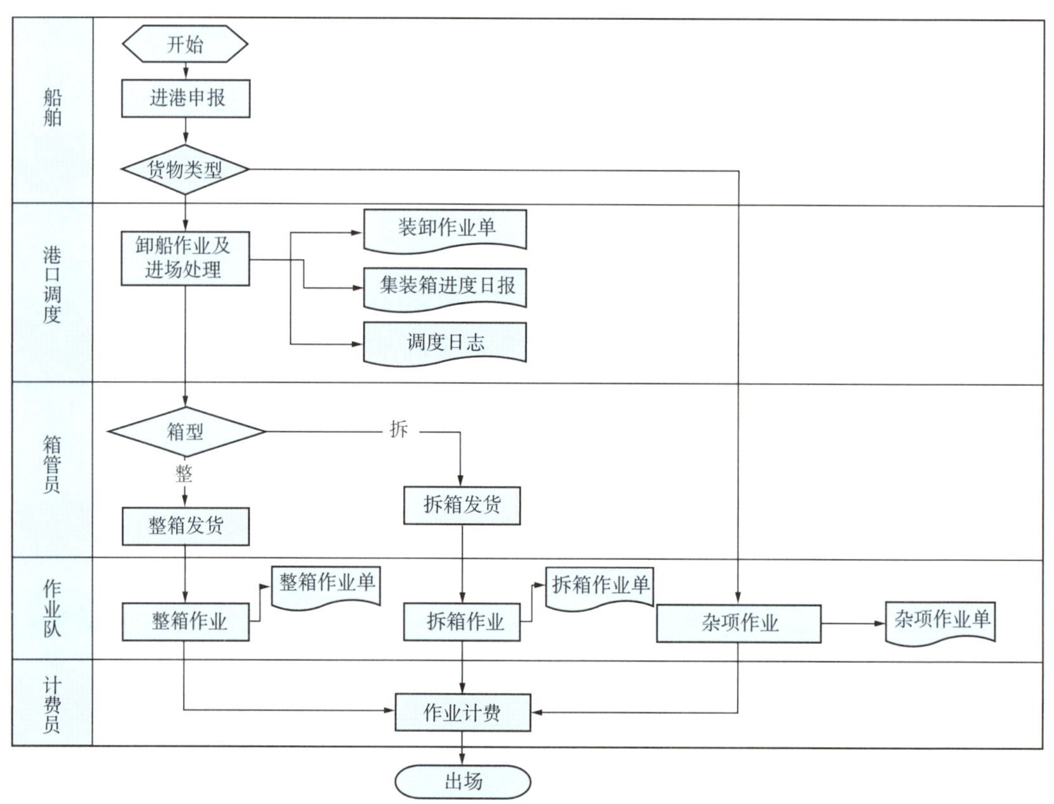


图 2–30　港口装卸调度业务流程图

（4）港口一关三检业务分析

所谓“一关三检”是指在向海关申报前，首先要申请商品检验、动植物检验和卫生检验。海关申报又分出口报关和进口报关，其主要的业务及流程大致如下：

①出口报关

报关单证的制作——电脑预录入——向海关发送所申报报关单数据——向海关申报接单——放行或查检后再放行，其中包括根据需要办理的检验检疫出口通关单。

②进口报关

报关单证的制作——电脑预录入——向海关发送所申报报关单数据——向海关申报（接单、查检、征税、放行），其中包括提供所需的进口货物检验检疫通关单。

③检验检疫申报

单证制作——向检验检疫局发送数据——办理并取得检验检疫进出口通关，其中包括根据检验检疫局需要所进行的查检。

在整个港口货物的“一关三检”业务中，需要提供的单证有：船方或是船舶代理业务员提供已背书的运输提单、进口发票、装箱单、合同及加工贸易手册或零星辅料备案清单。

报关员根据业务员提供的合同、发票、装箱单等进口资料填制报关单。所进货物属海关监管并需提供入境货物通关单的，报关员需提前到商检部门办理。报关员在登录中国电子口岸网，将手工填制的报关单内容预录入电子数据，发送到海关审单中心；经审单中心审核后，将该报关单电子数据返回到申报企业，并持正式的纸制报关单、进口发票、装箱单、合同、手册及相关进口报关资料，到口岸现场海关处办理通关放行手续。海关放行后，报关员应及时申请调箱计划，办理提货手续。

港口货物报关通关流程图见图 2-31。

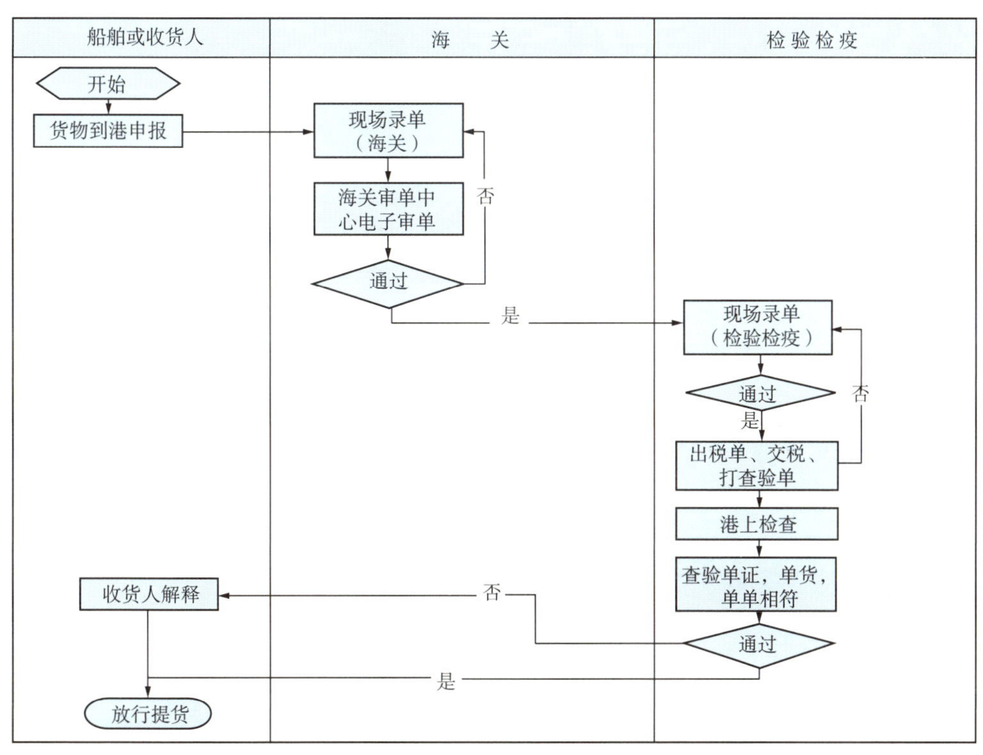


图 2-31　港口货物报关通关流程图

（5）港口堆场管理业务分析

港口集装箱堆场的主要业务工作是办理集装箱的装卸、转运、装箱、拆箱、收发、交接、保管、堆存、搬运以及承揽货源等。而集装箱堆场又主要分为：

①集装箱前方堆场

集装箱前方堆场是在集装箱码头前方，为加速船舶装卸作业，暂时堆放集装箱的场地。其作用是：当集装箱船到港前，有计划、有次序地按积载要求将出口集装箱整齐地集中堆放，卸船时将进口集装箱暂时堆放在码头前方，以加速船舶装卸作业。

②集装箱后方堆场

集装箱后方堆场是集装箱重箱或空箱进行交接、保管和堆存的场所。集装箱后方堆场是集装箱装卸区的组成部分，是集装箱运输“场到场”交接方式的整箱货办理交接的场所。

③空箱堆场

空箱堆场是专门办理空箱收集、保管、堆存或交接的场地。它是专为集装箱装卸区或转运站堆场不足时才予设立。这种堆场不办理重箱或货物交接。它可以单独经营，也可以由集装箱装卸区在区外另设。

堆场管理的大致流程如图 2–32 所示。

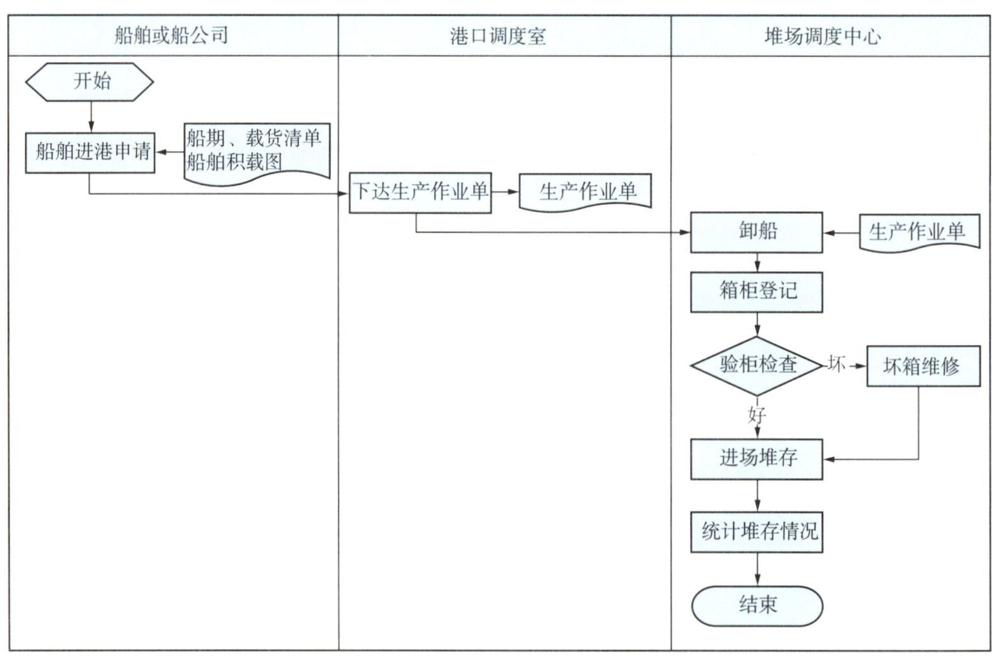


图 2–32　集装箱堆场管理流程图

2.2.2.2　港口业务 UML 建模

系统的港口业务包含港口靠泊计划查询、堆场作业计划查询及计费查询等功能，为船舶、航运企业及货主服务，以便查询港口综合信息或进行相关信息发布。

（1）港口业务参与者

内部参与者：港口。

外部参与者：船舶、货主、航运企业及航运企业调度管理系统。

(2) 港口业务用例

港口：登录系统、退出系统、靠泊计划发布、堆场作业信息发布、计费信息发布、靠泊计划数据查询、堆场作业信息查询、计费信息信息查询、港口信息查询、进出港申请信息查询等。

船舶、航运企业、货主：靠泊计划数据查询、堆场作业信息查询、计费信息信息查询、港口信息查询、进出港申请信息查询等。

航运企业调度管理系统：数据传输。

(3) 港口业务用例图（图 2–33）

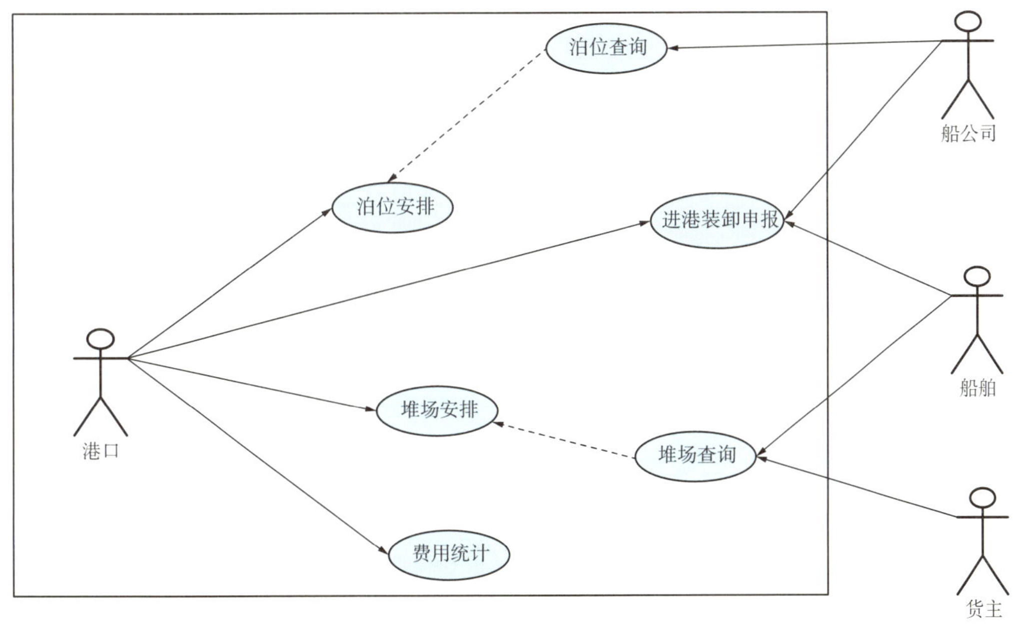


图 2–33 港口业务用例图

(4) 港口业务用例说明

①登录系统

参与者：港口。

说明：启动港口调度模块。输入用户名、密码，系统检验是否匹配，如正确，则显示功能列表。

异常：用户名、密码不匹配。

②退出系统

参与者：港口。

说明：退出港口调度模块。系统检测当前是否有未保存或提交的信息，如有，则提示用户保存；如没有，则断开系统连接，清除占用内存，关闭页面。

③进港申报

参与者：船舶、航运企业。

说明：进行进港申报。系统检测当前用户权限，如具备申报权限，则向服务器提交申报请求；如不具备权限，返回错误信息。服务器根据船舶及航运企业的申报请求，提示进行船舶基本情况、货物、集载图及到港时间、作业申请等信息申报。

异常1：用户不具备申报权限。

异常2：用户申报的信息不全。

④进港申报查询

参与者：港口。

说明：查询航运企业、船舶的进港申报信息。系统检测当前用户权限，如具备查询权限，则向服务器提交查询请求；如不具备权限，返回错误信息。服务器根据船舶及航运企业的申报信息，显示目前对港口的进港申报情况，包括显示船舶基本情况、货物情况及到港时间、作业申请等信息。

异常：用户不具备查询权限。

⑤泊位安排

参与者：港口。

说明：查询进港申报及日常管理信息后，进行港口泊位安排。系统检测当前用户权限，如具备泊位安排权限，则向服务器提交安排请求；如不具备权限，返回错误信息。服务器根据港口当前泊位情况及港口的安排请求，进行船舶停靠泊位的安排。

异常1：用户不具备安排权限。

异常2：用户安排的泊位信息不全。

⑥泊位信息查询

参与者：船舶、航运企业。

说明：查询申请停靠港口的泊位信息。系统检测当前用户权限，如具备查询权限，则向服务器提交查询请求；如不具备权限，返回错误信息。服务器根据船舶及航运企业的进港申报及查询请求，显示拟申请停靠港口的泊位安排情况。

异常：用户不具备查询权限。

⑦场场安排

参与者：港口。

说明：查询进港申报及日常管理信息后，进行港口堆场安排。系统检测当前用户权限，如具备堆场安排权限，则向服务器提交安排请求；如不具备权限，返回错误信息。服务器根据港口当前堆场情况及港口的安排请求，进行船舶装卸堆场的安排。

异常1：用户不具备安排权限。

异常2：用户安排的堆场信息不全。

⑧堆场信息查询

参与者：船舶、航运企业。

说明：查询申请停靠港口的装卸堆场信息。系统检测当前用户权限，如具备查询权限，则向服务器提交查询请求；如不具备权限，返回错误信息。服务器根据船舶及航运企业的进港申报及查询请求，显示拟申请停靠港口的装卸堆场安排情况。

异常：用户不具备查询权限。

(5) 港口业务活动图（图 2–34）

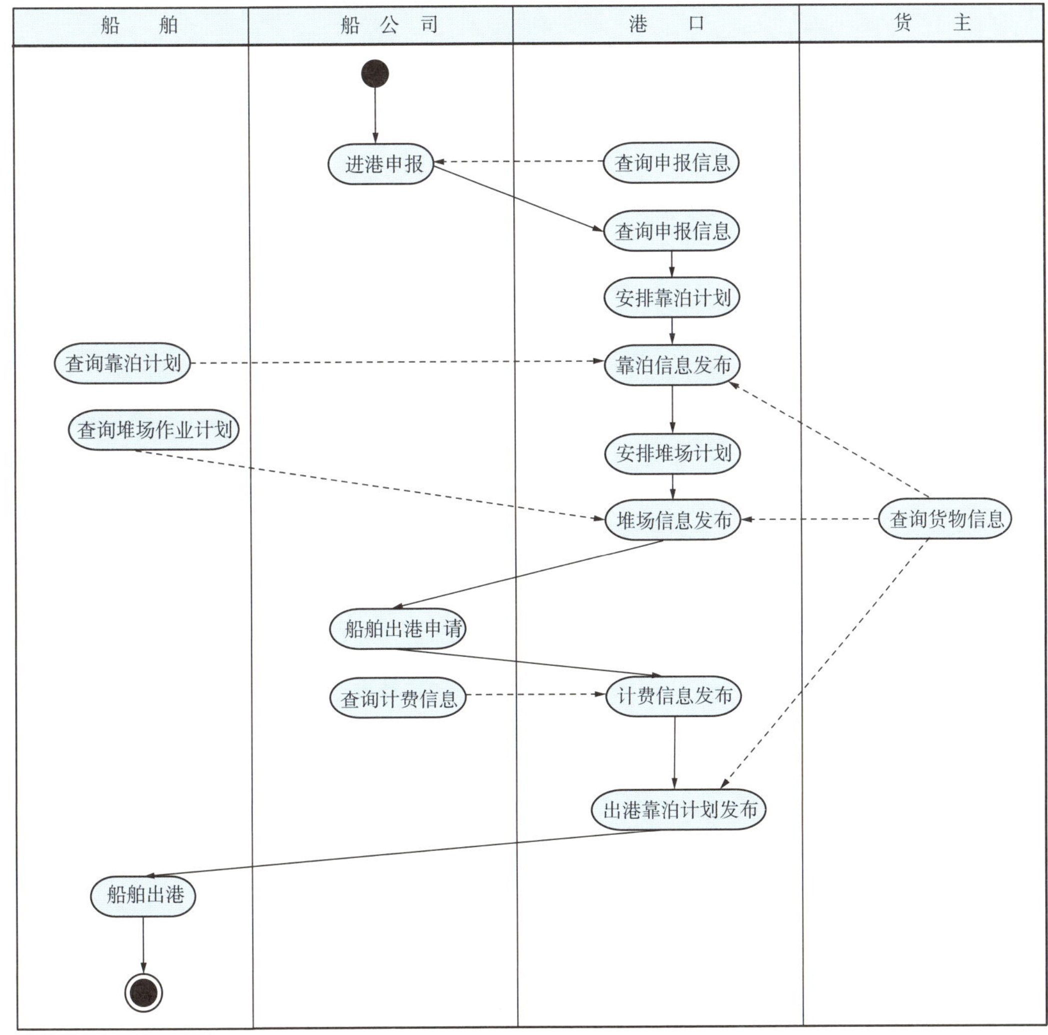


图 2–34　港口业务活动图

## 2.2.3　运政管理业务及建模

长江水系运政管理是指长江航务管理局（以下简称长航局）受交通运输部委托授权行使对长江干线政府行业管理职能，依据国家有关水路运输管理法律法规，培育和规范水运市场，对水运市场秩序实施监督管理行政行为。

2.2.3.1　运政管理业务流程（图 2–35）

根据长江航运经营人资质、管理制度、人员条件、船舶技术状况等技术标准进行市场准入管理。其管理方式包括审批、登记和营运证核发。而整个管理方式是长航局下与各地方省市航务管理部门、上与交通运输部逐级审查的过程。

（1）审批事项

①经营省际普通客船、液货危险品船（油船、化学品船和液化汽船）运输的地方企业的筹建、开业、调整经营范围和新增运力。

②经营省际普通货船、普通客船、液货危险品船运输的长航集团所属公司的筹建、开业、调整经营范围和新增运力。

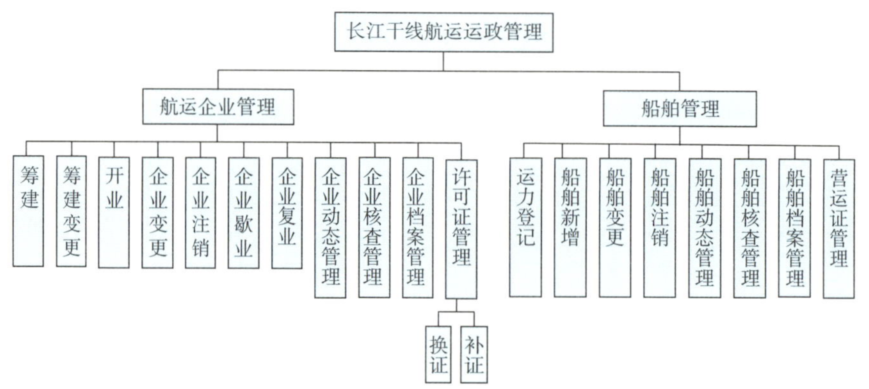

图 2–35　长江干线运政管理业务图

（2）登记事项

①长江干线省际旅客运输企业开辟或调整客运航线。

②长航集团所属公司建造、购买或光租除客船、液货危险品船以外的船舶从事长江水系省际运输。

（3）“船舶营运证”的核发范围

①从事长江水系省际“四客一危”运输的船舶（普通客船、高速客船、汽车滚装船、涉外旅游船、液货危险品运输船，含油船、化学品船和液化气船）。

②长航集团所属公司从事运输的所有船舶。

（4）长航局内部审批、登记流程（图 2–36）

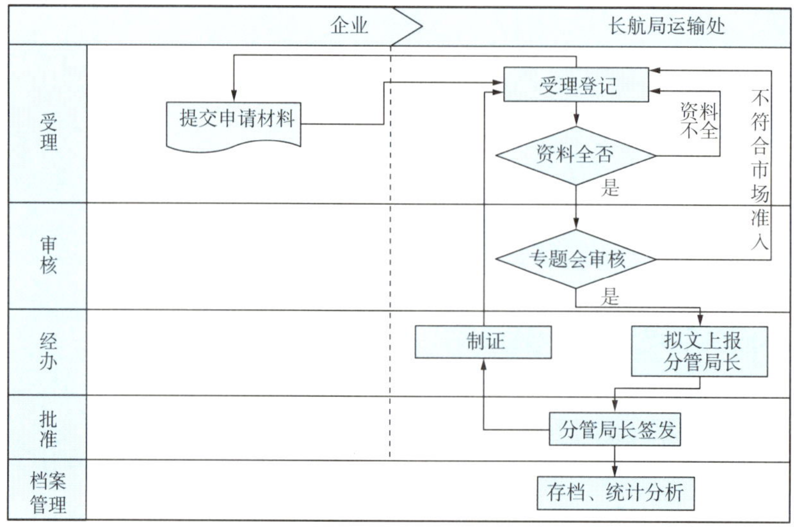

图 2–36　长航局运政业务内部审批、登记流程图

（5）长江水系运输企业审批、登记、营运证核发流程（图 2–37）

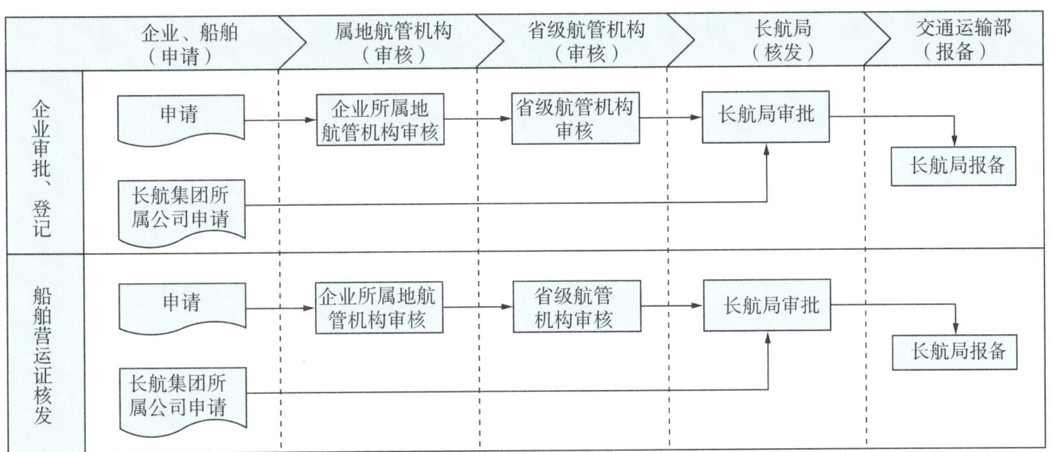


图 2–37　长江水系运输企业营运证核发流程图

### 2.2.3.2　运政管理业务 UML 建模

（1）运政管理业务参与者（图 2–38）

图 2–38　运政管理业务参与者

（2）运政管理业务用例图（图 2–39）

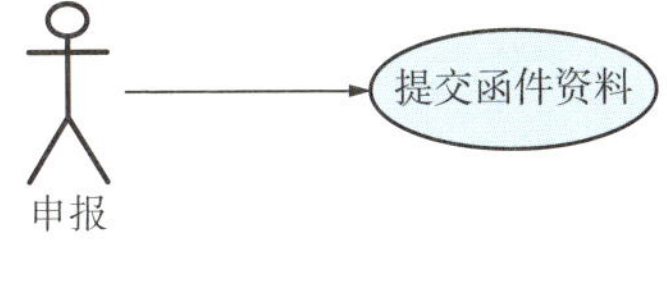


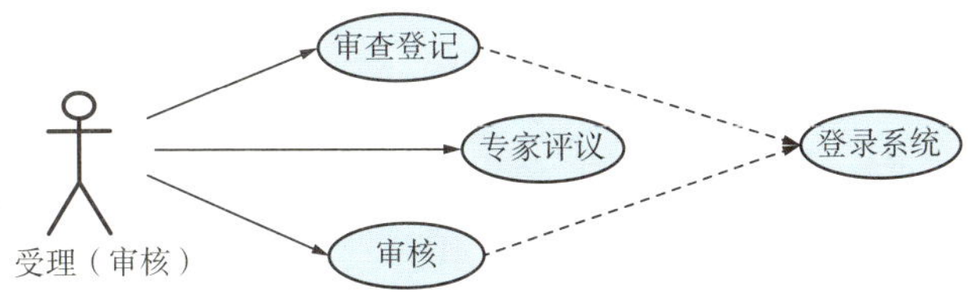


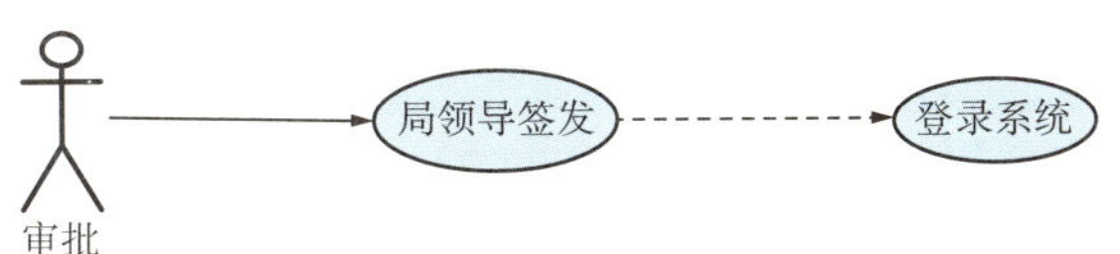


图 2–39　运政管理业务用例图

(3) 运政管理业务活动图（图 2–40）

活动图是基于对象的状态变迁所绘制的视图，它的主线是状态的变化，即申请—受理—审定—发证。

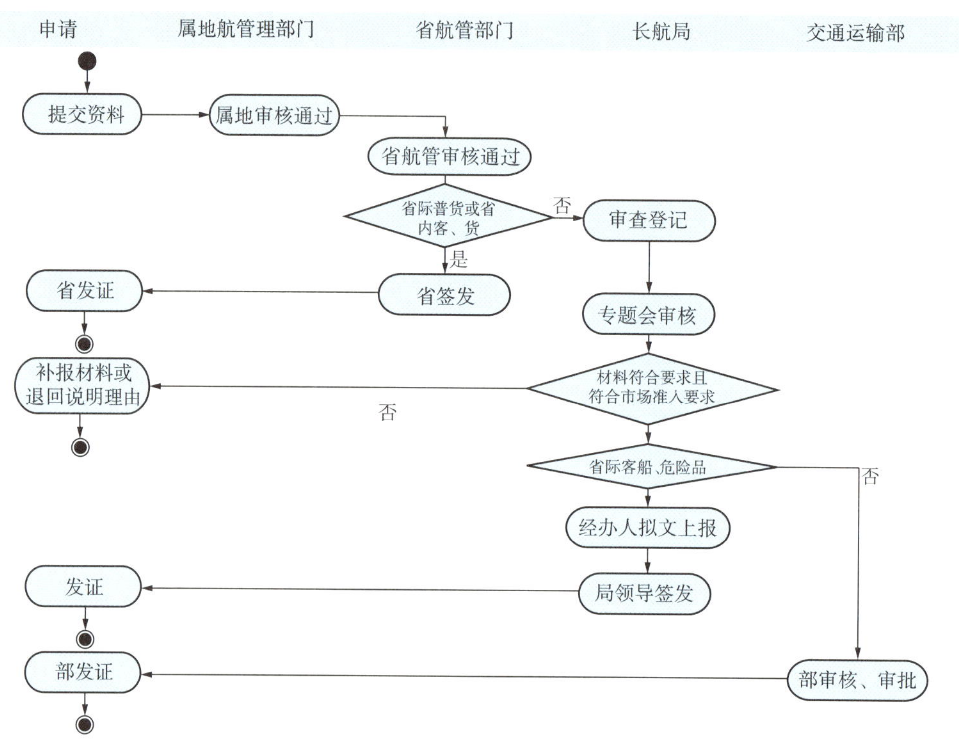


图 2–40　运政管理业务活动图

(4) 运政管理业务类图（图 2–41）

类是对一类具有相同特征的对象的描述，类图是描述类和类之间的静态关系。它在显示信息结构属性的同时，还描述系统的行为。

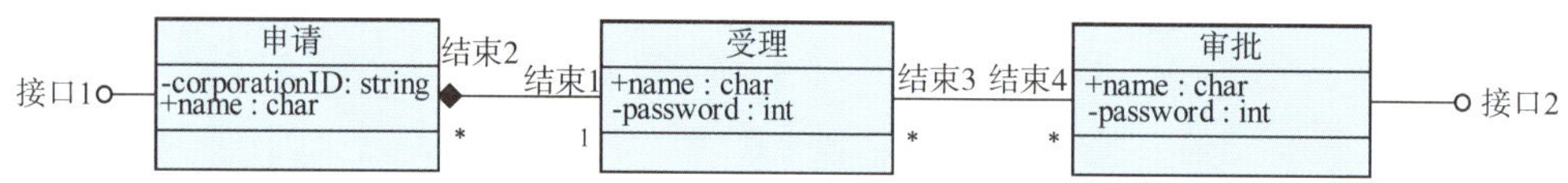


图 2–41　运政管理业务类图

从以上业务流程中分析得出系统至少有 3 个实体类，即申请类、受理类、审批类，见表 2–1。

运政管理业务类描述表　　表 2–1

| 类　　名 | 说　　明 |
|---|---|
| 申请类 | 具有的属性：即企业编号（corporationID）、名称（name） |
| 受理类 | 具有的属性：即姓名（name）、登录密码（password） |
| 审批类 | 具有的属性：即姓名（name）、登录密码（password） |

### 2.2.4 长江海事管理业务及建模

长江海事管理指依据交通运输部的授权，根据《中华人民共和国海事行政许可条件规定》，贯彻和执行国家水上交通安全、水上环境保护、航行保障、船舶和水上设施检验方面的法律、法规和规范，具体包括通航管理、船舶管理、防治船舶污染和船载危险货物管理、船员管理、其他海事行政管理。

船员、船舶是长江航运业务中两个最基础性的要素，作为长江航运行业业务的核心，是信息化建设中不可或缺的内容之一。具体分析船员和船舶管理业务及业务模型，有利于长江航运多元信息的集成整合、深度开发和充分共享，最大限度地保证信息交换的畅通和便捷。

2.2.4.1 长江海事管理业务

(1) 船员管理业务

①船员管理概念

船员管理指按照授权，负责船员、引航员、磁罗经校正人员和水上设施工作人员适任资格、培训、考试和发证管理工作，船员服务簿发放及管理、海员出入境证件发放及管理，船员专业与特殊培训管理及其考试发证及业务指导。

A. 船员培训管理：根据《船员培训管理工作须知》，核发、审验船员培训许可证，制定船员培训机构监督检查制度，并组织实施；指导和管理各分支海事局开展本辖区船员培训机构的管理工作；同时根据授权，开展船员专业、特殊培训的日常监督管理工作。

B. 船员考试管理：按《长江海事局船员考试、评估和发证质量体系》，实施船员考试管理工作。

C. 船员证件管理：按《长江海事局船员考试、评估和发证质量体系》，实施船员证件管理工作。

D. 船员现场监督管理：根据《船员现场监督管理工作须知》，开展船员违法记分管理，组织船员证件现场检查，指导各分支海事局船员现场管理工作；根据举报或其他信息，对船员现场管理工作中存在的问题进行调查处理。

E. 船员服务机构管理：根据《船员服务机构管理工作须知》，开展船员服务机构管理工作。

②船员管理范畴

建立健全船员管理的监督检查制度，具体对船员注册、任职资格、培训、职业保障以及提供船员服务等活动，落实相应的保障措施。

A. “船员服务簿”：作为船员的身份证明文件，是加强船员管理的一种手段。“船员服务簿”记录船员本人的资历、有关训练和参加体格检查情况，是船员申请考试、办理职务升级签证和换领船员适任证书的证明文件之一。

B. 内河“船员职务适任证书”：是指在长江航行的船舶上任职的船长、高级船员和值班水手、值班机工应当持有与其所服务的船舶航区、种类、等级或主机类别和所担任的职务相符的有效适任证书。“船员职务适任证书”是船员考试发证机关对船员签发的一种技术资格证明，自签发之日起有效期为五年。

C. 危险货物申报员是指从事船舶载运危险货物申报工作的人员。

③船员管理流程（图 2–42 ～图 2–44）

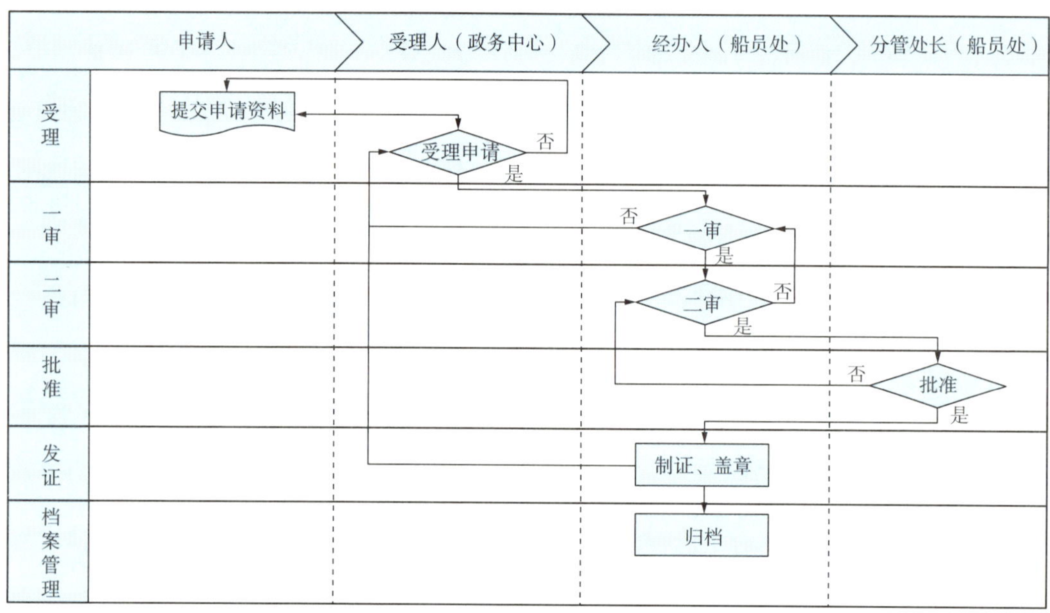


图 2–42 “船员服务簿”、内河“船员适任证书”签发业务流程图

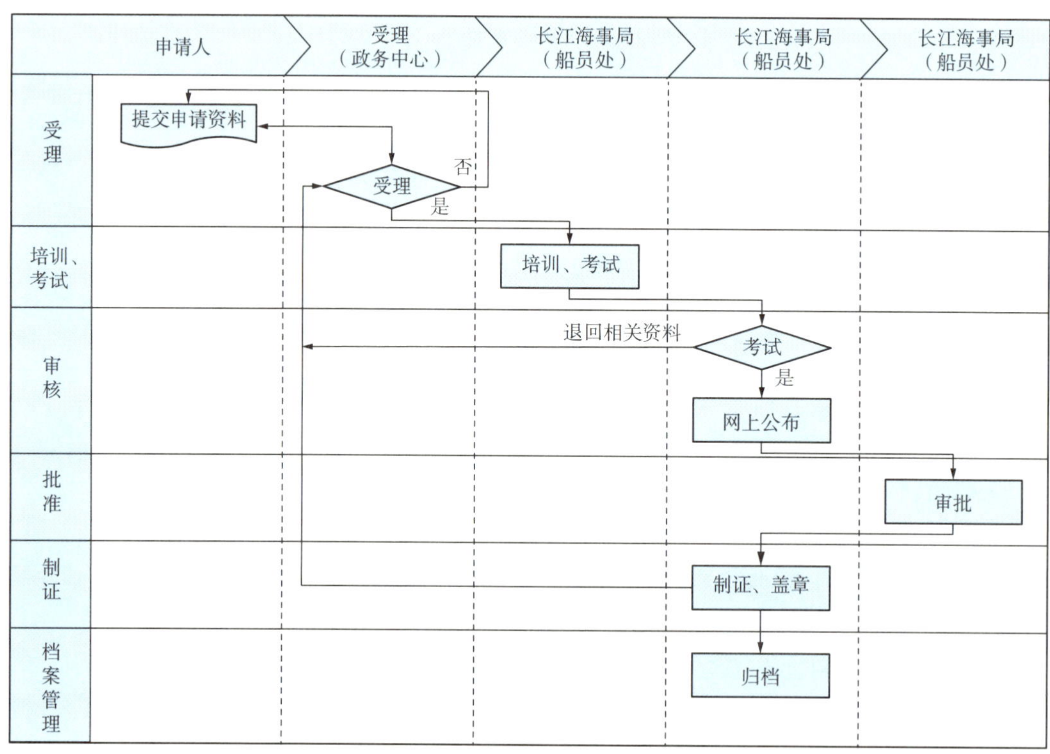


图 2–43 船员培训、考试发证流程图

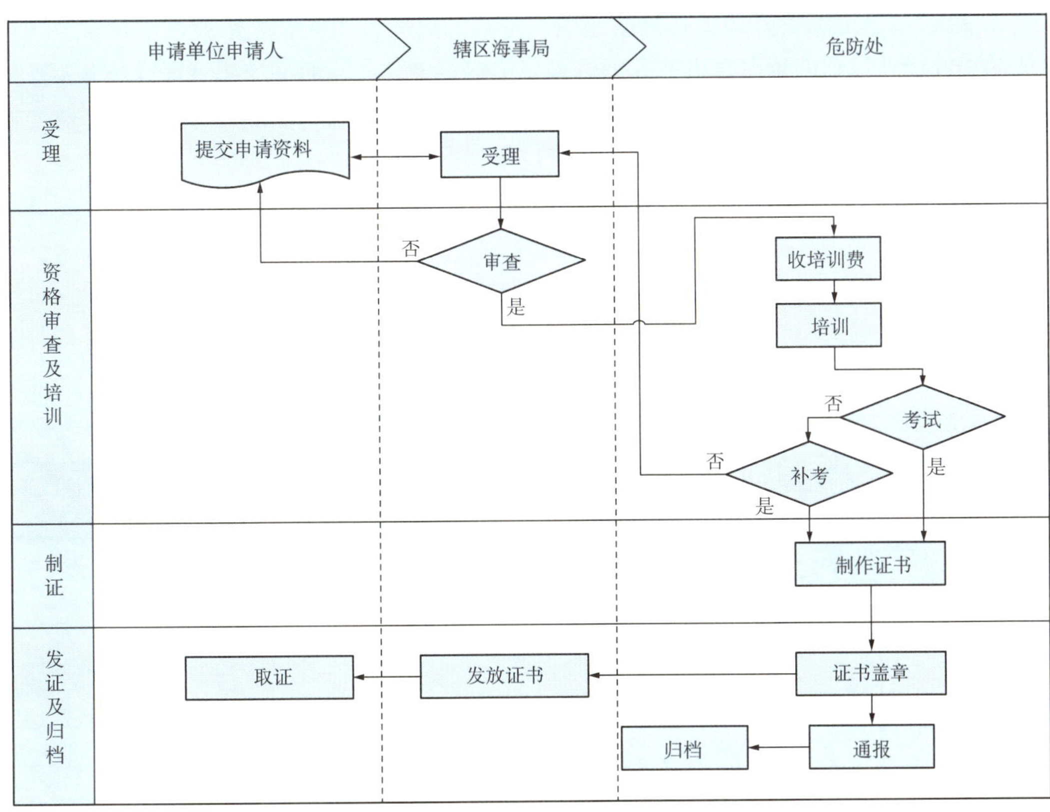


图 2–44 危险货物申报员证书核发流程图

(2) 船舶管理业务

①船舶管理概念

船舶管理指按照授权，指导和协调长江干线全线监督业务工作，该业务主要负责办理国内外进入长江航行的船舶登记及核发最低安全配员证书，核准高速客船操作安全证书的签发，受理水运企业安全管理体系的审核发证申请及核审工作，定期对船舶安全检查工作质量进行分析评估，参与重大污染事故应急处理，履行船舶监督和防止船舶污染水域等工作职责。

②船舶管理范畴

船舶管理范畴具体包括船舶登记、核发最低安全配员证书管理、船舶安全检查、危险货物运输监督管理、船舶防污染监督管理、监督业务工作规划等。

A. 船舶登记是船舶所有人为取得船舶所有权、船舶国籍、悬挂国旗航行权及《中华人民共和国海商法》规定的其他权益，并使这些权利、权益受到保护而根据有关规定申请办理的一项法定手续。船舶所有权的取得、转让、报废注销及船舶抵押权、光船租赁权的设定、转移和报废注销，应当向船舶登记机关办理登记手续。

"船舶登记簿"是由中华人民共和国海事局统一制作设立，由各级船舶登记机关统一掌握使用的法定书簿，是保管的唯一原始档案资料。它具体记载各种船舶登记状况及变更、注销等具体日期等情况，便于备查，也可供社会公众和利益相关用户查询。

B. 船舶进、出港签证是指凡是航行国内港口的船舶进出港必须依照《中华人民共和国船舶签证管理规则》到海事机关办理的进出港的签证。办理船舶进出港签证是海事机关对船舶适航条件进行监督和源头管理的重要手段之一，通过船舶签证，可对船舶开航前的技术条件进行监督，全面掌握船舶及船员的技术状况及异动情况；同时可掌握船舶进出港动态，预测港区、航段的船舶流量和航行密度，向船员提供航道、气象、水文、安全讯息和技术服务等，从而适时提供维护和安全保障。

C. 从事危险品船舶申报或集装箱装运危险货物，进出港时必须在规定的时间内向海事部门申报。海事部门从中准确掌握载运货物的性质，依据载运危险品级别的不同，对载运船进行相应的管理。

③船舶管理流程（图 2–45 ～图 2–47）

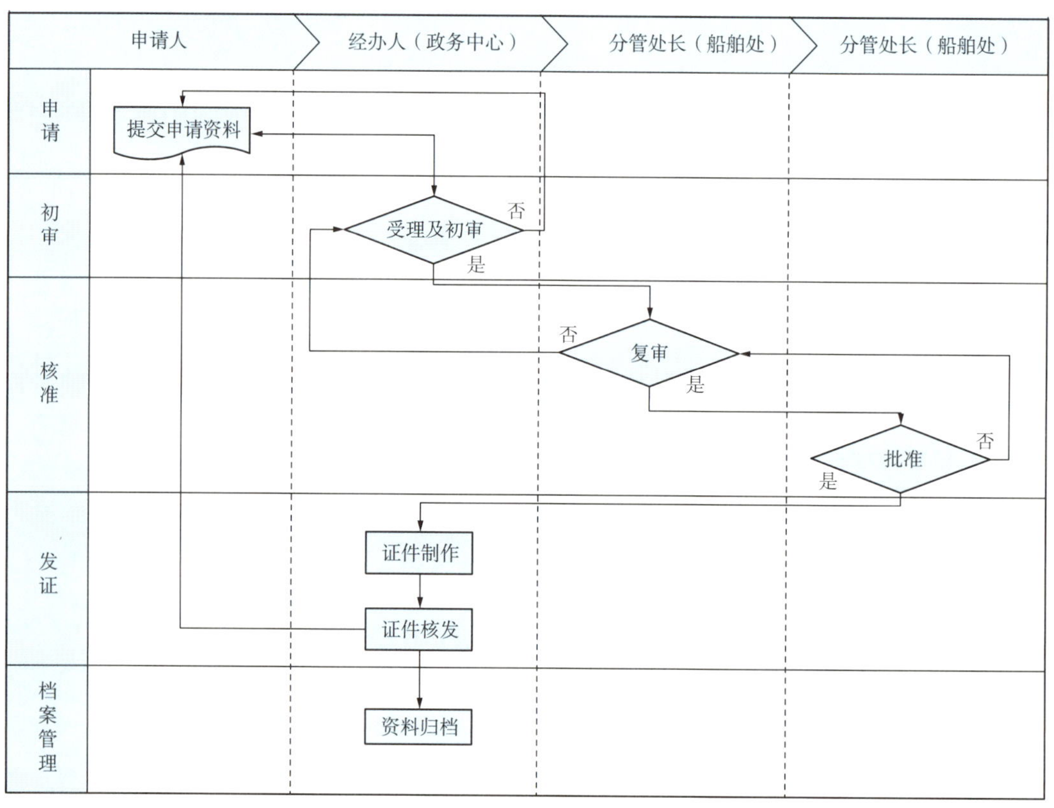


图 2–45　船舶登记流程图

（3）航行通（警）告管理业务

航行通（警）告是人们在长期的航行实践中总结出来的向船舶和浮动设施发布安全航行和作业所需信息的形式，是一种水上安全信息公告，是把有关航区和水域内发生的或将要发生的，可能影响航行和作业安全的变化情况及时准确地告知所有船舶和浮动设施，使之采取适当措施或保持戒备，以确保船舶航行和浮动设施作业安全。因此，切实加强航行通警告管理，提供更加及时、准确、有效的水上安全信息服务，做好航行通警告管理工作至关重要。

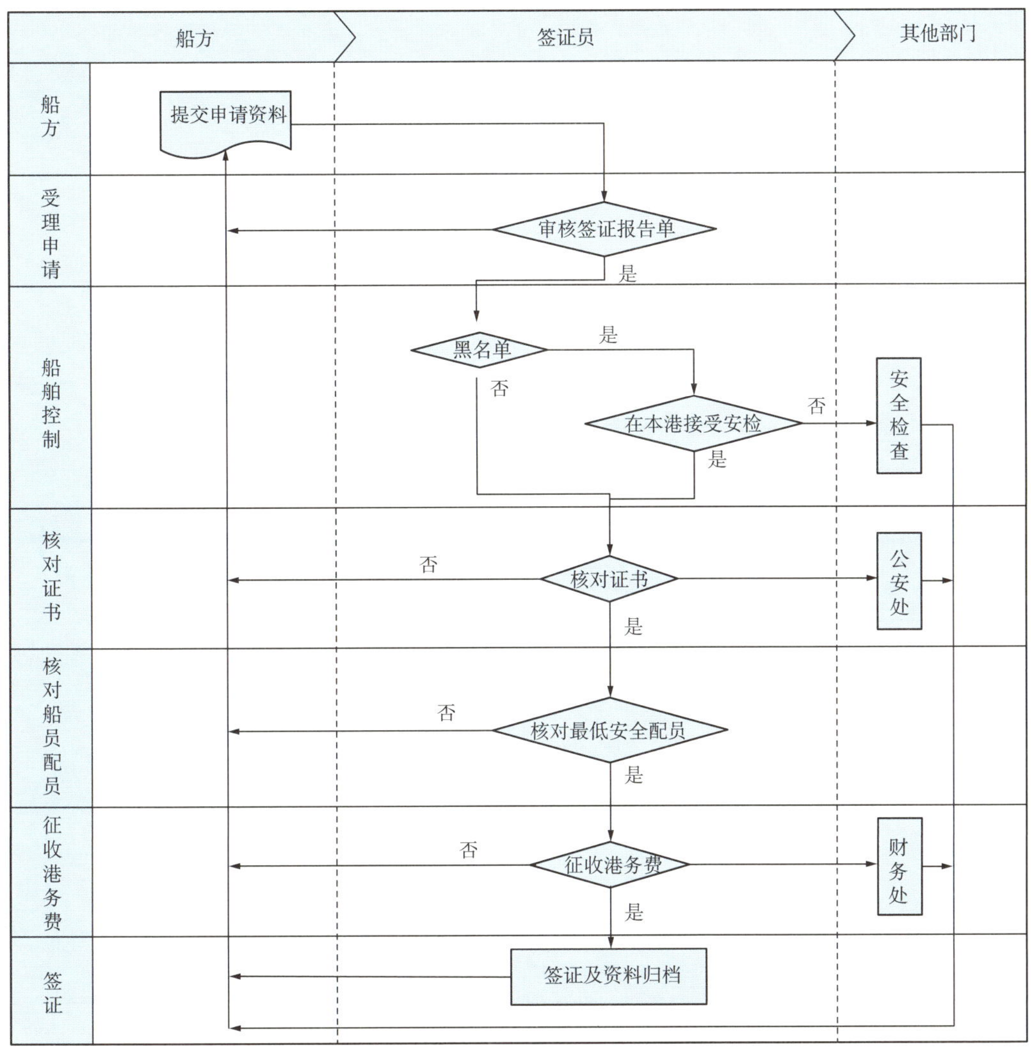


图 2–46　船舶进、出港签证流程图

①航行通（警）告发布的现有管理模式

我国航行通（警）告的立法较为健全，《中华人民共和国海上交通安全法》明确了航行通（警）告的申请、发布和管理的各方权利和义务。此外，对航行通（警）告管理的具体规定还有：《中华人民共和国内河交通安全管理条例》《中华人民共和国无线电管理条例》《中华人民共和国海上航行警告和航行通告管理规定》《中华人民共和国发布海上航行警告和航行通告管理办法》《中华人民共和国中文航行警告标准格式》《中华人民共和国英文航行警告标准格式》等法规、规章。

目前长江航行通（警）告分别由长江航道管理部门和长江海事管理部门发布。长江航道管理部门发布的主要内容包括航道信息及相关信息，长江海事管理部门主要涵盖安全预警、安全形势、气象预告、水位公告、维护水情、事故险情、三峡通航、三峡调度、坝区水情等。

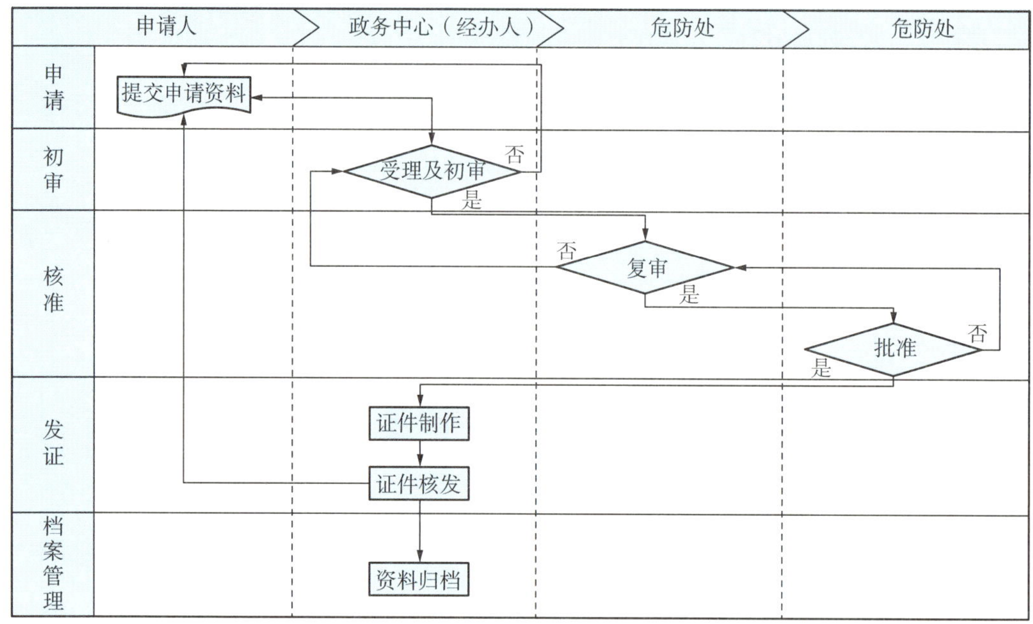

图 2–47　危险品货物申报、审批业务流程图

②航行通（警）告发布的分类

航行通（警）告发布分为三类。一是申请发布，是指水上水下施工作业单位因水上水下施工影响通航环境时，主动向海事管理部门申请发布水上安全信息，保障水上水下施工作业和船舶航行安全。二是报告发布，是指海事管理部门接到可能影响航行和作业安全的信息后，按程序及时将水上安全信息发布出去。三是主动发布，是指海事管理部门根据所掌握的最新的水上安全信息，及时主动发布水上安全信息。

③航行通（警）告发布流程（图 2–48）

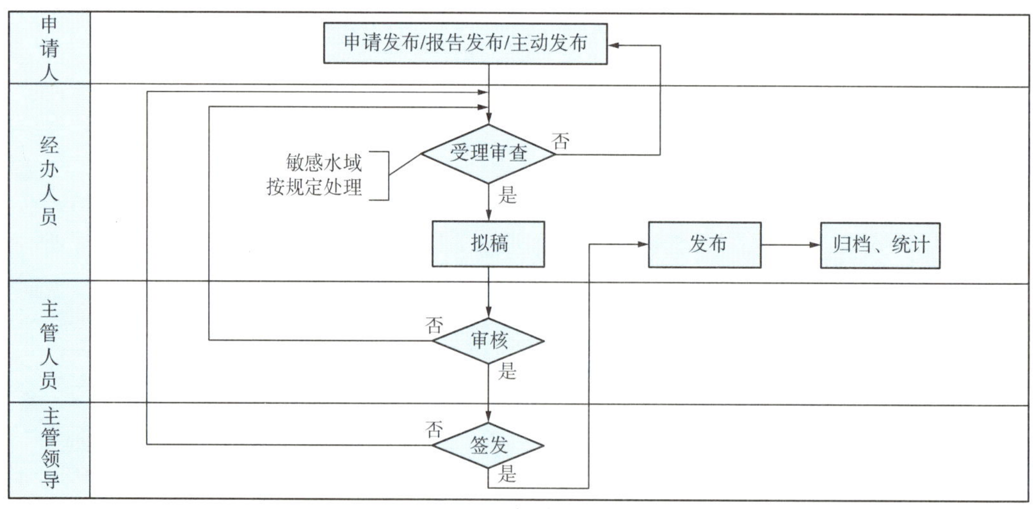

图 2–48　航行通（警）告发布流程图

### 2.2.4.2　长江海事管理业务 UML 建模

（1）用例图（图 2–49）

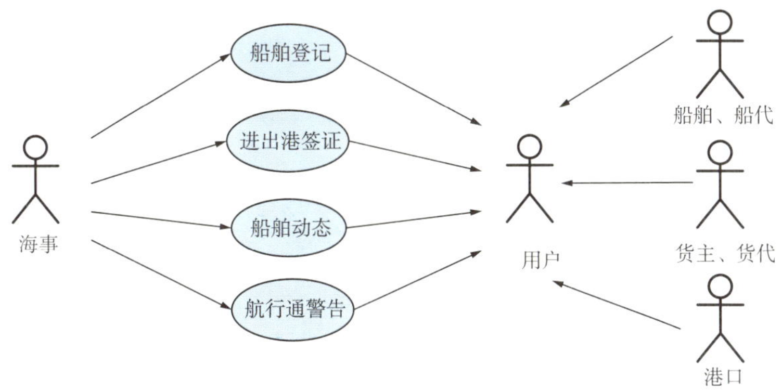


图 2-49　长江海事管理业务用例图

（2）活动图（图 2-50）

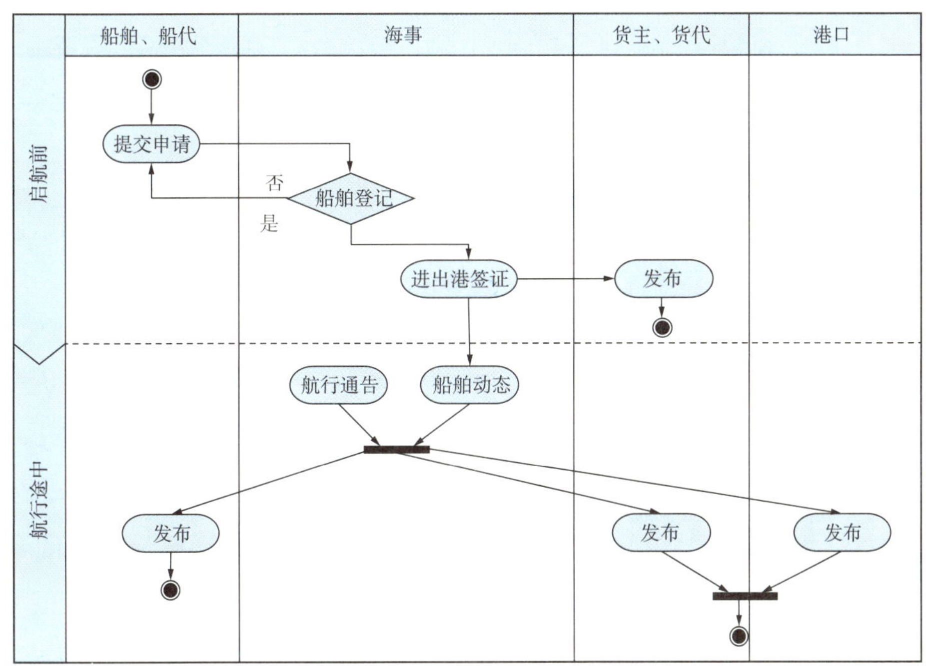


图 2-50　长江海事管理业务活动图

## 2.2.5　长江航道信息服务业务及建模

航道是航运要素之一。航道、水文信息等是船舶航行所必需的信息，对船舶正常安全航行具有重要意义。电子航道图是航运信息化应用的基础，也是综合信息服务系统的基础。长江航道管理业务，具体包括航道行政管理、航道测绘管理、航道维护动态、航道维护计划、航道信息通告、枯水期航道维护等。以下对综合信息服务系统中与船舶航行及公共服务相关的航道业务模型作重点分析。

2.2.5.1　长江航道信息服务业务

（1）航道图信息发布（图 2-51）

长江航道局有专门测量部门负责从四川宜宾至江苏浏河口 2 652.5km 的长江干线航

道的测绘业务、测绘技术和对外发布生产动态和测量信息更新等工作。

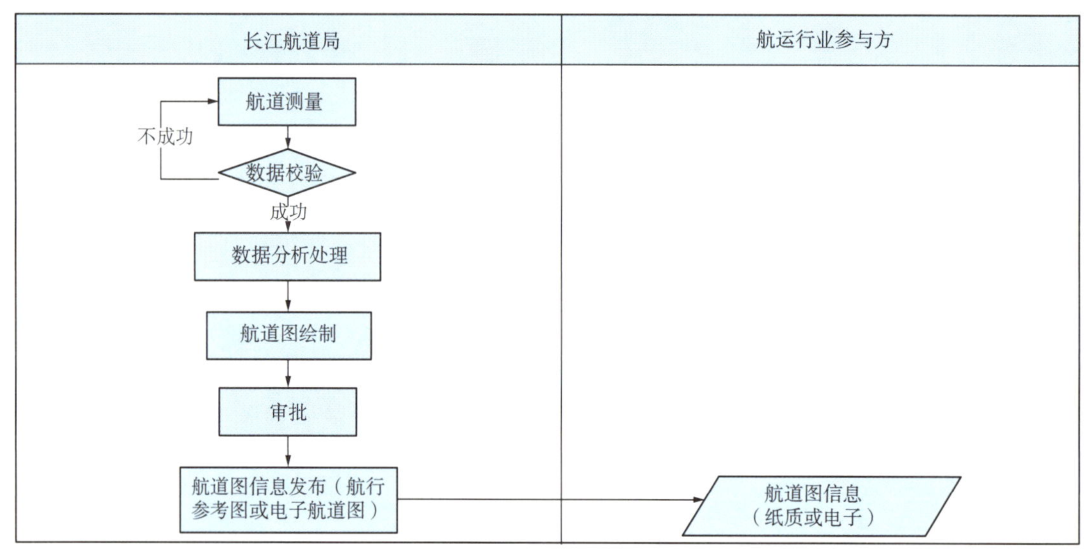


图 2–51　长江航道图信息发布流程图

（2）航道公共信息发布（图 2–52）

航道业务中，与船舶航行紧密相关的航道公共信息主要有水位公告、月度维护水深计划、航道实际维护尺度、航道通告、安全预警等。

目前，水文公告每日发布，月度维护水深每月发布，航道实际维护尺度每周发布；有航道情况调整或政策变更等正常变化时，发布航道通告；特殊、突发情况时发布安全预警。

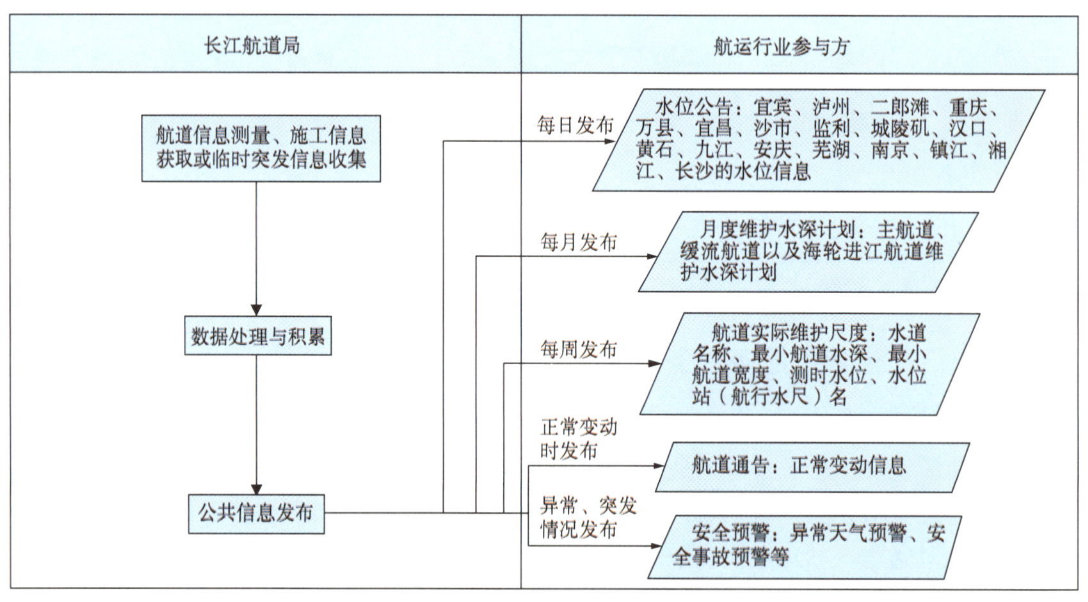


图 2–52　长江航道公共信息发布流程图

### 2.2.5.2　长江航道服务业务 UML 建模

航道服务业务主要实现航道图信息与航道公共信息的更新与发布，为综合信息服务系统提供应用基础。

（1）航道服务业务参与者

内部参与者：航道管理部门、船舶、航运企业、港口、货主以及其他航运管理部门。

外部参与者：长江干线电子航道图系统、航道管理信息系统。

（2）航道服务业务用例

航道管理部门：登录系统、退出系统、航道图数据接收、航道图数据发布、航道公共信息接收、航道公共信息发布。

船舶、航运企业、港口、货主以及其他航运管理部门：航道图数据查询、航道公共信息查询。

长江干线电子航道图系统：航道图数据传输。

航道管理信息系统：航道公共信息传输。

（3）航道服务业务用例图（图 2–53）

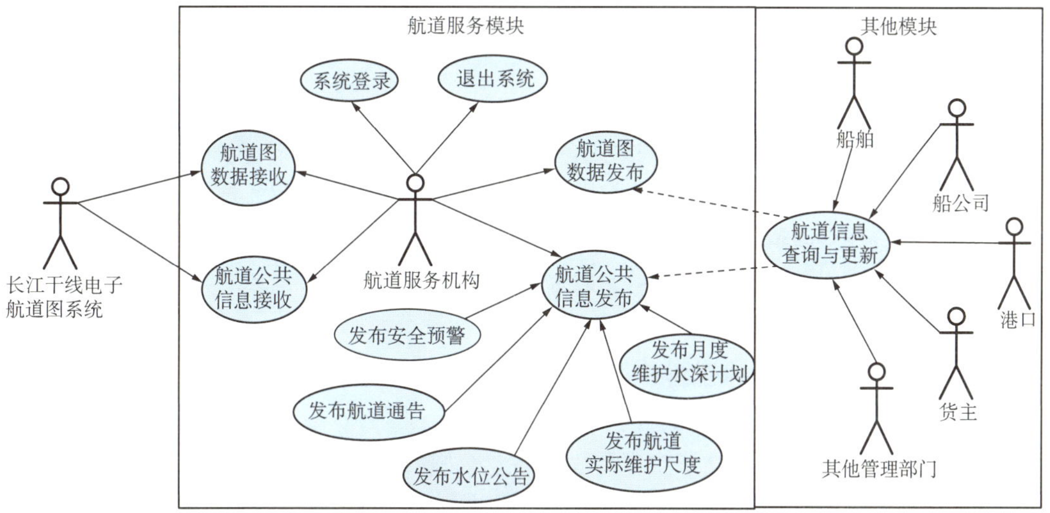


图 2–53 长江航道服务业务用例图

（4）航道服务业务用例说明

①登录系统

参与者：航道管理部门。

说明：启动航道服务业务。输入用户名、密码，系统检验是否匹配，如正确，则显示功能列表。

异常：用户名、密码不匹配。

②退出系统

参与者：航道管理部门。

说明：退出航道服务业务。系统检测当前是否有未保存或提交的信息，如有，则提示用户保存；如没有，则断开系统连接，清除占用内存，关闭页面。

③航道图数据接收

参与者：航道管理部门。

说明：接收外部系统的航道图数据。系统检测当前用户权限，如具备接收管理权限，则向服务器提交接收请求；如不具备权限，返回错误信息。航道管理部门管理人员选择从外部系统查询是否有航道图数据更新；如果有更新，则提示接收。系统首先检测数据合法性，如合法，接收更新数据，显示完成提示信息；否则，返回错误信息。

异常 1：用户不具备接收外部数据权限。

异常 2：用户接收数据不合法或有错误。

④航道图数据发布

参与者：航道管理部门。

说明：发布航道图信息。系统完成航道图数据更新后，提示航道管理部门管理人员在系统进行航道图发布。系统检测当前用户权限，如具备发布权限，则向服务器提交发布请求；如不具备权限，返回错误信息。管理人员确定发布后，系统向其他用户发布航道图更新数据，显示完成提示信息。

异常：用户不具备发布权限。

⑤航道公共信息接收

参与者：航道管理部门。

说明：从外部系统接收航道公共信息。系统检测当前用户权限，如具备接收管理权限，则向服务器提交接收请求；如不具备权限，返回错误信息。航道管理部门管理人员选择从外部系统查询是否有航道公共信息更新，如果有更新，则提示接收。系统首先检测数据合法性，如合法，接收更新数据，显示完成提示信息；否则，返回错误信息。

异常 1：用户不具备接收外部数据权限。

异常 2：用户接收数据不合法或有错误。

⑥航道公共信息发布

参与者：航道管理部门。

说明：发布航道公共信息。系统完成航道公共信息更新后，提示航道管理部门管理人员在系统进行航道公共信息发布。系统检测当前用户权限，如具备发布权限，则向服务器提交发布请求；如不具备权限，返回错误信息。管理人员确定发布后，系统向其他用户发布航道公共信息更新数据，显示完成提示信息。

异常：用户不具备发布权限。

⑦航道图数据查询

参与者：船舶、航运企业、港口、货主以及其他航运管理部门。

说明：查询电子航道图信息。系统检测当前用户权限，如具备查询权限，则向服务器提交查询请求；如不具备权限，返回错误信息。服务器根据用户指定区域，返回电子航道图数据。如服务器当前有新的电子航道图更新数据，则提示用户下载。

异常 1：用户不具备查询权限。

异常 2：下载操作意外中断，系统保存下载文件断点，下次链接继续执行。

⑧航道公共信息查询

参与者：船舶、航运企业、港口、货主以及其他航运管理部门。

说明：查询航道公共信息。系统检测当前用户权限，如具备查询权限，则向服务器提交查询请求；如不具备权限，返回错误信息。服务器根据用户指定区域，返回当前航道公共信息，如水深、水文信息等。

异常：用户不具备查询权限。

⑨航道图数据传输

参与者：长江干线电子航道图系统。

说明：传输长江干线电子航道图信息。系统检测当前用户权限，如具备数据交换权限，则向服务器提交请求；如不具备权限，返回错误信息。服务器根据标准接口，从长江干线电子航道图系统用户接收标准数据。系统首先判断接收数据的合法性，如合法则继续操作，并在系统中记录数据传输日志。

异常1：用户不具备权限。

异常2：传输数据不合法。

⑩航道公共信息传输

参与者：航道管理信息系统。

说明：传输长江干线航道公共信息。系统检测当前用户权限，如具备数据交换权限，则向服务器提交请求；如不具备权限，返回错误信息。服务器根据标准接口，与航道管理信息系统用户进行标准数据传输。系统首先判断接收数据的合法性，如合法则继续操作，并在系统中记录数据传输日志。

异常1：用户不具备权限。

异常2：传输数据不合法。

（5）航道服务业务活动图（图2–54）

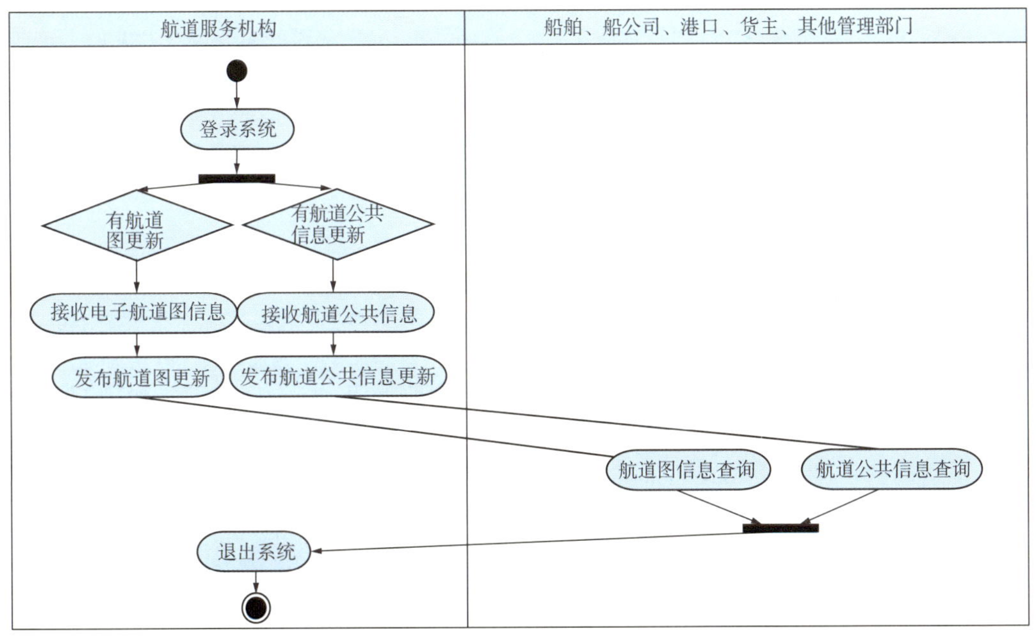


图2–54　长江航道服务业务活动图

（6）航道服务业务类图（图 2–55）

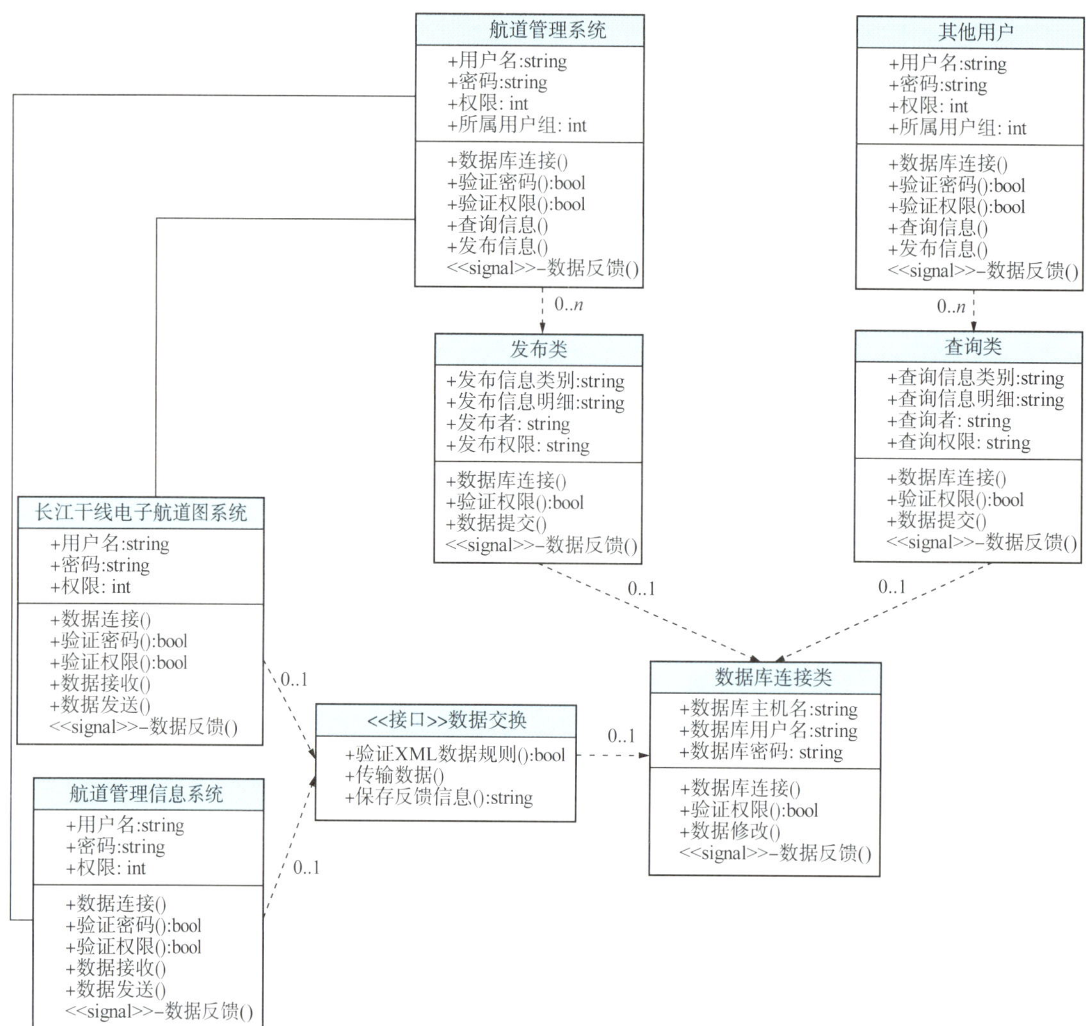


图 2–55　长江航道服务业务类图

## 2.2.6　船闸调度业务及建模

### 2.2.6.1　船闸调度业务

当前，三峡–葛洲坝船闸是长江干线上主要的通航枢纽。三峡–葛洲坝船闸的过闸申报、计划编制和船闸运行管理等基本流程如下。

（1）当需要过闸的船舶到达锚地后，向登记站进行过闸申报，如果船舶安装了 GPS 终端，可以通过 GPS 船载终端设备向 GPS 系统申报过闸计划；如果船舶没有安装 GPS 终端，可以通过 Internet、传真或到锚后向登记站申报。

（2）如果待闸船舶是一级危险品或特种船舶，经三峡海事机构安全检查并确认具备过闸条件后受理申报，如果未实施安检，需由船方申请安检。

（3）通航指挥中心汇总申报信息后，编制作业计划，完成后将计划发布给 GPS 船舶、登记站、相关网站、相关单位，如果有计划进行动态排挡调整，如果无计划则重新汇总申报信息。

(4) 动态排档调整后，有两部分工作流程：一是向集控室发布排档图，集控室向 GPS 船舶发送排档图；二是允许发航。

(5) 发航后，如果是一级危险品，则全程监护，如果出现违章则取消计划与申报，如果正常运行则根据排档图引导船舶进闸；其他船舶如果未发航则取消计划与申报，如果已发航则根据排档图引导船舶进闸。

(6) 集控室进行集控操作，组织船舶移泊、出闸。

(7) 船舶出闸。

(8) 如果船舶不过第二坝，则程序完成，指挥中心进行统计分析；如果还要过第二坝，则与第二坝工作人员联系，完成过闸；程序完成，指挥中心进行统计分析。

图 2–56 为船闸调度业务流程图。

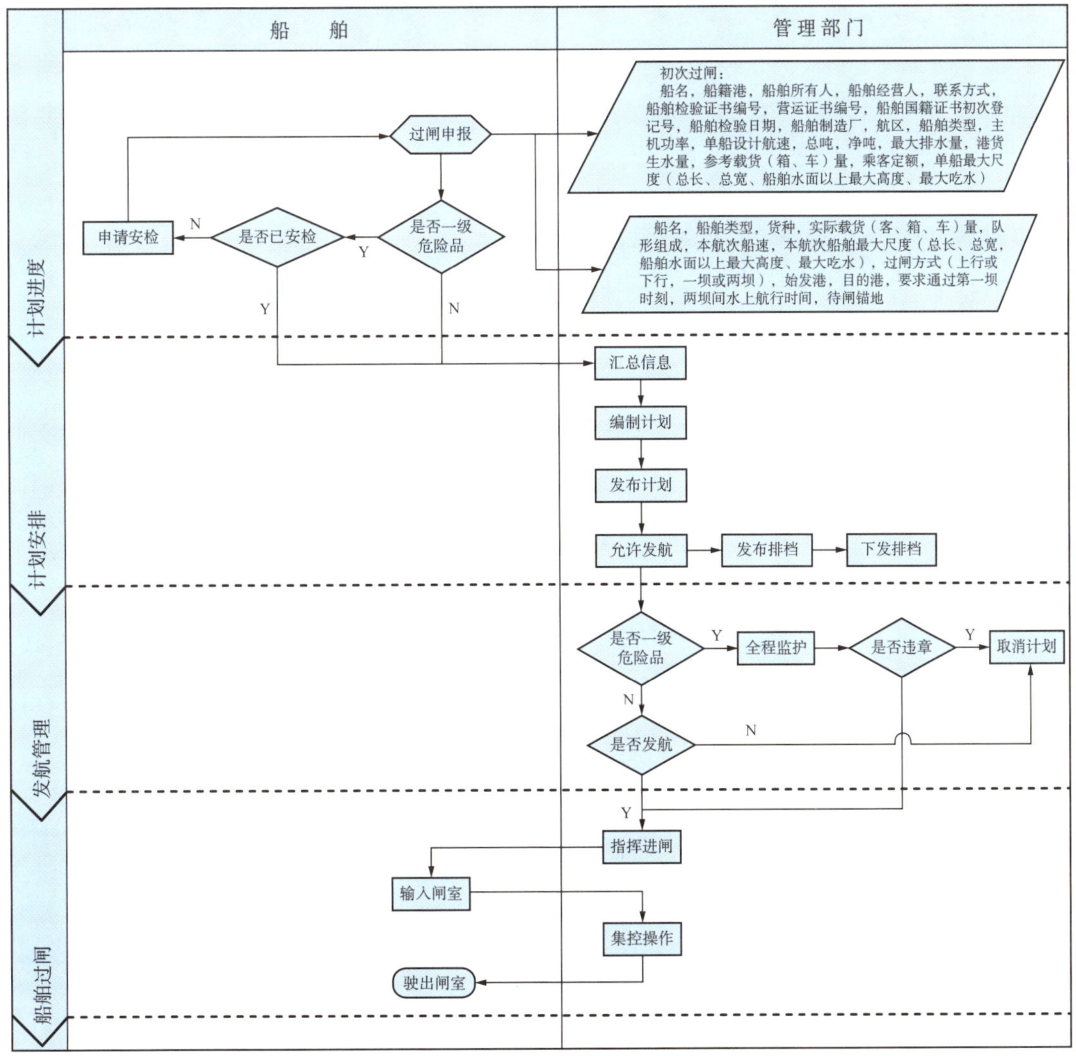


图 2–56　船闸调度业务流程图

#### 2.2.6.2 船闸调度业务 UML 建模

(1) 船闸调度业务用例图（图 2–57）

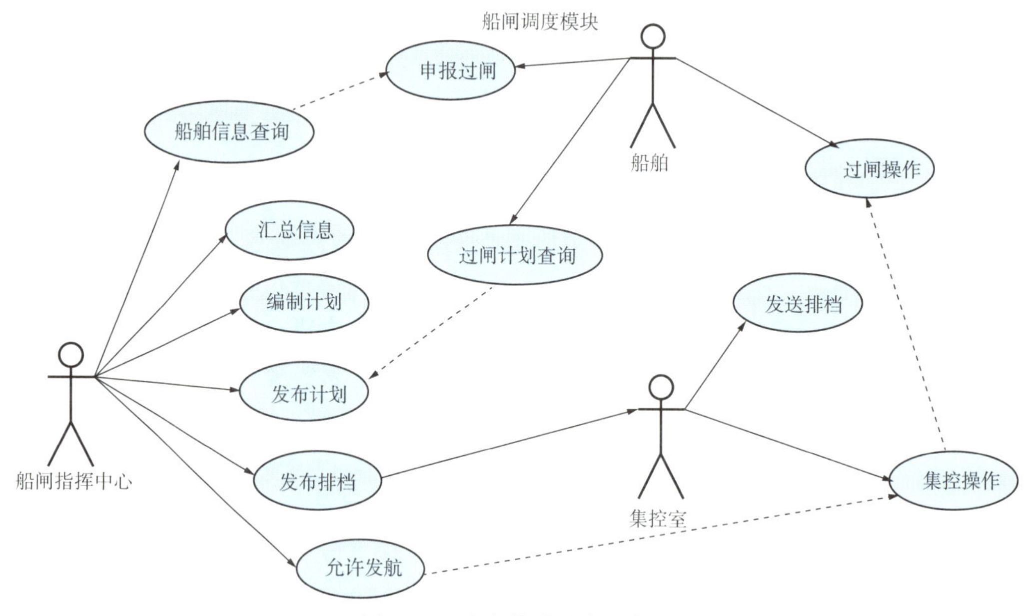


图 2–57　船闸调度业务用例图

(2) 船闸调度业务登录系统用例说明

参与者：船舶、船闸指挥中心、集控室。

说明：启动船闸调度模块。输入用户名、密码，系统检验是否匹配，如正确，则显示功能列表。

异常：用户名、密码不匹配。

(3) 船闸调度业务活动图（图 2–58）

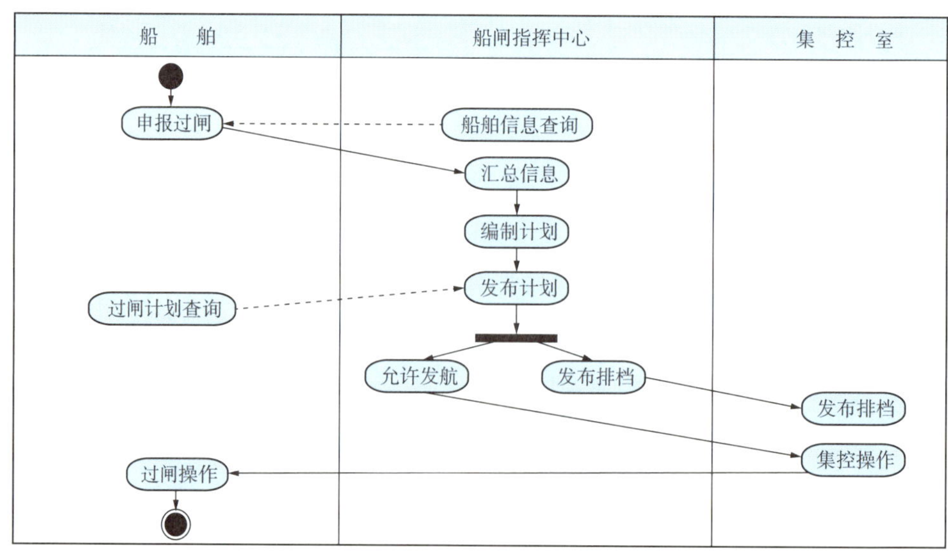


图 2–58　船闸调度业务活动图

（4）船闸调度业务类图（图 2–59）

从以上业务流程中分析得出系统至少有 3 个实体类，即申请类、受理类、操作类，见表 2–2。

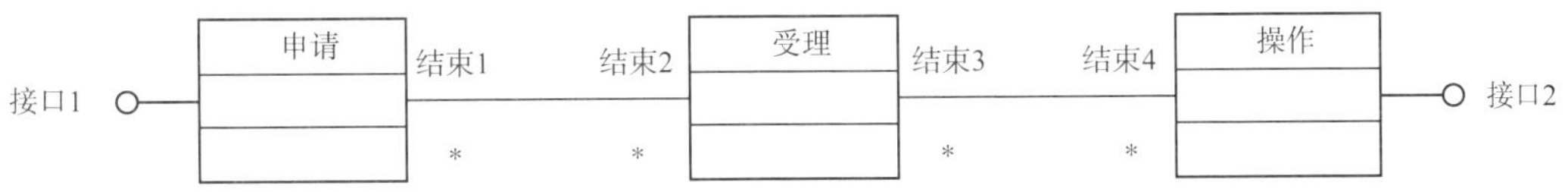


图 2–59 船闸调度业务类图

船闸调度业务类描述表

表 2–2

| 类　名 | 说　明 |
|---|---|
| 申请类 | 具有的属性：即船舶信息（shipinfo） |
| 受理类 | 具有的属性：即姓名（name）、登录密码（password） |
| 操作类 | 具有的属性：即姓名（name）、登录密码（password） |

## 2.2.7 货物查询业务及建模

### 2.2.7.1 货物查询业务

货物是航运重点要素。综合信息服务系统货物查询业务涉及物流运输，与货主、船方、服务（管理）方相关。在长江货运中，危险品属于重点管理对象，因此在流程中应得以体现；此外在整个货物运输环节中，航运企业、货主、服务（管理）方都应可以查询实时信息，如比较准确的货物所在区域。整个流程包括航运企业安排计划、登记，装货，起航，航行中通过 GPS 报告船货动态，航行情况处理，进港申报，批准后进港卸货，最后货主确认收货签单。这个流程中除了船位信息，其他状态信息也应实时通过船载 GPS 上报到航运企业运输管理系统中。

图 2–60 为货物查询的业务流程图。

### 2.2.7.2 货物查询业务 UML 建模

（1）货物查询业务用例图（图 2–61）

（2）货物查询业务登录系统用例说明

参与者：船舶、船公司、货主、航运管理部门、港口。

说明：启动货物查询模块。输入用户名、密码，系统检验是否匹配，如正确，则显示功能列表。

异常：用户名、密码不匹配。

（3）货物查询业务活动图（图 2–62）

（4）货物查询业务类图（图 2–63）

从以上业务流程中分析得出系统至少有两个实体类，即申请类、受理类，见表 2–3。

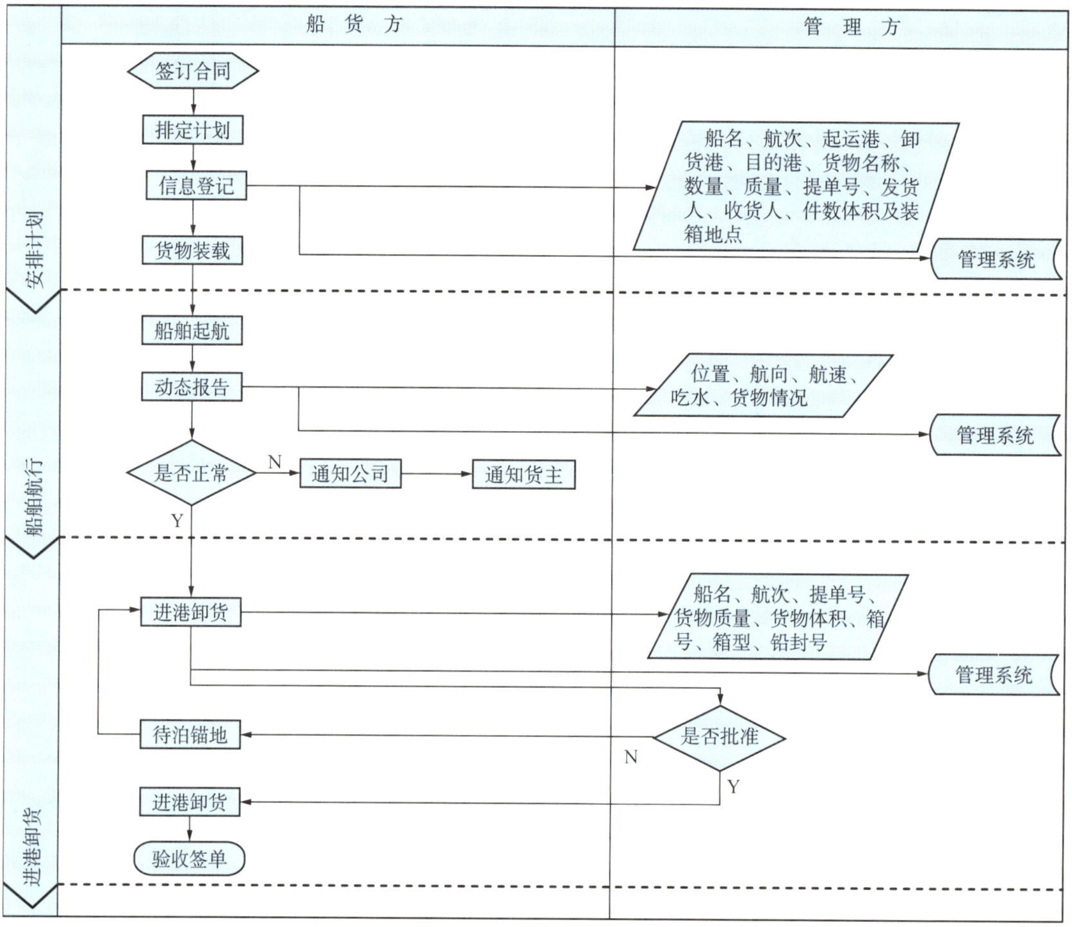

船 货 方
管 理 方
安排计划
船舶航行
进港卸货
签订合同
排定计划
信息登记
货物装载
船名、航次、起运港、卸货港、目的港、货物名称、数量、质量、提单号、发货人、收货人、件数体积及装箱地点
管理系统
船舶起航
动态报告
位置、航向、航速、吃水、货物情况
管理系统
是否正常
N
Y
通知公司
通知货主
进港卸货
船名、航次、提单号、货物质量、货物体积、箱号、箱型、铅封号
管理系统
待泊锚地
是否批准
N
Y
进港卸货
验收签单

图 2-60　货物查询业务流程图

货物查询模块
货主
验收货物
批准进港
港口
登记信息
动态信息查询与更新
发布服务信息
航运管理部门
登记货物
报告动态
运输货物
船公司
制订计划
申报进港
船舶
管理船舶
卸载货物

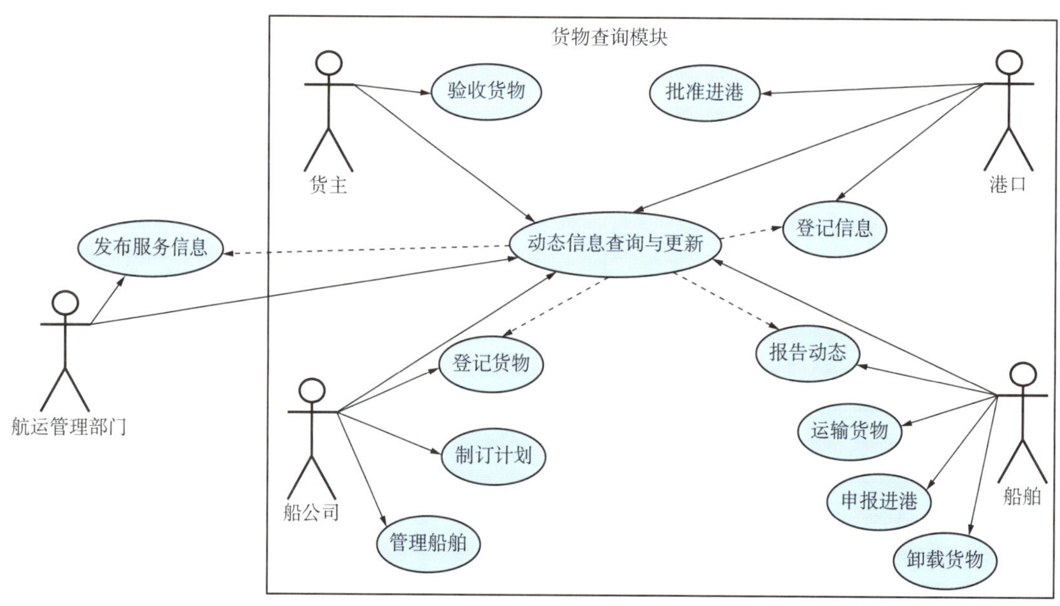

图 2-61　货物查询业务用例图

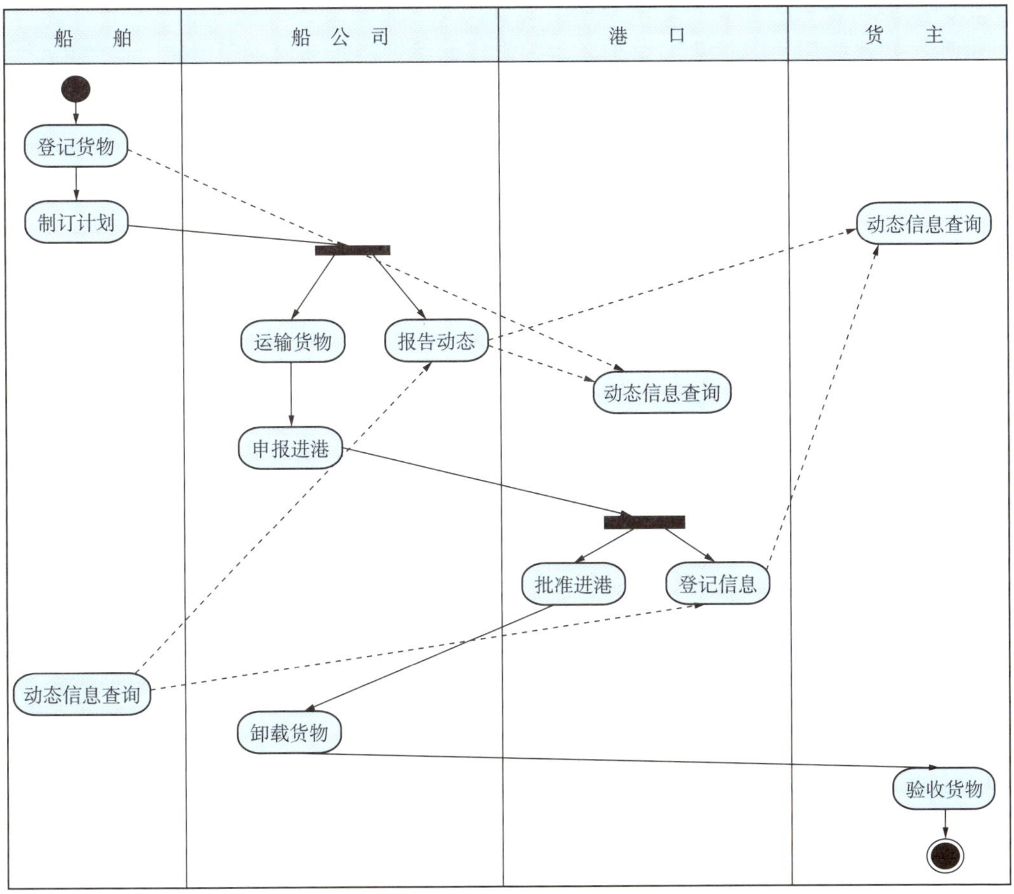

船舶 | 船公司 | 港口 | 货主

登记货物
制订计划
运输货物
报告动态
动态信息查询
申报进港
批准进港
登记信息
动态信息查询
动态信息查询
卸载货物
验收货物

图 2-62 货物查询业务活动图

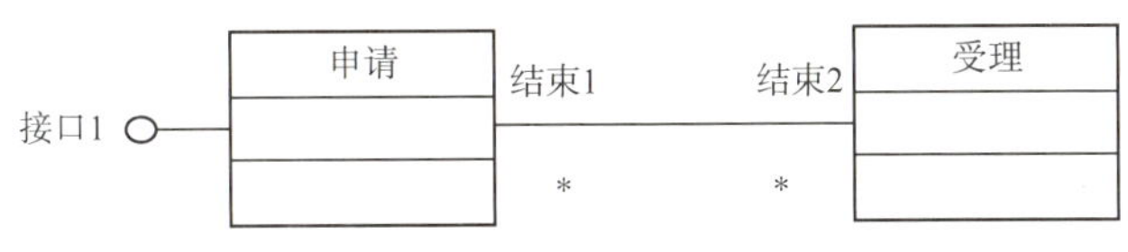


图 2-63 货物查询业务类图

货物查询业务类描述表 表 2-3

| 类名 | 说明 |
|---|---|
| 申请类 | 具有的属性：即船舶信息（shipinfo） |
| 受理类 | 具有的属性：即姓名（name）、登录密码（password） |

# 2.3 综合信息服务业务建模及系统 UML 建模

## 2.3.1 业务建模与系统建模的转换

根据长江航运业务流程的整理与分析，以船舶航行为主线的整个长江航运综合业务流程如图 2-64。

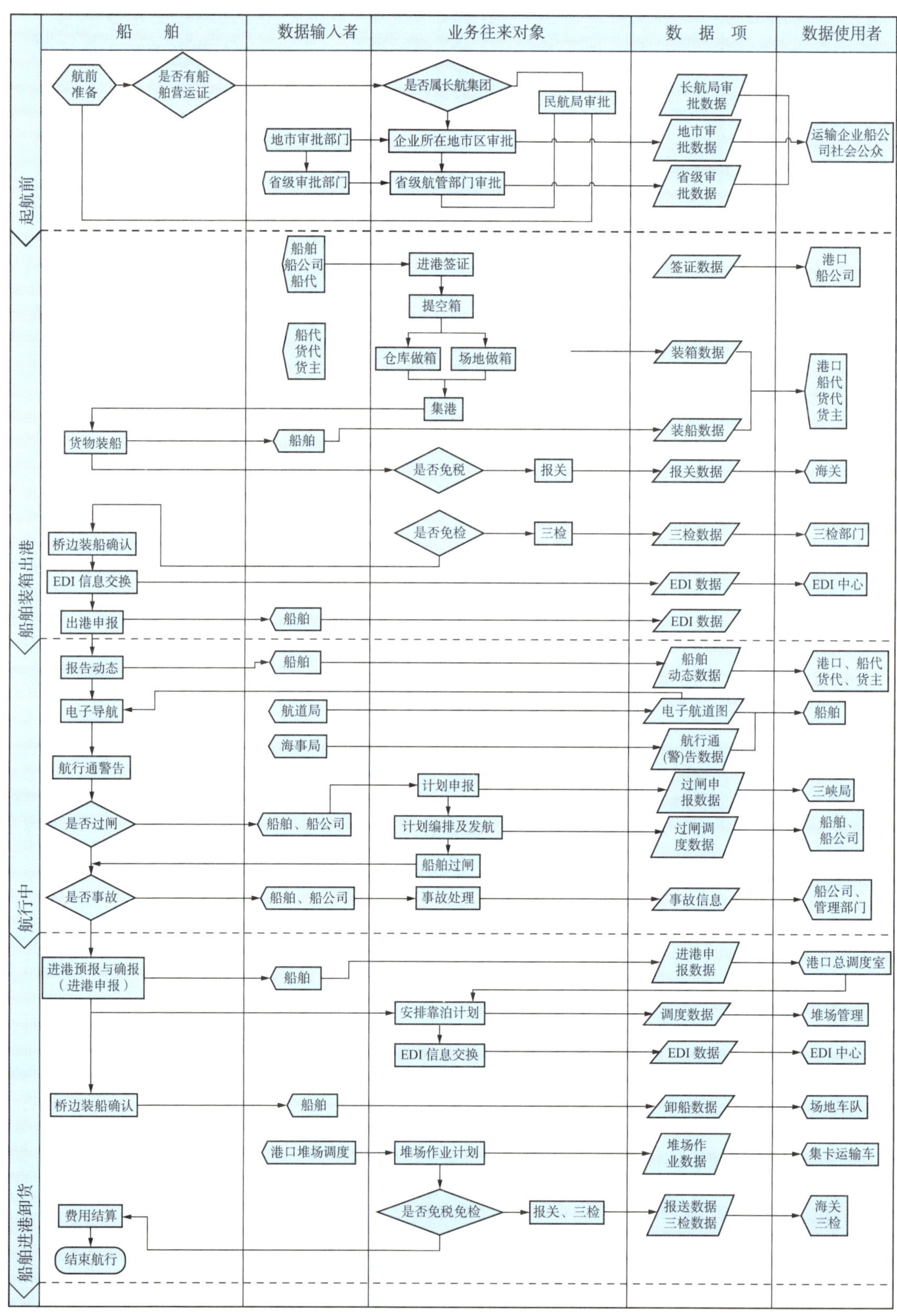


图 2–64　长江航运综合业务流程图

从图 2–64 可以看出，在船舶航行的整个过程中，每经过一个环节都会有不同的数据信息流入，同时也会产生相关的数据信息提供给其他的航运参与者使用。这意味着，不同的业务处理信息可以被相同或大致同样的处理流程所处理，数据是变化的，处理流程是相对稳定的，数据项的更新、修改不至于引起处理流程的变化。如图 2–65 所示对业务流程进行抽象，将原来包含手工和自动化的业务过程，按与计算机技术相联系的系统建模思想进行优化，分析“现有”的业务模型，创建新角色和部门来提供更多价值，或者消除角色和部门以提高业务效率。

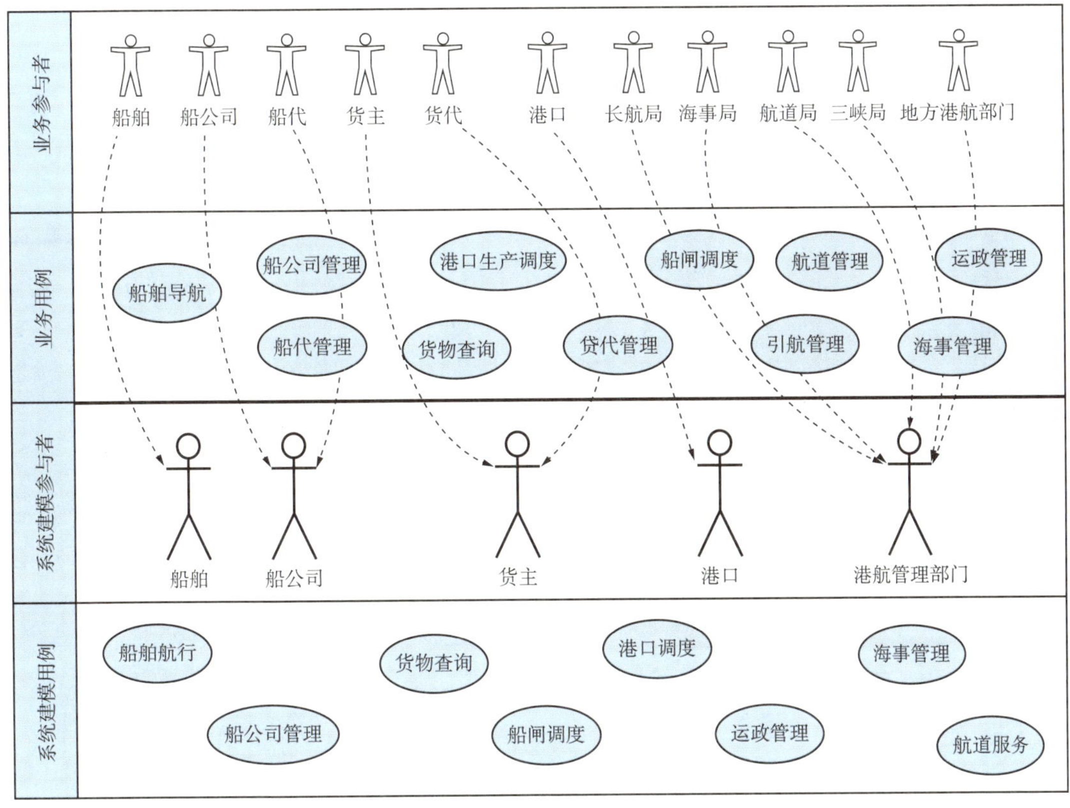


图 2–65　长江航运综合业务流程抽象优化图

## 2.3.2　综合信息服务应用协同 UML 建模

经过业务建模向系统建模的转换，现在将系统顶层的参与者确定为船舶、货主、船公司、港口及航运管理部门，如图 2–66 所示。综合信息服务应用协同用例图见图 2–67，协同类图见图 2–68。

图 2–66　综合信息服务应用协同参与者

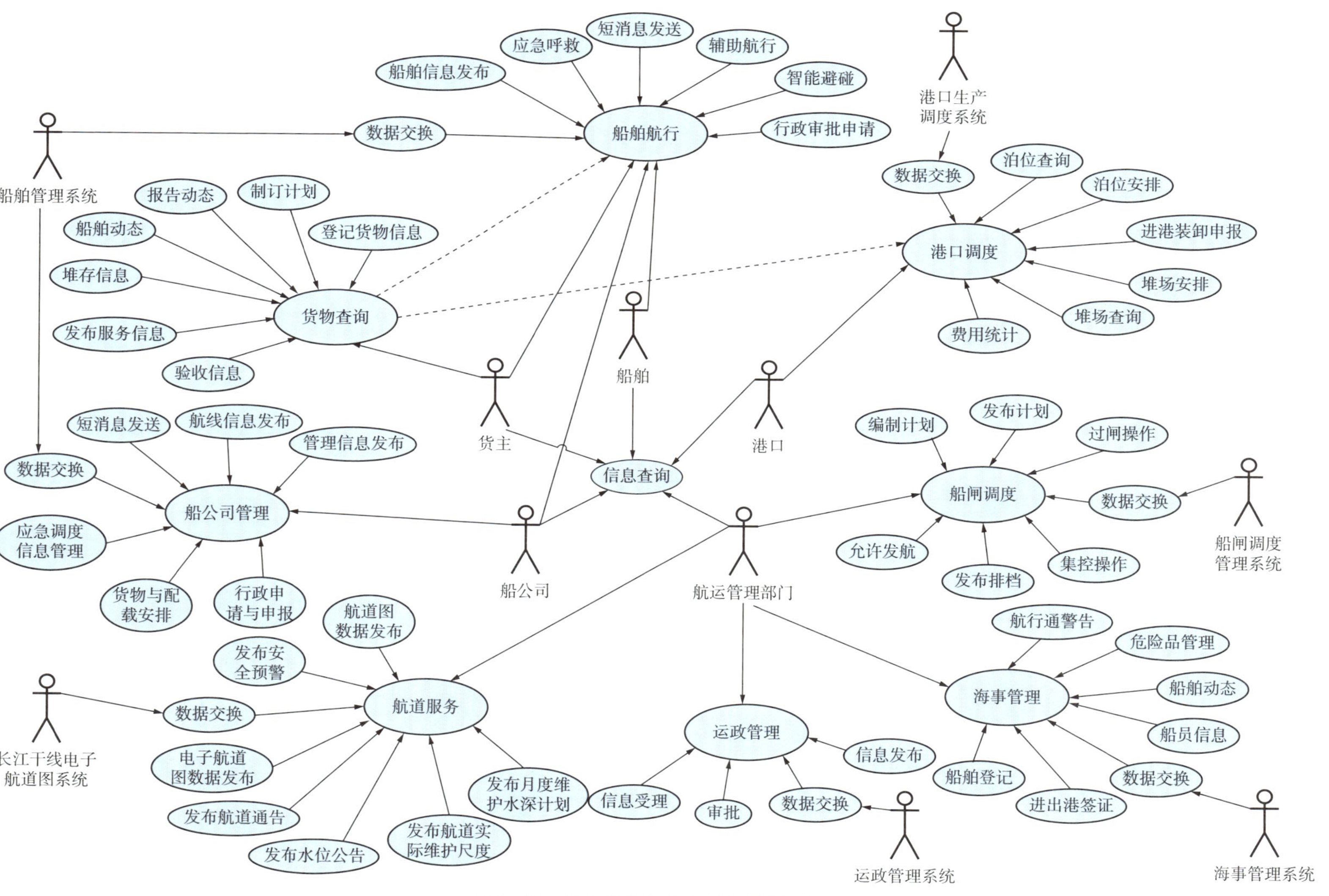


图 2-67 综合信息服务应用协同用例图

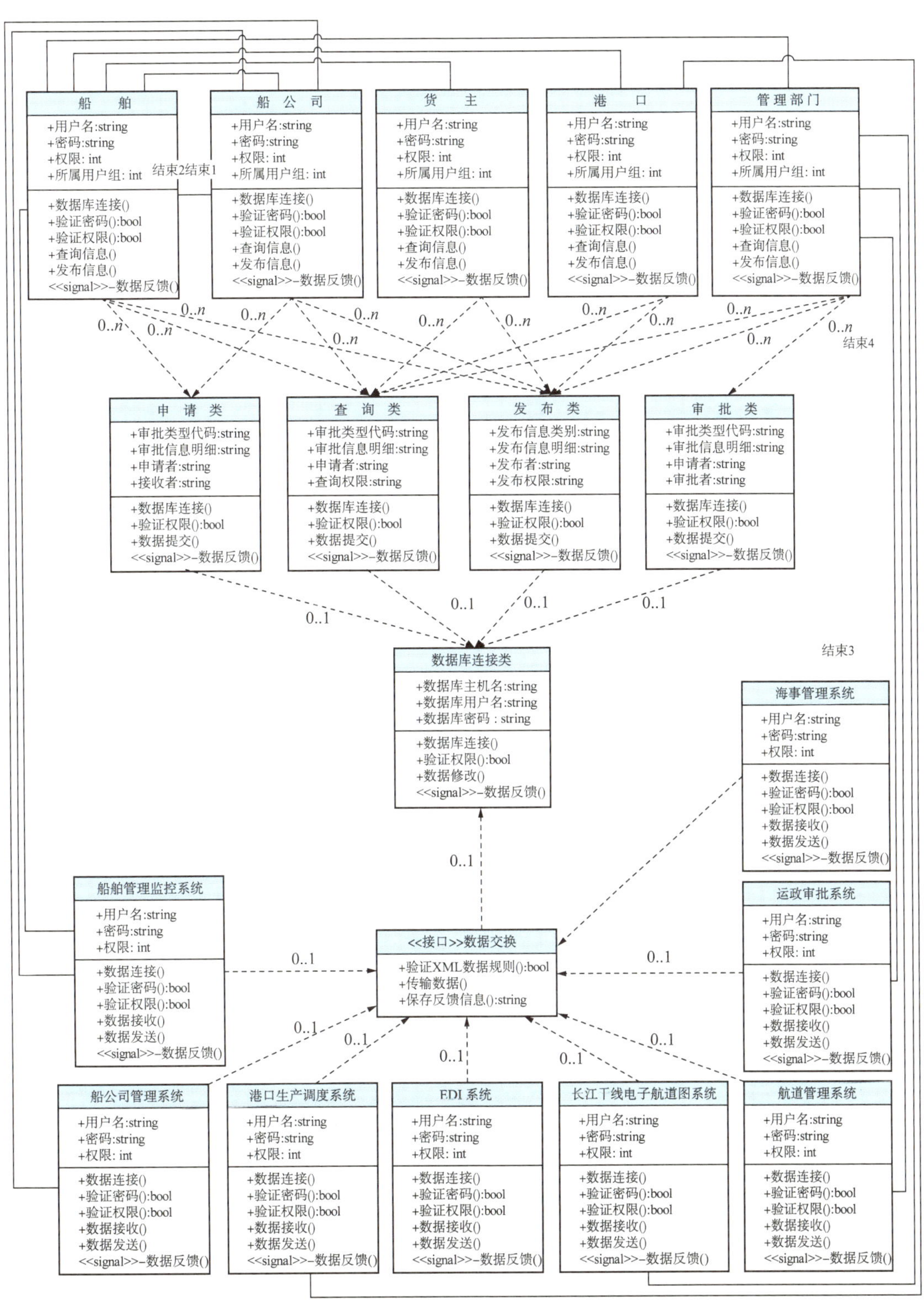


图 2–68 综合信息服务应用协同类图

# 3 长江航运业务协同模式分析

根据本书第 2 章中对长江航运业务流的分析，不难发现当前长江航运信息化的发展中还是存在“信息孤岛”“应用孤岛”“资源孤岛”一系列问题。有效地进行业务及流程的优化、科学的业务协同，可以让现有的信息资源充分发挥作用，提升航运行业的竞争力，最终达到应用协同的根本目的。

业务协同指的是为使行业内外部资源之间达到和谐的状态，以提高行业整体水平为目的，进行整合业务、整合资源、协同工作，从而全面提升行业竞争力。对于长江航运行业资源的协同，就是通过合理有效的资源管理与规划，使行业资源从无序状态变为有序状态，达到信息的协同、业务的协同、资源的协同，综合发挥出行业资源的最大效用。

## 3.1 综合信息服务业务协同的原则

### 3.1.1 信息网状原则

长江航运业务中的各种信息都存在着联系，协同管理将各种分散的、不规则存在的信息整合成一张“信息网”，每个信息节点之间依靠某种或某几种业务逻辑关系进行关联，访问者就可以完全突破信息孤岛的困扰，从而轻松自如地穿梭在这张信息网中并获取关心的信息。

### 3.1.2 关联原则

长江航运业务被分为各种业务类型，有些业务在行政管理部门，有些又归属于某些企业内部负责，而事实上这些业务环节之间有着千丝万缕的关系。业务协同管理则可以对这些凌乱的业务环节进行充分的整合，并纳入统一平台进行管理。任何一个业务环节的动作都可以轻松开启其他关联业务的运作，并对相关信息进行及时更新，从而实现业务与业务之间的平滑链接。

### 3.1.3 随需而应原则

业务协同管理将行业的各种资源，包括船、货、价格、信息和流程整合在统一的平台上，并通过网状信息和关联业务的协同环境将它们紧密地联系在一起。在综合信息服务的业务协同管理平台上，这些资源可以突破各种障碍而被迅速找到并集合到一起，实现它们之间通畅的沟通、协调，从而保证目标的达成。

## 3.2 综合服务业务协同的模式

根据综合服务业务协同的原则，本书将长江航运业务抽象形成以下标准业务流程，并将标准业务流程中间环节进行定义，将这些环节称之为活动。活动的基本概念是参与协同的某一方面所进行的一次动作，通过参与协同的双方或多方之间的一次通信，完成一些航运业务的特定目标。图 3–1 是经过抽象的长江航运标准业务流图。

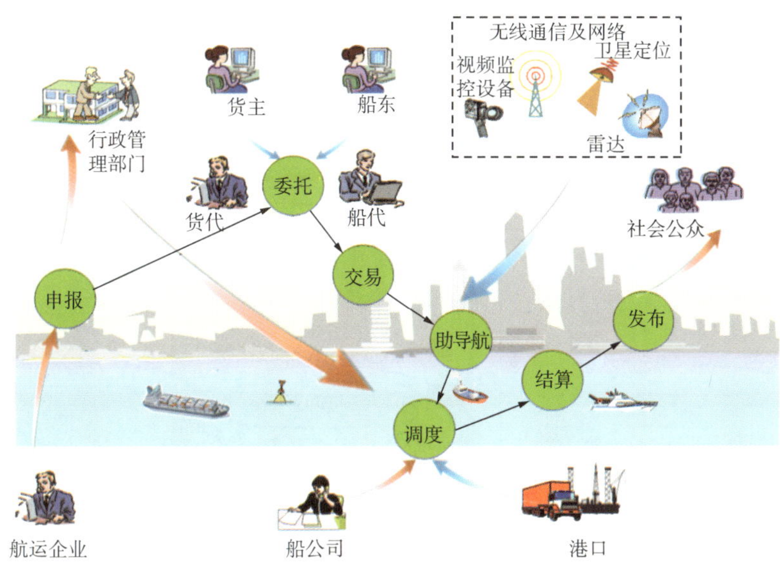


图 3–1 长江航运标准业务流图

### 3.2.1 航运业务主要活动

根据长江航运标准业务流图，航运业务主要活动可以概括为以下几种。

P1 申报：向管理部门或有关部门提出书面报告。航运流程中指航运企业或船舶向行政管理部门提出的行政许可申请、行政管理申请等。

P2 委托：将自己的事务嘱托他人代为处理。航运流程中指货主、货代进行航运事务的嘱托活动。

P3 交易：买卖双方对某一样产品或商业信息进行磋商谈判的一单生意。航运流程中指航运价格的商谈、航运事务的撮合等。

P4 助导航：为保证船舶正常航行所进行的辅助导航服务，从信息资源上讲就是提供有效信息，保证航行安全。

P5 调度：主要是指进行船舶到港时间与离港时间安排；联系码头安排泊位，操作计划；集装箱装船积载等相关活动。

P6 结算：根据航行及调度信息，进行航运费用的结算，是涉及航运费用的信息资源。

P7 发布：表示思想、观点的文章或意见等通过报纸、书刊或者公众演讲等形式公诸于众。航运流程中指将所有航运过程中产生的公共信息进行有效公布，方便各参与方随便进行信息沟通，做好业务协同。

### 3.2.2 综合服务业务协同的模式（图 3–2、图 3–3）

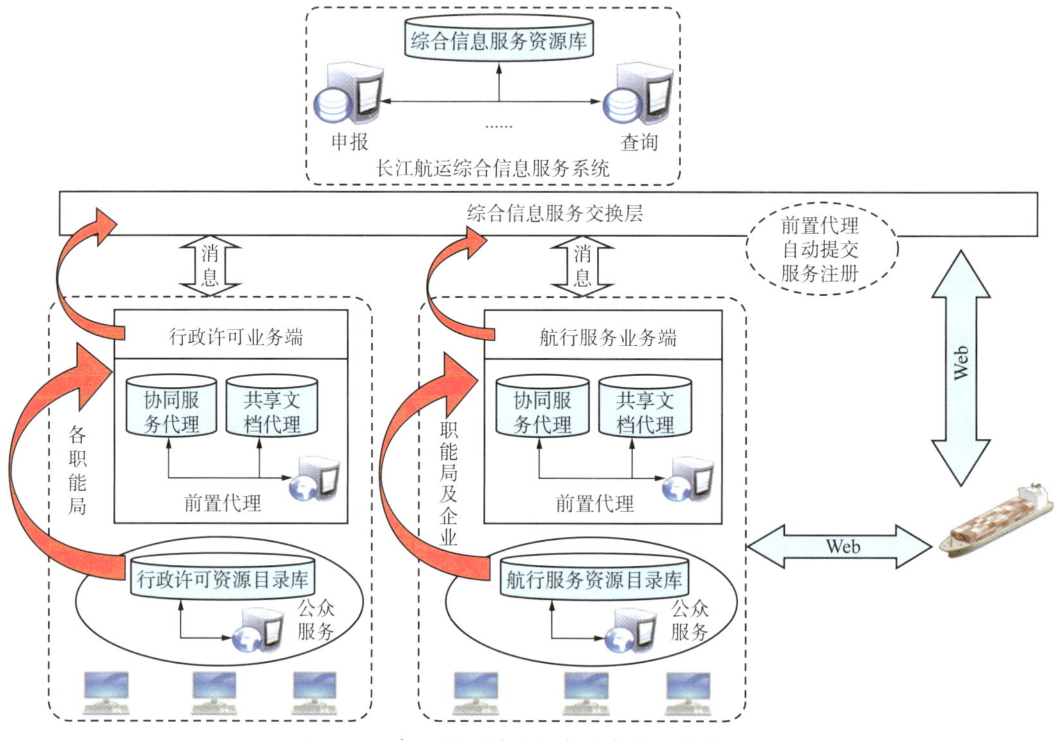


图 3–2　长江航运综合服务业务协同模式图

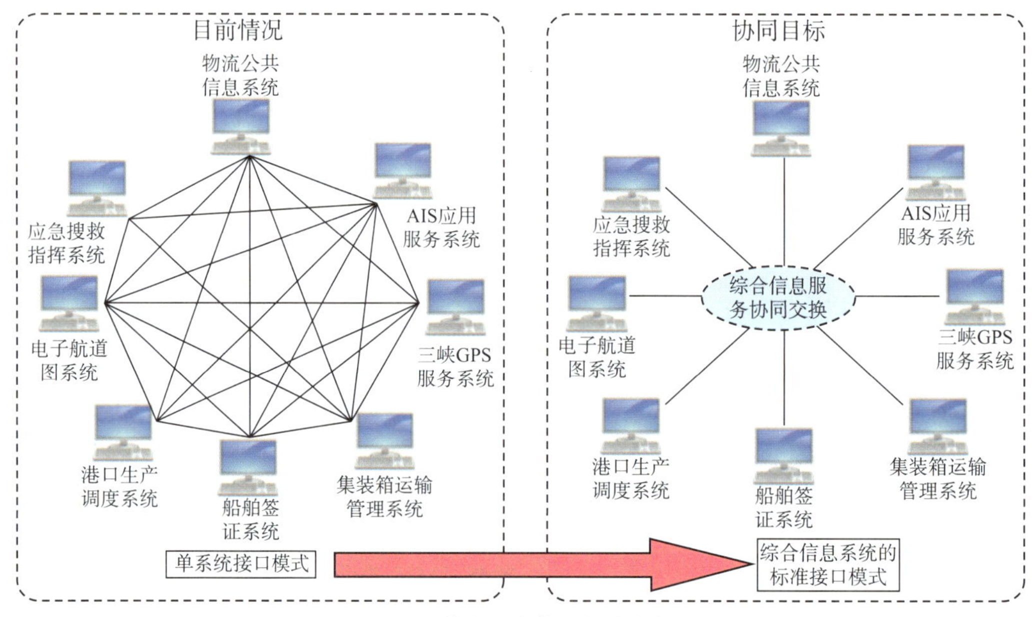


图 3–3　信息服务接口模式变化图

## 3.3　业务协同的信息交换表（表 3–1）

业务协同的信息交换表　　表 3–1

| 活动号 | 业务协同活动点 | 协同信息大项 | 协同信息明细项 | 是否进行协同 |
|---|---|---|---|---|
| P1 | 申报 | 船舶营运证申报 | 船名／曾用名、船籍港、船舶登记号、船检登记号、船舶所有人、船舶经营人、经营人许可证号码、船舶管理人、管理人许可证号码、本证使用期限、发证机关、发证日期、船舶类型、船舶材料、船舶总吨、建成日期、改建日期、载货定额、主机功率、载客定额、船舶经营人许可证核定的经营范围、本船核定的经营范围、变更记录、船舶营运证号码、船舶类型、竣工日期、载重吨、载客里、载车里、载气量、发证日期 | 否 |
| | | 企业营运证申报 | 企业名称、地址、法人代表、经济类型、经营范围（主营、兼营）、经营期限、起止日期、批准机关及文号、编号 | 否 |
| | | 船舶签证申报 | 进出港签证、船舶签证簿、船舶国籍证书、船舶最低安全配员证书、船员适任证书、船舶安全管理证书和公司安全管理体系符合证书副本（适用船舶）、船舶检验证书、防止油污证书（适用船舶）、船舶安全检查记录簿、船舶港务费交纳或者免予交纳证明、经批准的船舶载运危险货物申报单（适用船舶）、护航申请书（申请护航的船舶）、船舶营运证或国籍船舶运输批准文件（老旧运输船舶）等交通运输部规定的其他证书、文书 | 否 |
| | | 船舶过闸申报 | 船名、船舶类型、货种、实际载货（客、箱、车）量、队形组成、本航次航速、本航次船舶最大尺度（总长、总宽、船舶水面以上最大高度、最大吃水）、过闸方式（上行或下行、一坝或两坝）、始发港、目的港、要求通过第一坝时刻、两坝间水上航行时间、待闸锚地 | 是 |
| | | 船舶出港申报 | 船舶作业的舱口数、作业舱口开工顺序、时间、分舱口配备的机械及其数量、劳动力人数、分舱口的工班作业量 | 否 |
| P2 | 委托 | 报关 | 出单方和受单方名称，货物的商检、配额、许可证、产地证、商标授权、商标品名、结汇水单，船名、航次、提单号、对应装箱单、发票、核销单等 | 否 |
| | | 报检 | 出单方和受单方名称，货物的商检、配额、许可证、产地证、商标授权、商标品名、结汇水单，船名、航次、提单号、对应装箱单、发票、核销单等 | 否 |
| | | EDI 交换 | 出单方名称、单号、货物编码、品名、数量、单位、结汇水单，船名、航次、提单号、对应装箱单、发票、核销单等 | 否 |
| P3 | 交易 | 船信息 | 整箱船期、拼箱船期、散杂船期、期租光租、空船信息、买船信息、卖船信息、采购论价、建造新船、船舶修造 | 否 |
| | | 货信息 | 整箱货盘、拼箱货盘、 散杂货盘、特种货盘、代理合作、空箱返配、采购论价 | 否 |
| | | 集装箱订舱 | 订舱类型、空箱地、空箱时间、货物名称、装运港、卸货港 | 否 |
| | | 航运运价 | 整箱运价、拼箱运价、散杂运价 | 否 |
| P4 | 助导航 | 航行通（警）告数据 | 航道作业内容、起止日期、每天作业时间、参加作业的船舶、设施和单位名称、作业区域、所挂信号、安全措施；<br>安全预警、安全形势、气象预告、水位公告、维护水情、事故险情、三峡通航、三峡调度、坝区水情 | 是 |
| | | 事故处理 | 船舶基本信息、定位信息、事故信息、受损情况 | 是 |
| | | 智能导航 | 位置、航向、航速、吃水、货物情况、水位、水深、水上建筑物 | 是 |

续上表

| 活动号 | 业务协同活动点 | 协同信息大项 | 协同信息明细项 | 是否进行协同 |
|---|---|---|---|---|
| P5 | 调度 | 安排靠泊 | 船舶作业的舱口数、作业舱口开工顺序、时间、分舱口配备的机械及其数量、劳动力人数、分舱口的工班作业量 | 否 |
| | | 桥边卸船 | 船名、航次、箱号、箱型、提箱及收箱地点、箱外表、运输集卡牌号、机械设备归还人的名称与地址，进堆场的目的，整箱货交箱货主的名称和地址 | 否 |
| | | 货物进堆 | 预进场指令、集装箱进场、验箱、堆存、修箱、出场指令、提箱空车进场、放箱出场、收费管理 | 否 |
| | | 过闸调度 | 过闸时间、闸次、等待时间等 | 是 |
| P6 | 结算 | 港口作业费用 | 船舶代码、船名、作业货物、数量、单价、合计、堆存费、代收港务费 | 否 |
| | | 运输费用 | 船舶代码、船名、货物、数量、起运港、目的港、单价、合计、保险 | 否 |
| P7 | 发布 | 通航基础数据 | 项目、计算单位、序号、沿海港区、内河辖区、内河港区 | 是 |
| | | 水位公告 | 日期、宜宾 、泸州、二郎滩、重庆、万县、宜昌、沙市、监利、城陵矶、汉口、黄石、安庆、芜湖、南京、镇江、长沙、水位信息 | 是 |
| | | 危险品申报员查询 | 姓名、性别、单位、货申编号、装箱员编号、所属海事、取证时间、船申编号 | 是 |
| | | 航道维护尺度预报 | 河段、计划维护水深、预报、水道名称、水深、水宽、水位、探测时间 | 是 |
| | | 气象预告 | 气象预告 | 是 |

## 3.4 综合信息服务业务协同数据标准

### 3.4.1 综合信息服务协同数据标准概述

#### 3.4.1.1 基本内容

综合信息服务协同数据标准是用以规范综合信息服务系统的数据格式以及接口规范。综合信息服务协同数据体系的主要功能是为长江航运管理部门、下属机构、港口公司以及航运公司提供相互的数据共享以及相关的信息服务。综合信息服务协同数据标准主要包括以下内容。

（1）流程规范：数据交换基本流程主要包括签订数据交换协议、确定数据交换方式、部署数据交换服务器、建立数据交换库表、实时数据接入。综合信息服务协同数据体系能够将一个数据源中的数据，根据一定的要求导入到另一个数据源中。导入方式包括数据的推送和拉取。

（2）命名规范：根据技术规范对数据库表进行规范命名，并提交符合要求的数据字典。

（3）交换方式：前置数据库方式、Web Service 方式、文件数据复制方式、FTP 方式、Web 系统上传。根据双方的应用系统现状、接口开发情况等，在综合信息服务协同数据体系提供的五种交换方式中确定一种作为数据交换方式，并保持相对长的时间。

（4）资源共享：交换软件能够实现数据源不同数据资源的共享设置、共享级别设置，自动或手动订阅其他数据源的数据资源等操作。

（5）用户权限控制：能够限定一定级别的用户只能访问该级别或级别要求更低的共享资源。

（6）多种数据源支持：综合信息服务协同数据体系中数据源的数据存储方式可以包括多种数据库或者格式化文件，例如 SQL Server、MySQL、Oracle、XML 和 JSON 等。

（7）安全认证：综合信息服务协同数据体系支持密码、证书文件和证书 U 盘等方式进行用户身份认证。

（8）支持文件配置：综合信息服务协同数据体系支持数据配置扩展，可以通过配置文件来更改运行环境、共享资源数据内容以及共享级别。

（9）日志记录：创建和记录不同级别的日志，方便调试和系统出错时查看。

（10）容错能力：软件具有长时间稳定运行的能力和容错及错误检查及纠正能力。

3.4.1.2　基本原则

综合信息服务协同数据标准主要包括数据格式、接口标准、数据元标准等内容，应遵循以下原则。

（1）实用性原则：以实用为第一准则，切实满足管理和业务需求；

（2）安全性原则：设计采用有效的软件安全保护、防止非法入侵等措施，保证应用系统、数据的运行安全；

（3）先进性原则:设计采用先进软件技术,并考虑适度超前,为今后需求变化留有余地;

（4）可靠性原则：技术成熟，保证系统稳定可靠长期运行；

（5）完备性原则：设计功能全面、完整；

（6）可扩充性原则：采用先进开发手段，组件化的开发模式，以保证可扩充性；

（7）标准化与开放性原则：系统设计符合标准化建设和开放的原则。

## 3.4.2　数据交换格式标准

3.4.2.1　数据交换格式制定流程

（1）业务流程梳理

首先按照业务流程梳理方法，对数据交换过程进行梳理和分析，用模型术语描述业务流程，形成业务模型和信息模型。

业务模型明确了业务活动中的参与角色、要交换的数据交换格式和交换顺序以及组成数据交换格式的业务数据。

信息模型将业务模型中组成数据交换格式的业务数据归为若干个具有相互关系的类，这些类及其类与类间的关系构成了信息模型。

（2）数据元和聚合数据元提取和标准化

在上述信息模型基础上，对信息模型进一步分析可以采用自然语言的逻辑分析方法，对角色、地点、事物、事件、时间进行分析。对于其中的角色、事物和事件，每一个又包含标识和特征两方面内容，这就是数据元提取。提取后的数据元需要按照数据元编制规则进行数据元标准化，形成符合规范化要求的标准通用数据元；对上述数据元中需要代码化的数据元，要按照数据元编制规则进行分类与编码。

（3）形成独立于语法的数据交换格式逻辑结构阶段

在上述信息模型基础上，用经过标准化处理的数据元和相关代码规范该信息模型，形成由数据元组成的、具有层次结构的、独立于语法的数据交换格式的逻辑结构。该数据交换格式的逻辑结构与任何一种语法绑定后，就形成了可在同构或异构系统间交换的、用特定语法描述的数据交换格式。

（4）将数据交换格式逻辑结构映射为数据交换格式

将形成的由数据元组成的、具有层次结构的、独立于语法的数据交换格式逻辑结构，映射形成符合要求并可在同构或异构系统间交换的数据交换格式。

3.4.2.2 数据命名规范

（1）数据库命名规范

为了便于系统的持续维护，模型命名易读易理解是一个重要原则。具体规则如下。

①为了便于系统各个类表之间有清晰的划分，系统表按照数据库分为以下几类，表前缀分别为：

GK——长江干线港口信息数据库；

HD——长江干线航道基础信息数据库；

CB——长江航运船舶信息数据库；

ZH——长江航运综合数据库；

QY——长江航运企业信息数据库；

JJ——长江航运管理部门基建工程数据库；

WL——长江航运物流应用信息数据库。

②为了在相关开发时提高效率，所有的表前缀除库类前缀外，再加上四位数字前缀，数字前缀位于库类前缀之后，中间无任何其他符号。第一位和第二位数字表示数据库表分类，第三位和第四位表示某一类表中表的顺序号。

③前缀与主题表名之间用下划线分开，例如："港口基础信息 GK0001_PORT_BASIC_ INFO"。

④为了使文档和数据库表现形式一致，便于开发维护人员识别，所有的表名和字段名全部大写。

（2）交换数据命名规范

交换数据的字段命名规范，采用基于中文名称拼音缩写方法的字段命名方法，将字段名缩写为其声母的首字母，全部采用大写的方法。例如："船舶登记号"，其拼音首字母缩写为"CBDJH"。

综合信息服务协同数据体系中数据交换单位进行数据交换时，同一字段只能使用唯一字段命名编码标识。

（3）数据字典命名规范

数据交换按技术规范提供完整的交换数据字典。交换数据字典包括以下部分：

①数据字典基本信息，包括编写人、版本、修改日期等；

②数据库基本信息，对数据库版本、管理维护等基本信息进行说明；

③数据表索引，包括所有数据表的基本信息；

④用户自定义数据类型说明（可选）；

⑤数据表结构定义，对数据表中的数据项的定义进行详细说明；

⑥值域代码清单表，包括本系统所有使用代码的基本信息，对于引用的代码，可将代码详细内容列表附上，便于用户查询和理解。

3.4.2.3 XML 数据交换格式标准

综合信息服务协同数据体系采用 XML 格式进行数据的存储，并同时使用 XML Schema 文档定义 XML 数据结构。

XML 数据交换格式指一个预定义和结构化的、在功能上相互关联的聚合数据元或数据元的集合。它涵盖综合信息服务协同数据体系数据交换的共享要求，旨在双边或多边的数据交换中确保各方对所交换数据的无歧义理解和自动处理。

XML Schema 描述了 XML 文档的结构。在综合信息服务协同数据体系交换时可以用一个指定的 XML Schema 来验证某个 XML 文档,以检查该 XML 文档是否符合其要求。数据交换时可以通过 XML Schema 指定一个 XML 文档所允许的结构和内容，并可据此检查一个 XML 文档是否是有效的。XML Schema 本身是一个 XML 文档，它符合 XML 语法结构。

XML 的使用规范如下：

（1）XML 元素名称区分大小写，并且必须以字母或下划线开头，可以参照数据库命名规范进行命名。

（2）XML 版本号应为 1.0 或 1.1，字符编码建议使用 UTF-8。

（3）所有 XML 文件原则上应指明对应 XSD 文件或者其他 Schema 文件路径用于验证，对于可以直接显示的 XML 文件可附带样式表文件。

（4）可以使用 XML 加密（XML Encryption）对重要数据进行加密。加密后的元素都被命名为 <EncryptedData>，只有数据被替换，而元素名称仍然是可读的，其 XML 格式仍然被完好地保留。

### 3.4.3 数据接口标准

3.4.3.1 基本技术规范

（1）综合信息服务协同数据体系服务采用满足 HTTP 协议规范的应用服务器或者文件数据复制的方式实现。

（2）综合信息服务协同数据体系包含的数据交换服务在设计时应使用 UML 语言作为统一的抽象接口描述。

（3）综合信息服务协同数据体系包含的数据交换服务可以发布为多种形式，包括 WebService、HTTP、FTP 等。

（4）基于 HTTP 协议的交换方式应尽可能采用 HTTPS 方式进行通信。

（5）与数据资源有关的接口应尽可能满足 RESTful 架构规范。

（6）综合信息服务协同数据体系的数据，使用 XML 格式进行表示，使用 XML

Schema 进行描述和规范。

(7) 综合信息服务协同数据体系要求提供安全认证和授权访问机制，确保数据交换的安全。

(8) 服务端应用系统应避免除综合信息服务协同数据体系之外的外部系统访问。

(9) 服务端应用系统应提供标准的权限机制，保证数据访问的安全性。

(10) 新开发的服务端应用系统，应尽可能采用与现有综合信息服务协同数据体系接口相同的技术规范，以便于数据服务接入综合信息服务协同数据体系。

3.4.3.2 数据级别规范

按照不同类别的用户和不同的共享方式，共享数据划分为三级。

一级数据：面向公众用户，实时或定时滚动向社会发布，用户可查询、浏览、下载、转发；无须授权，由数据中心实时向服务网站、共享服务器发送服务数据，并提供标准 WebService 服务。

二级数据：面向公务用户和公益用户，用户需要在综合信息服务协同数据体系进行用户注册认证，数据中心审核发放用户密钥，用户通过密钥才能登录访问指定服务器及授权数据。综合信息服务协同数据体系根据各用户权限不同，通过综合信息服务协同数据体系向各指定服务器发送加密服务数据，认证用户通过密钥登录并解密数据。

三级数据：面向国内公务用户，需经申请和审批后由数据主管部门批准、授权进行数据共服务。三级数据涉及安全与保密信息，需要在数据中心进行严格用户与交换服务器注册认证，以保障数据安全。现阶段三级数据主要指电子航道图数据和危险品数据。

3.4.3.3 数据交换方式规范

(1) 前置数据库方式

节点前置机上部署前置数据库，通过综合信息服务协同数据体系实现数据库之间的数据交换，应支持大部分的主流数据库，如 Oracle、SqlServer、MySql 等。

(2) WebService 方式

节点提供 WebService 接口，综合信息服务协同数据体系调用并解析其接口，获得相应的数据。

(3) 文件数据复制方式

将节点前置机上的文件数据，通过拷贝的方式，复制到中心前置机，按格式解析后，存入中心前置机数据库。

(4) FTP 方式

数据提供单位提交 FTP 地址及用户名密码，综合信息服务协同数据体系通过 FTP 获得相应的数据文件，按格式解析后，存入中心前置机数据库。

3.4.3.4 RESTful 架构规范

基于 HTTP 和 WebService 的数据交换方式应尽可能采用 REST 的架构设计。

(1) REST 的架构设计

REST (Representational State Transfer) 是一种轻量级的 Web Service 架构风格，其实现和操作明显比 SOAP 和 XML-RPC 更为简洁，可以完全通过 HTTP 协议实现；还

可以利用缓存 Cache 来提高响应速度，在性能、效率和易用性上都优于 SOAP 协议。

REST 架构遵循了 CRUD 原则。CRUD 原则对于资源只需要四种行为，即创建（Create）、读取（Read）、更新（Update）和删除（Delete）就可以完成对其操作和处理。这四个操作是一种原子操作，即一种无法再分的操作，通过它们可以构造复杂的操作过程，正如数学上四则运算是数字的最基本的运算一样。

REST 架构对资源的操作包括获取、创建、修改和删除资源的操作，正好对应 HTTP 协议提供的 GET、POST、PUT 和 DELETE 方法，因此 REST 把 HTTP 对一个 URL 资源的操作限制在 GET、POST、PUT 和 DELETE 这四个方法之内。

（2）REST 的设计准则

REST 架构是针对 Web 应用而设计的，其目的是为了降低开发的复杂性，提高系统的可伸缩性。REST 包括如下设计准则：

①网络上的所有事物都被抽象为资源（resource）；

②每个资源对应一个唯一的资源标识符（resource identifier）；

③通过通用的连接器接口（generic connector interface）对资源进行操作；

④对资源的各种操作不会改变资源标识符；

⑤所有的操作都是无状态的（stateless）。

REST 中的资源所指的不是数据，而是数据和表现形式的组合。资源标识符就是 URI（Uniform Resource Identifier），不管哪种数据资源全部通过 URI 对资源进行唯一的标识。

REST 是基于 HTTP 协议的，任何对资源的操作行为都是通过 HTTP 协议来实现。HTTP 把对一个资源的操作限制在四个方法以内（GET、POST、PUT 和 DELETE），对应对资源的 CRUD 操作的实现。由于资源和 URI 是一一对应的，执行这些操作的时候 URI 是没有变化的。REST 就是因为它要求所有的操作都是无状态的，所以可以提高系统的可伸缩性。

## 3.4.4 应用接口标准

### 3.4.4.1 概述

在系统功能上，我们把应用接口标准分为两个部分。第一部分是数据交换管理部分，保证第三方的业务数据能完整地通过综合信息服务协同数据体系进行交换，并按原始数据条目进行保存。数据交换的途径、内容、文件格式、频率等可根据实际情况灵活定制。

第二部分是数据交换部分、综合信息服务协同数据体系提供交换数据的多种格式的数据提取和检索，其中涉及和各种实际业务的结合应用，具体数据格式根据具体的内容而确定。

### 3.4.4.2 基本数据交换格式

数据交换请求端向接收端发送的数据交换请求指令采用 XML 语言作为描述语言，文档内容采用 UTF-8 编码。其基本结构如下：

```
<?xml version="1.0" encoding=" utf-8" standalone="yes" ?>
<Msg Version="1"
```

```
MsgID="2"
MsgCode=""
Type="xxxxx"
DateTime="2014-08-17 15 : 30 : 00"
Format="json"
Encoding="utf-8"
Transaction="">
<!-- 具体消息内容 -->
</Msg>
```

Version——数据交换接口标准的版本编号，目前版本为“1”。

MsgID——消息编号，每一个中心或分中心产生的编号唯一。

MsgCode——消息代码。

Type——消息类型。

DateTime——监管请求产生的日期和时间。

Format——消息编码格式，如 XML、Json 等。

Encoding——文本编码方式。

Transaction——事务处理编号。

消息接收端向发送端返回应答数据的接口采用 XML 语言作为描述语言。其基本结构如下：

```
<?xml version="1.0" encoding="UTF-8" standalone="yes" ?>
<Msg Version="1"
MsgID="3"
Type="xxx"
DateTime="2014-08-17 15 : 30 : 00"
Format="json"
Encoding="utf-8"
ReplyCode="11000001"
ReplyID="2">
<!-- 具体交换应答数据 -->
</Msg>
```

Version——数据交换接口标准的版本编号，目前版本为“1”。

MsgID——消息编号，每一个中心或分中心产生的编号唯一。

Type——消息类型。

DateTime——监管请求产生的日期和时间。

Format ——消息编码格式，如 XML、Json 等。
Encoding——文本编码方式。
ReplyCode——回应消息代码。
ReplyID——回应的消息编号。

#### 3.4.4.3 数据交换管理

数据交换管理部分的功能主要包括自定义交换项目设置，管理和日常监控。

(1) 交换项目的申请

```
<CreateExchange>
<name>string</name>
<remark>string</remark>
<range />
<method>string</method>
<Source />
<department>string</department>
<authority />
<UserName>string</UserName>
<Password>string</Password>
</CreateExchange>
```

①字段描述

申请一个交换内容，设置项包括：

Name ——交换项目的名称。
Ramark——交换项目的描述。
Range——数据更新范围。
Method——数据更新方式。
Source——数据来源。
Department——交换部门。
Authority——数据访问权限。
UserName——用户名。
Password——密码。

②交换项目名称

定义交换项目名称。

③交换项目描述

定义交换项目的详细描述，或额外备注。

④交换部门

定义交换项目对应的数据交换部门。

⑤数据来源

数据来源，如 WebService 地址、FTP 地址等。

⑥数据更新范围

定义每次数据更新的范围：

A. 增量更新；

B. 全部更新。

在交换方提供的数据为增量数据时，使用增量更新，交换的数据将在原有数据的基础上新增，不处理原来已经交换过的数据。

在交换方提供的数据为全部数据的时候，使用全部更新，每次交换前将先清空原有的交换数据，再从数据源将全部数据更新过来。

⑦数据更新方式

定义每次数据更新的方式：

A. 新增；

B. 关键字段覆盖。

新增方式：即每次数据更新都是新增，而不管数据与原来数据的关系。

关键字段覆盖：也就是启用关键字处理，在处理增量数据的时候，如果遇到现有数据中存在相同关键字或关键字组，就更新现有数据；不存在的话就新增，仅在数据更新范围为增量更新时启用。

数据更新范围与数据更新方式两项设置主要定义了数据在进行交换时，如何处理与原有交换数据之间的关系。因为根据业务的不同，不同的数据有着不同的更新频率和数据量。对于高频率、海量数据的交换，我们不可能每次都进行全部的更新，比较适宜的做法是每次只交换新增或者变更的数据。当然，这也要根据交换数据源本身的情况来进行选择，如果交换数据源无法进行新增或者变更数据的判断，那么也只能进行整体更新。因此，这里提供了数据更新范围和更新方式的组合方式设置，以适应数据交换的各种情况。

⑧数据访问权限

定义交换数据的访问权限，分为以下三种，分别对应不同的数据安全级别和访问权限。

A. 核心机密数据；

B. 敏感信息数据；

C. 公共数据。

公共数据对所有用户开放；核心机密数据和敏感信息数据不公开，且对应不同的数据访问权限。只有拥有对应的数据访问权限，才能访问到这些非公共数据（对于数据访问权限，一方面可以在前端通过权限控制来实现；另一方面，为保证数据库端的安全，可以对非公开数据进行加密存储）。

（2）交换项目的删除

```
<DeleteExchange>
<id>long</id>
<name>string</name>
<username>string</username>
```

```
<password>string</password>
</DeleteExchange>
```

①字段描述

ID——交换项目的编号。

Name ——交换项目的名称。

UserName——用户名。

Password——密码。

②说明

交换项目删除提供两次确认，防止误操作。交换项目删除后，此交换项目对应的调度、日志、数据加工规则和交换数据将一并删除，避免系统长时间运行后出现过多的冗余数据；如果需要保留数据，则在操作前先进行数据备份。

（3）交换项目调度

```
<ScheduleExchange>
<id>long</id>
<name>string</name>
<username>string</username>
<password>string</password>
<method>string</method>
<starttime>dateTime</starttime>
<span />
<endtime>dateTime</endtime>
</ScheduleExchange>
```

①字段描述

ID——交换项目的编号。

Name ——交换项目的名称。

UserName——用户名。

Password——密码。

Method——运行方式。

StartTime ——运行时间。

Interval——运行间隔。

EndTime——结束时间。

②说明

运行方式分为手动执行和自动执行。

如果交换项目数据源为手工文件导入，则调度方式只能为手动执行。执行时选定交换用的数据文件，系统将根据交换项目的设置，进行数据交换。

如果交换项目数据源为其他方式，则可设置手动执行和自动执行两种方式。手动执行即根据交换项目的设置，进行一次数据交换；自动执行需要设置交换项目自行执行的开始时间、结束时间和执行频率（天、周、月、年等）。

### 3.4.5 基础数据元标准

数据元是最小的、不可再分的信息单位，是一类数据的总称。基础数据元集定义了信息系统中进行数据描述的元素的基本集合。对综合信息服务系统基础数据元标准的设计思路是：首先要确立基础数据元的编制规则，然后收集整理整个综合信息服务协同数据体系的数据元集，最后依据确立的编制规则确立整个基础数据元标准。

#### 3.4.5.1 基本设计规则

（1）聚合数据元的基本设计规则

规则 1：聚合数据元由两个或多个数据元构成，可以用 UML 类图中的类或包表示。

规则 2：聚合数据元和数据元组合在一起，又可以构成新的聚合数据元。

规则 3：聚合数据元只能针对一个对象类，具有单一功能，构成该聚合数据元的每个数据元或聚合；数据元都与该聚合数据元的功能有直接关系。

规则 4：聚合数据元应定义所包含的每个数据元的名称、数据元在该聚合数据元中的出现次数。

（2）数据元的基本设计规则

规则 1：设计数据元，应保证该数据元尽可能是通用的，以便应用在更多的数据交换格式中。

规则 2：数据交换格式的设计者在确定了满足数据交换格式或聚合数据元功能所需的所有数据元后，需要查明已有的通用或专用数据元目录中是否已经包括了所需的数据元。如果找到了所需的数据元，且能完全满足数据交换格式或聚合数据元的功能需求，则应使用该数据元；如果找到了所需的数据元，但其名称、说明或格式不能完全满足用户需求，则应按照程序对该数据元进行修订并记录；如果没有找到所需的数据元，则应按照程序注册新数据元并记录。

规则 3：数据元是数据交换格式中最小的信息单元。

#### 3.4.5.2 基础数据元组成

数据元由标识符、名称、英文名称、英文简称、定义、同义名称、表示、相关环境、值域、版本、备注等 11 个要素组成，其中同义名称、相关环境和备注为可选项。

①标识符：在数据元字典中，为数据元分配的与语言无关的唯一标识。

②名称：数据元的中文名称。

③英文名称：数据元的英文名称。

④英文简称：数据元的英文简称。

⑤定义：关于数据元的含义和基本特性的说明，并使之区别于其他数据元。

⑥同义名称（可选项）：本数据元的其他名称。

⑦表示：数据元值的数据类型及字符长度的组合表示格式。

⑧值域：数据元取值范围或相关内容的说明，如所采用的代码标准，或通过枚举的等方式给出所有可能的取值。

⑨相关环境（可选项）：产生或使用数据元的应用环境的说明。

⑩版本：数据元所在数据元目录的版本标识。

⑪备注（可选项）：对数据元的补充说明。

（1）数据类型表示法

S——字符型，可以包含汉字、字母字符和数字字符等。

B——布尔型，用 0（False）或 1（True）形式表示的值。

N——数值型，用数字形式表示的数值。

T——日期时间型，采用《数据元和交换格式　信息交换　日期和时间表示法》（GB/T 7408—2005）中规定的 YYYYMMDD 或 YYYYMMDD Thhmmss 格式。

BY——二进制流，图像、音频、视频等二进制流文件格式。

（2）基础数据元编制规则

数据元集主要包括一系列以基础业务和管理对象为主体的数据元项，为便于查询，按业务内容和数据元分类分成若干类目，按类分段列出。编制规则、术语、定义等与现行国家标准一致。

①数据元属性内容

每个数据元包括分类代码编号（即作为该数据元内部标示符）、数据元中文名称、中文全拼、定义、类型、格式、值域、计量单位、备注等属性内容。

②数据元分类代码编号结构

数据元编号为数据元的特征号，它反映该数据元在数据元集中的排列位置。其长度为 11 位，规则如下：

A. 第一位、第二位为字母，代表所属业务领域（类别），通用为 TY；

B. 第三位、第四位为数字，代表数据元所属一级分类顺序号；

C. 第五位、第六位为数字，代表数据元所属二级分类顺序号；

D. 第七位、第八位为数字，代表数据元所属三级分类顺序号；

E. 第九～十一位为数字，代表某一级分类下的数据元的序号，从 001 开始顺序编码；

F. 一、二、三级分类顺序号从左向右顺序排列，每级分类顺序号从 01 开始；无某级分类的，则该级编号为 00，该级分类名称为空。

数据元编号格式如图 3-4 所示。

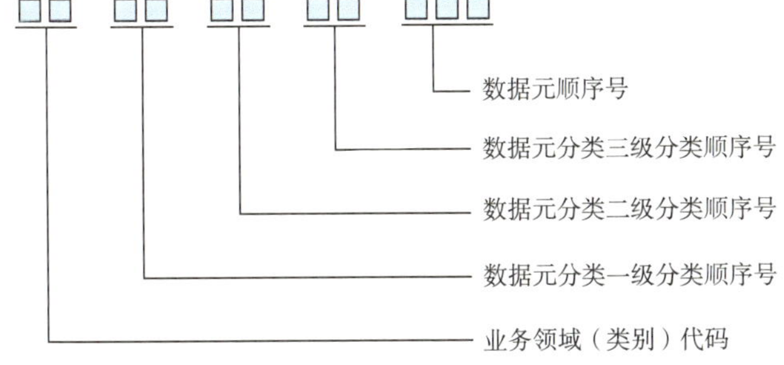


图 3-4　数据元编号格式

③数据元命名规则

数据元中文名称的命名应遵守以下三个方面的规则。

A. 唯一性规则

规则 1：在一定语境下数据元名称应该唯一，名称中一般包括对象类词、特性词、表示词和限定词。

如：在数据元“安检类型代码”中，“安检”为对象词，“类型”是该数据元的特性词，“代码”是该数据元的表示词。

B. 语义规则

规则 2：对象词表示数据元所属的事物或概念。它表示某一语境下一个活动或对象，是数据元中占支配地位的部分。

规则 3：数据元名称中应该有一个且仅有一个对象词。

规则 4：特性词是表示数据元的对象类的显著的、有区别的特征。

规则 5：数据元名称中应有一个且仅有一个特性词。

规则 6：表示词是数据元名称中描述数据元表示形成的一个成分。它描述了数据元有效值集合的格式。

规则 7：数据元名称中应有一个且仅有一个表示词。

规则 8：当需要描述一个数据元并使其在特定的语境中唯一时，可以使用限定词对对象类词、特性词或表示词进行限定。限定词是可选的。

C. 语法规则

规则 9：对象词应处于名称的第一（最左）位置。

规则 10：特性词应处于第二位置。

规则 11：表示词应处于最后位置。

规则 12：限定词可以附加到对象类词、特性词和表示词上。限定词应位于被限定成分的前面，限定名称顺序的不同不能用于区别不同的数据元。

规则 13：当表示词与特性词有重复或部分重复时，此时可以从名称中将冗余词删除掉。

a. 数据元中文名称

数据元中文名称为该数据元的单个或多个中文字词的指称。

b. 数据元中文全拼

数据元中文全拼为该数据元的汉字名称的汉语拼音全拼，每个字的全拼之间用“–”间隔。

汉语拼音 l 与韵母 Ü 组合拼音时，表示为：lv（吕）；汉语拼音其他生母与韵母 Ü 组合拼音时，使用 U，如：qu（区）。

D. 数据元定义

数据元定义是表达一个数据元的本质特性并区别于所有其他数据元的陈述。

E. 数据元类型

数据元类型为该数据元的数据类型，可以使用字符型、数字型、日期型、日期时间型、布尔型、二进制型等 6 种。

F. 数据元格式

数据元格式为该数据元从业务的角度规定的数据元的格式需求，包括所允许的最大和(或)最小字符长度，数据元内容的表示格式等(一个汉字占两个字符)。数据格式中使用的字符含义如下：

a——字母字符；

n——数字字符；

a*n*——字母数字字符；

m——为自然数，定长 *m* 个字符(字符集默认符合国标要求)；

..ul——长度不确定的文本；

..——从最小长度到最大长度，前面附加最小长度，后面附加最大长度；

YYYYMMDDhhmmss——“YYYY”表示世纪和年份，“MM”表示月份，“DD”表示日期，“hh”表示小时，“mm”表示分钟，“ss”表示秒，可以视具体实际情况组合使用；

True/False——布尔型。

G. 数据元值域

数据元值域是交通信息基础数据元值域引用代码的集合。

H. 数据元计量单位

数据元计量单位属于数值型的数据元值的计量单位。

I. 数据元备注

数据元备注是该数据元的补充描述或说明。

## 3.4.6　基础数据元目录标准

### 3.4.6.1　港口数据元目录

(1) 港口基础数据

码头基础数据、泊位、码头、锚地、桥梁、渡口、渡船、管道管线数据。

(2) 水文气象数据

水位数据、气温数据、降雨量数据、湿度数据、风力数据。

(3) 港口运输数据

装卸设备数据，装卸能力数据，货物、集装箱、危险品、外贸吞吐量数据，船期计划数据，水位通过数据。

### 3.4.6.2　航道数据元目录

(1) 航道基础数据

航道基础数据、航道图形数据、地理信息数据。

(2) 航道运输数据

航道运输数据、航道安全数据。

(3) 航道管理数据

管理机构数据、行政审批数据、助航设施数据。

3.4.6.3　船舶数据元目录

（1）船舶基础数据

船舶证书数据、所有权数据、船舶违规数据、船舶年审数据、船舶配载数据。

（2）船舶安全数据

船舶安检数据、危险品货物数据、危险品货物申报数据、船舶违规数据。

（3）船员数据

船员基本数据、船员违章数据、签证数据。

3.4.6.4　物流数据元目录

（1）物流数据

船货数据、集装箱数据、危险品数据。

（2）航运指数数据

航运景气指数数据、船东满意度指数数据、集装箱综合运价指数数据、干散货综合运价指数数据。

3.4.6.5　基建数据元目录

（1）基建项目数据

工程进度数据、工程管理数据、供应商数据。

（2）基建资金数据

资金来源数据、工程费用数据。

3.4.6.6　综合数据元目录

（1）电子公文数据

公文交换数据、公文文件属性、公文签收发送数据。

（2）企业数据

企业基本数据、企业年审数据、企业人员数据。

（3）机构数据

管理部门数据、安全机构数据、人员数据、专家信息数据。

# 4 航运综合信息服务系统业务逻辑与软件平台架构

## 4.1 综合信息服务系统业务逻辑分析

当前，长江航运业务缺乏适应面广、功能完善、可靠性高、扩展性强的数据采集、处理与服务的统一平台。长江航运综合信息服务系统以搭建统一服务平台为目标、实现数据自由交换共享为手段，最终形成行业性的信息基础平台，促进航运行业向现代服务业转型。

长江航运综合信息服务系统可优化现有航运业务流程，将传统的业务协同提升到信息协同，将过去繁琐的协同业务转化为各参与方与综合信息服务系统的信息协同，由系统替代过去的电话、传真、人工的传统信息交换方式，将各参与方相互的协同转变为各参与方与系统的信息协同，从而实现长江航运信息资源的高效利用与价值提升。因此，综合信息服务系统业务逻辑重点为信息的采集、交换、标准化、加工、多种应用服务处理及展现，需要建设定制灵活、扩展性强、适应面广的数据交换平台与高效安全智能的数据中心，建立数据标准体系，以满足现实各种不同的数据源与数据结构；需要进行多样化数据加工处理，建立网络数据搜索、智能助导航、自定义查询推送、网上申报及金融商务服务等业务应用，以提供综合信息服务。综合信息服务系统业务逻辑架构如图 4–1 所示。

综合信息服务系统业务逻辑架构理清了系统内部业务逻辑关系，并且考虑到了综合信息服务系统与现有及将来可能的外部应用系统之间的关系。综合信息服务系统主要解决数据交换、标准化、共享应用的问题，需要从各方应用系统中获取不同的业务数据，并进行清洗加工，产生标准化数据，再做综合利用与服务。图 4–2 展示了综合信息服务系统与各外部系统的数据、应用关系，明确了公共基础数据的采集方。

## 4.2 综合信息服务系统顶层设计方案与软件平台架构

综合信息服务系统的目标定位是成为安全、稳定、高性能、跨平台、跨系统、跨应用、跨地区的信息交换与服务平台，各单位各企业的系统都可以通过综合信息服务系统进行信息交换，以达到整个长江航运政务、行业与公共信息资源共享互通的效果，更好地利用信息资源，提升行业竞争力。

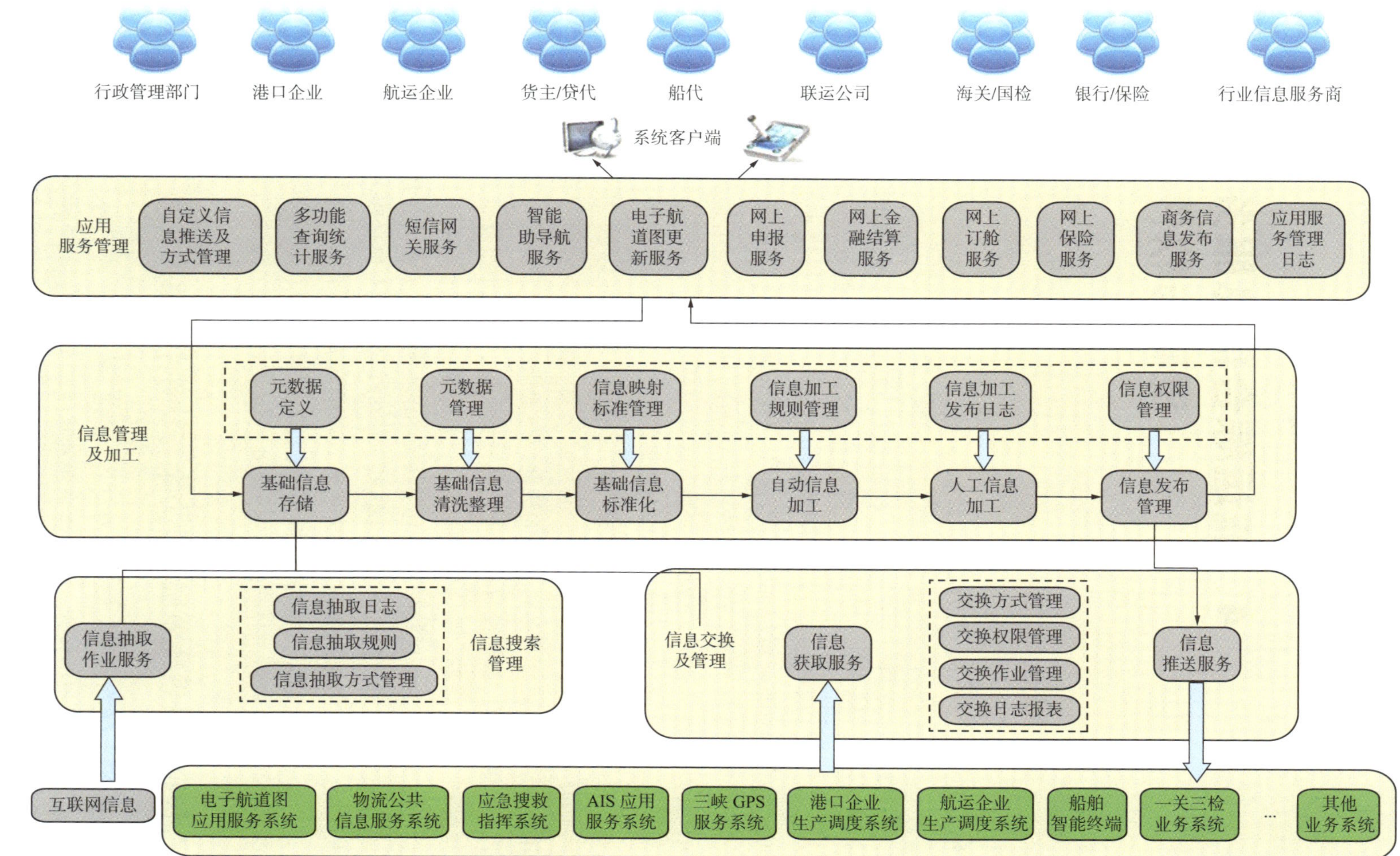

图4-1 综合信息服务系统业务逻辑架构图

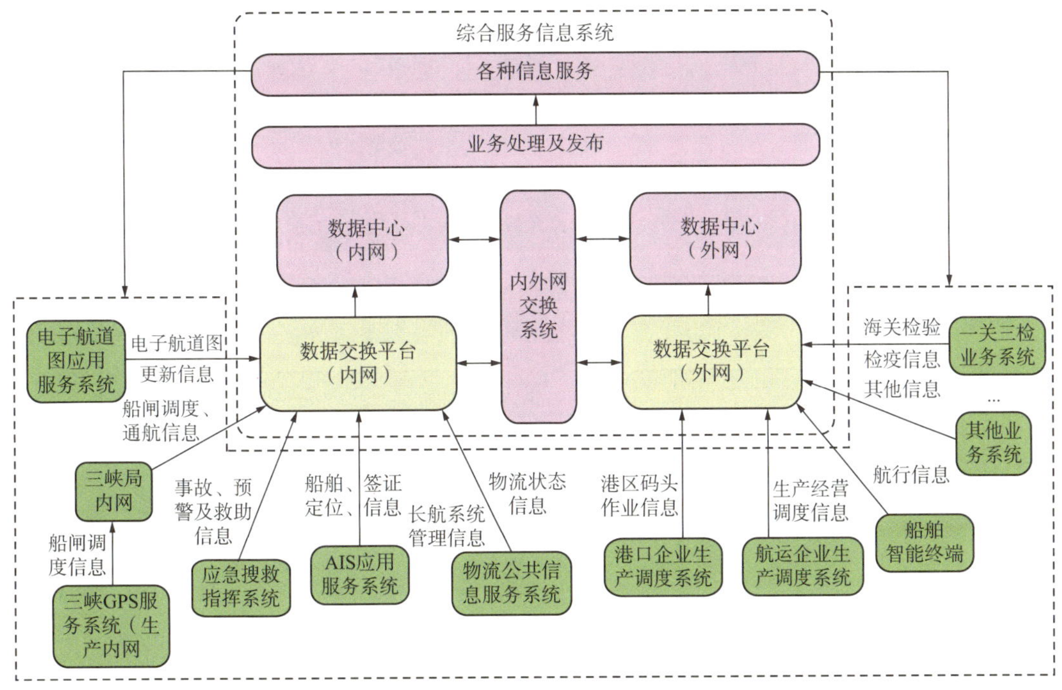


图 4–2　综合信息服务应用系统关系图

### 4.2.1　设计方案

为更好地完成由业务逻辑架构到软件平台架构设计，方案采用了域驱动设计（Domain Driven Design）思想、分层架构和面向服务的体系架构（SOA）来设计实现。

### 4.2.2　软件平台架构

综合信息服务系统业务逻辑结构图显示：综合信息服务系统是一个全面解决长江航运信息采集、加工、利用与发布的系统，能提供各种多元化信息服务。按照分层架构，系统软件平台可以分为以下 5 层。

（1）数据交换层：通过交换平台实现协议转换、数据交换传输、数据初步标准转换，提供相应的交换节点定义、传输策略制定、传输过程的监控以及传输安全的保证。

（2）数据存储层：提供信息资源的物理存储、管理与高效读写功能。

（3）业务处理层：实现数据标准定制、深加工和处理，并提供各种航运应用服务及服务管理，保证业务服务的高效、准确与安全。

（4）信息发布层：接收用户界面层获取的用户信息，进行数据校验后提交业务处理层，并对业务处理层处理结果进行封装与优化，提供用户界面层直接使用。

（5）用户界面层：作为系统的最外层与终端，提供个性化、多样化用户界面，实现用户与系统的交互。

结合域驱动设计思想与 SOA 分析，系统业务逻辑转化如图 4–3 所示。

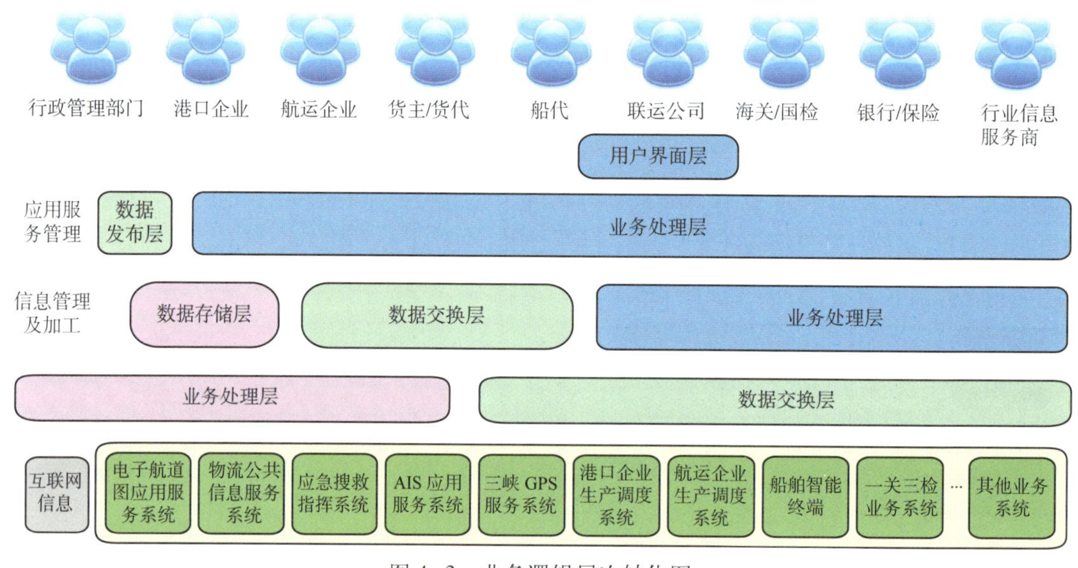


图 4–3　业务逻辑层次转化图

在充分考虑综合信息服务系统服务框架体系的完整性的基础上，在各层的外沿，需要建设网络体系作为系统建设的基础，并建立标准与规范体系及信息安全体系，作为系统运行机制。综合信息服务系统软件平台架构如下图 4–4 所示。

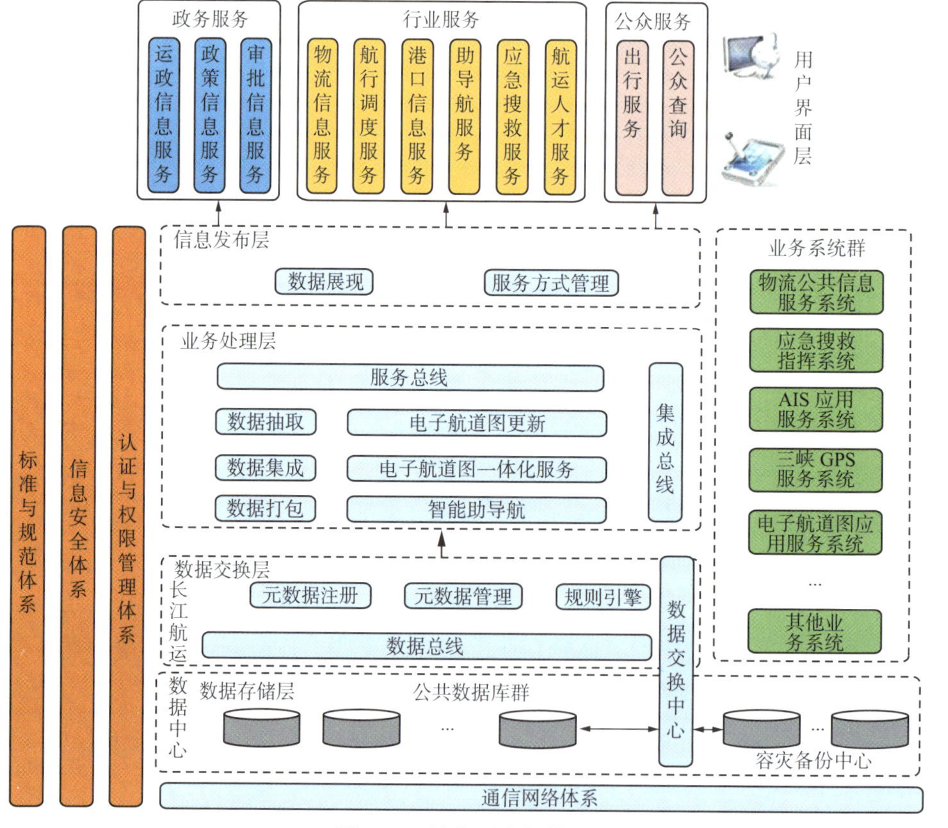


图 4–4　软件平台架构图

### 4.2.3 综合信息服务系统应用与服务体系

综合信息服务系统是长江航运综合信息服务体系的一部分，通过航运信息服务云，为行业提供公共云服务。综合信息服务系统应用与服务体系如图 4–5 所示。

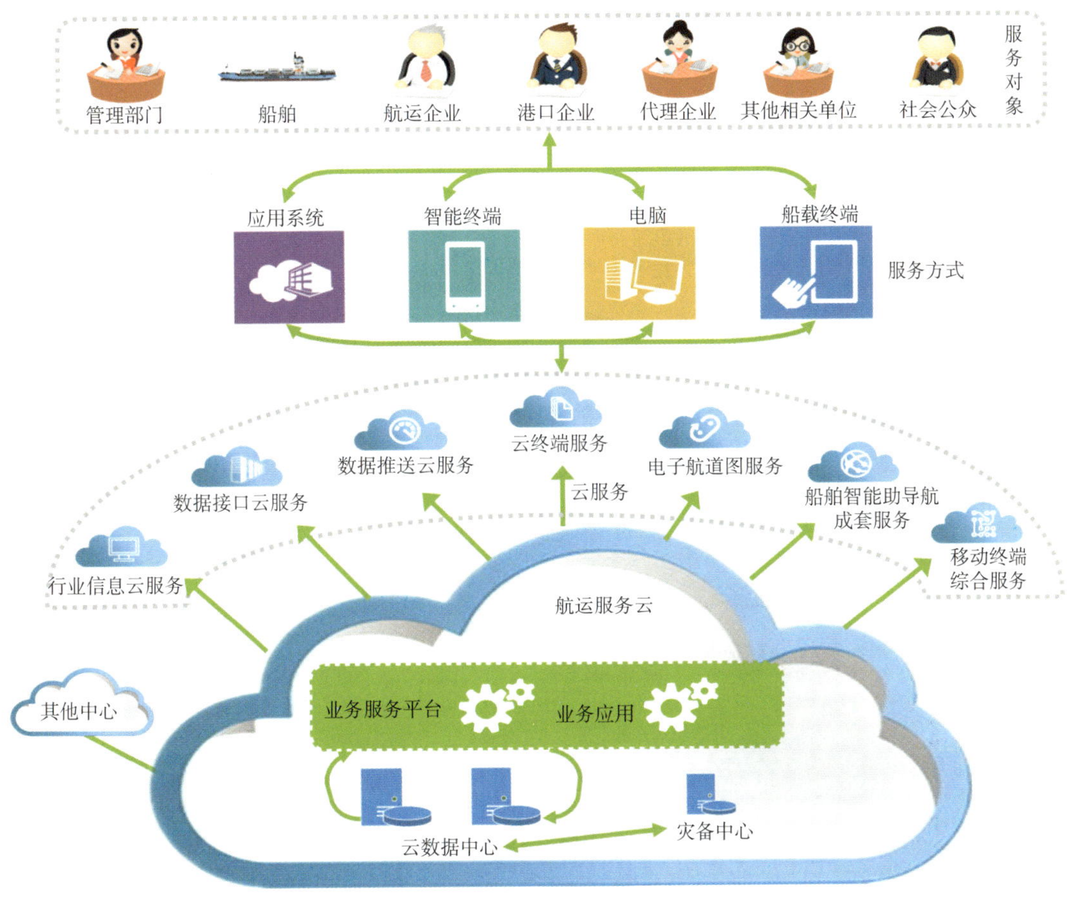


图 4–5 综合信息服务系统应用示意图

综合信息服务系统的主要目标，是通过不同的途径与方式，汇集长江航运的综合信息，通过系统形成的航运服务云对信息进行处理、加工与标准化，利用业务服务平台对外提供各种信息云服务、接口云服务；此外业务服务平台还集成了电子航道图、船舶智能助导航、移动终端服务等应用，能够对外提供各种应用云服务。航运各参与方可以通过智能终端、电脑、船载终端登录综合信息服务系统进行信息的提供与获取；还可通过应用系统进行数据层的信息自动交换，向综合信息服务系统提供基础数据，并从系统获取全面、标准的航运综合信息，为应用系统自身所用，提升系统功能。航运各参与方，既是综合信息服务系统数据采集的源头，也是服务信息的服务对象，用户与系统的关系是双向的，系统将达到促进各参与方信息共享、业务协同，提升航运综合效率的目的。

用户与云端是双向交流的，既可以从云端接受服务，也可以为云端提供数据，也就是说包含了实时信息的发布和反馈过程。这也是航运服务云的一个特点。

### 4.2.4 航运动态数据链

综合信息服务系统是一个围绕航运信息的、具有开放性和综合性的信息采集、处理、服务平台，系统综合了不同的网络、系统与服务方式，形成航运动态数据链。航运动态数据链是一种在多个传感器、船载终端、航运调度系统、运输监管系统等水上运输信息处理单元之间，采用集成了无线、有线及甚高频通信等方式的异构网络技术，按照专有的通信协议和数据交换标准传输和处理结构化航运数据的信息系统。航运动态数据链如图 4–6 所示。

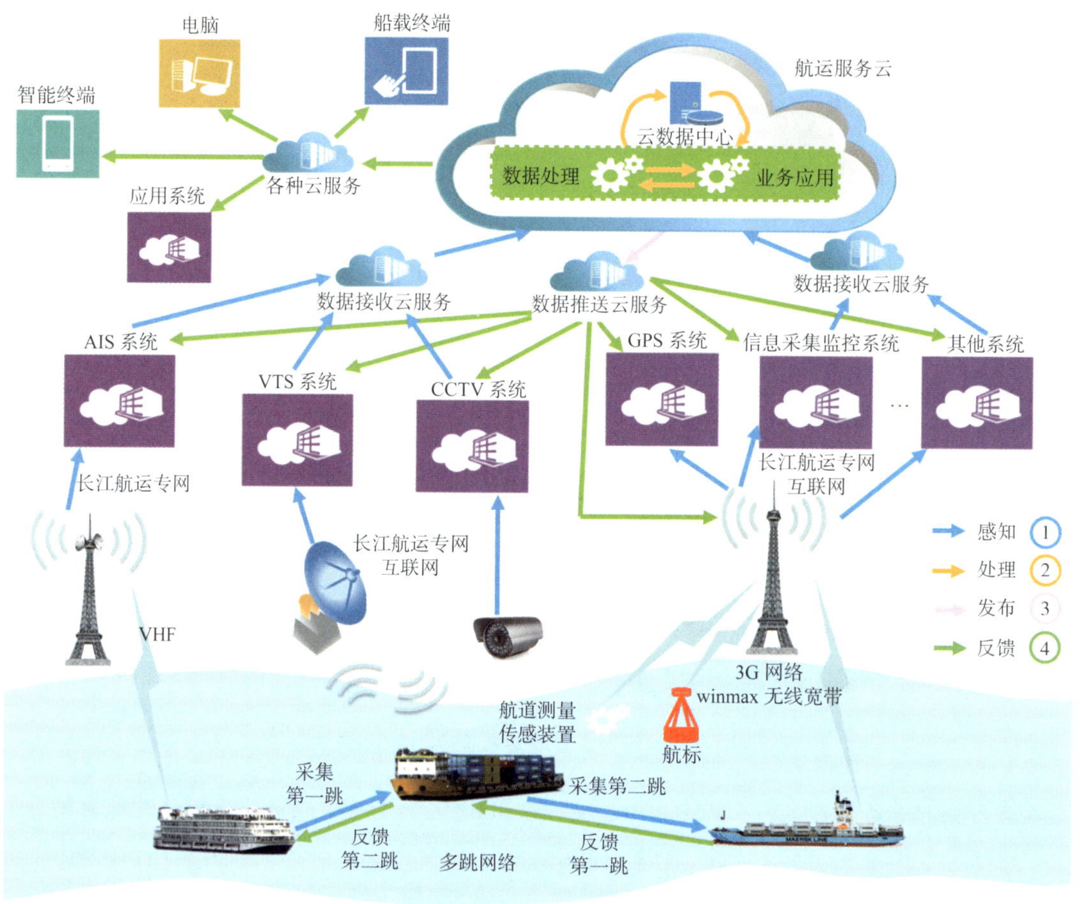


图 4–6 航运动态数据链示意图

航运动态数据链通过综合应用无线、有线和甚高频通信等多种方式，组合成数据传输网络。在江上，数据主要通过无线方式进行互联，通过使用 3G 网络、WiMAX 无线宽带，以及船与船之间动态组成的多跳网络进行传输；在岸上，通过综合运用长江航运专网和公用的互联网进行联结。通过多种手段的互联，提高了网络连接的可靠性和可用性，保证数据传输的稳定快捷。

航运信息在数据链中以“感知—处理—发布—反馈”的环状控制过程进行传输。航运动态数据链通过水位传感、航标传感和主动采集等方式获得通航环境的数据，通过GPS、AIS、VTS、CCTV等监控系统以及与各业务管理系统进行数据交换的方式获取航运态势相关的各类信息。航运信息通过航运动态数据链的传输网络，以标准的协议和格式汇集到综合信息服务平台后，平台根据业务协同模型，对数据进行一体化处理，进行数据的清洗、关联、分析和匹配。处理后的数据发布到各类终端和与综合信息服务云相连接的各类航运系统中，供其在各自的业务中使用。同时，各终端和系统将动态运行的结果通过航运动态数据链及时反馈到综合信息服务平台，平台对反馈信息进行识别和处理，根据新的需求进行新的数据感知和采集工作，开始新一轮数据循环。

因此，在航运动态数据链中，各类信息是实时、动态地进行感知、处理与反馈，通过信息在多个航运单元之间的传输与处理，促进了各航运单位在业务上的协同与配合，从而提高航运的安全性与航运管理和生产的效率。

相比于传统的传输网络，航运动态数据链有如下特点：

(1) 航运交通态势的实时感知与反馈。航运动态数据链能动态、及时地感知通航环境和交通态势的变化：通航环境的感知主要通过水位传感、航标位置的传感、通航建筑物控制传感以及水文站数据采集等方式来完成；交通态势的感知通过船载AIS、GPS设备以及CCTV系统、VTS系统等方式完成；此外还能通过各类管理系统采集到航运管理信息和基础数据。感知和采集到的数据实时传输到数据处理系统，经过系统分析数据间的协同关系，进行一体化处理后，向外进行发布，同时能接受反馈的信息，并及时进行各类航运作业的调度和指挥。

(2) 多单元协同与一体化运行。航运动态数据链能够有效地将船舶、港口、调度、管理等多部门联系在一起。通过数据及时、有效的传输和处理，使各部门实现有效的协同，使船与岸、船与港、船与监管方在关键业务节点上及时沟通信息，紧密配合，大大提高航运运输组织效率和运输安全水平。

(3) 数据传输的结构化与标准化。为保证信息的实效性和可用性，方便自动化处理，与一般的数据传输网络不同，航运动态数据链主要传输结构化、标准化的信息。数据链中各类传感和采集到的信息经过结构化处理后，采用专有的格式，实现“系统－系统”、“系统－终端”、“系统－个人”间信息的传输、交换与自动化处理。这种标准化、结构化的数据传输，为实现航运管理部门、运输生产部门、船舶终端和个人移动终端间的信息共享提供保证。通过专有的数据编码格式和传输协议，可以保障数据传输的可靠性和稳定性，提高数据处理效率，有效支撑各航运单元间的协同作业。

(4) 传输方式的多样性。航运动态数据链传输信息的方式有多种，既有传统的利用VHF甚高频的通信传输，也利用3G网络、WiMAX技术和有线宽带技术进行传输；此外还利用多跳网络技术，通过船载中继平台或者航标上的中继平台实现跨网传输。其网络结构与网络通信协议具有多样性。航运动态数据链在传输方式上的多样性，有效保障了航运信息在多个单元间的高效、稳定、可靠传输，提高了整个系统的数据处理和反馈能力。

## 4.3 软件平台架构层次分析

### 4.3.1 数据交换层

长江航运涉及的业务系统众多，这些业务系统各自在不同时期、由不同的公司、利用不同的工具、在不同的开发平台开发实现，并且运行在不同的操作系统和不同的数据库平台之上。综合信息服务系统要建立跨部门、跨企业的业务协作，实现异构系统之间、新老系统之间信息的透明交换是基础性工作，数据交换层即是实现这个目标的基础环节。

数据交换层以一个功能强大、定制灵活、传输效率高、安全可靠的数据交换平台为核心，其任务是完成不同数据交换结点之间的互操作，功能上包括数据的定位和数据包封装。数据的封装和解封与操作命令一样，是数据交换层规范性的重要体现。所有在节点之间传送的数据，包括操作命令本身，都要按照规定的格式进行编排，这样才能保证数据交换节点之间的互操作性，以屏蔽底层物理特性的多样性。数据交换层可实现以下功能：

（1）信息的统一封装，即信息的打包和信封的书写功能。

（2）统一编址，即应支持一套统一的、简单易用、易扩展、易管理的地址编码体系。

（3）信息的可靠传输及传输的高效率。

（4）可管理性，即要对传输的过程进行全程监控，提供日志、审计、会话管理、传输优先级设定、流量负荷分析。

数据交换层主要提供 3 种数据交换方式：

（1）基于数据库适配器的数据交换方式

数据库适配器从本质上也是数据交换层内置的一种服务，具有独立封装和事件驱动的特性，提供针对各种主流数据库管理系统的数据提取、打包和存储。数据适配器提供数据映射机制，实现异构数据库之间的数据转换。这种方式主要是通过针对已有的业务系统的数据库或前置数据库，在数据库适配器上配置包括触发条件、提取周期、数据封装格式等数据提取规则，进行已有系统中需交换的数据提取、封装和传输。

（2）基于 Web Service 的数据交换方式

现有长江航运各种业务系统，根据相应的数据技术规范，对提供数据交换的相应组件进行封装和接口定义，把新定义的服务向数据交换层的服务中心进行注册，则数据交换层可根据需要随时调用该服务进行数据获取。同时，数据交换层也提供注册的数据发布服务，其他业务系统需请求服务，通过连接器在服务中心进行该服务的查询和发现，进而调用该服务，实现数据获取功能。

（3）组合方式

把定制好的联结各个已有业务系统数据库的数据库适配器作为一种 Web Service 通过服务注册中心发布到服务组件库中，通过 BPEL4WS（Business Process Execution Language for Web Services）引擎，将不同的数据库适配器以流程的方式串接起来，实现各业务系统数据完整的流向控制和应用。利用这种方式可以实现数据库适配器和注册的

Web Service 之间数据的良好交互，也可以实现以不同方式接入交换平台的业务应用系统之间有效的数据交换和共享。

### 4.3.2 数据存储层

数据存储层是利用数据库或非结构化数据存储技术进行各种业务数据的存储，其关键在于它对所处理的数据进行物理的创建、提取、更新和删除。数据存储层作为综合信息服务系统的数据物理实体及基础，必须提供完善、安全、较高可扩展性和高速的数据存储服务。数据管理层主要在数据库中实现这些操作。

数据存储层的主要功能如下。

（1）数据定义功能：提供相应数据语言（DDL）来定义数据库结构，刻画数据库框架，并保存于数据字典中。

（2）数据存取功能：提供数据操纵语言（DML），实现对数据库数据的基本存取操作，即检索、插入、修改和删除。

（3）数据库运行管理功能：提供数据控制功能，即从数据的安全性、完整性和并发控制等对数据库运行进行有效的控制和管理，以确保数据正确有效。

（4）数据库的建立和维护功能：包括数据库初始数据的装入，数据库的转储、恢复、重组织，系统性能监视、分析等功能。

（5）数据的传输：DBMS 提供处理数据的传输，实现用户程序与 DBMS 之间的通信，通常与操作系统协调完成。

### 4.3.3 业务处理层

业务处理层是综合信息服务系统的业务核心。业务处理层包括所有的业务规则、数据验证、数据操作、数据处理和业务处理的安全性，它制定了系统的业务处理方式。业务逻辑层可以分为两个层次，第一层次将实现对基础数据的清洗、加工，针对不同的业务服务提供经过处理的信息；第二层次即传统的业务逻辑处理，实现综合信息服务不断增加完善的智能助导航、网上申报、网上订舱、统计报表中心等各种业务。

（1）基础数据处理

基础数据处理，是综合信息服务系统的底层核心业务之一，是信息服务的基础，需要对经过交换层初步处理的数据进行标准化深度加工。其主要功能要求如下：

①具有强大的信息标准管理功能，能适应多层次、多角度的数据清洗、加工规则灵活定制。

②具有完善的信息处理业务逻辑功能，能自由定制信息处理业务逻辑，满足自动数据加工与人工数据加工等多样化处理要求。

③具有完善的信息处理监控管理功能，能对基础数据处理环节进行全面监控与管理，并产生相关日志、统计报表等。

（2）业务逻辑处理

业务逻辑处理包含了综合服务信息系统在数据交换、集中、加工基础上，能够提供的各类传统意义上的“业务服务”。主要内容如下：

①提供先进智能助导航功能，实现电子航道图自动更新服务，帮助船舶实现智能航行、智能避碰、智能预警、智能调度等目标，提升船舶航行智能化与安全性。

②提供网上政务服务，实现网上统一入口的船舶营运证、签证、企业许可证、航线审批、消防审批等行政审批申报、受理、反馈等全程政务服务，提高政务服务效率，提升行业管理信息化水平，服务港航企业。

③提供网上商务服务，为航运交易提供全方位的网上服务平台，实现船货撮合、船舶交易、人才招聘、行业信息发布等深层次航运商务服务，提升行业竞争力。

④提供网上公众服务，面向公众提供政策法规、旅游及出行服务等行业信息服务，提升行业影响力。

### 4.3.4 信息发布层

信息发布层的作用是将业务处理层的处理结果打包、封装，进行信息发布与展现的处理与解释，提供给用户界面层及其他外部系统，并以一种非线性的方式来响应用户的请求，对用户的输入做必要的处理，解释用户输入的逻辑反馈给业务处理层，与业务处理层的逻辑互操作来验证用户的输入。在业务处理层中用户的输入得到验证、处理或操作，然后信息发布层再把业务处理层所得到的结果进行加工后反馈到用户界面层展现给用户。信息发布层承担了重要的承上启下的责任，其功能要求如下：

（1）个性定制信息打包、封装发布规则，能够将业务处理层输出数据按用户需求形成数据包，对外发布服务。

（2）接收用户界面层原始数据，进行初步处理，反馈至相应业务处理层；接收业务处理层反馈，封装后发布至用户界面层。要求信息发布层具备高效安全的数据处理及传递机制与保障。

（3）具有灵活数据访问及发布权限控制管理功能，保证信息发布的安全性。

### 4.3.5 用户界面层

综合信息服务系统是一个以网络应用为主体、支持多种终端的系统，将信息发布层与用户界面层分离开，其主要目的是增强系统界面灵活性、提升用户易用性。用户界面层负责将信息显示给用户，并采集用户输入的数据信息，实际的操作逻辑运行在服务器端，这样可以尽量减轻用户客户端压力，并着力对用户界面进行多种类、多层次、多样化设计，满足不同用户、不同终端的界面需求，全面提升用户体验，有利于系统推广与应用。

用户界面层承担着向用户显示问题模型和与用户进行操作和I/O交互的作用。用户界面层的设计，既包含快速交互的技术问题，也包含人性化、多样性的非技术性设计问题。其功能要求如下：

（1）高效接收用户输入及展现系统输出，提供文字、拼音等联想输入，输出显示形式多样，具备较高的易用性。

（2）具有丰富灵活的界面定制、选择功能，提供方便实用的定制工具；用户能对系统提供的定制内容进行选择、引入或自定义定制内容、组合定制内容；系统能根据用户使用选择倾向和历史统计自动修改定制信息，适应用户个性化界面显示需求。

(3) 根据某种条件，或者某个流程，用户界面之间在进行切换时，有一定的逻辑，即显示逻辑。用户界面层的框架应当能够管理这种显示逻辑。由于浏览器和服务器之间的无状态连接，以及页面增删的灵活性（非编译的应用程序），页面之间在进行切换的时候，涉及系统的稳定性以及页面间数据传递的问题，用户界面层的框架应当能够在这个方面进行有效的管理。

(4) 提供同应用服务器的通信功能，使信息发布层能通过多种方式向用户界面层提供服务，方式可以表现为各种远程通信协议。

(5) 用户界面层应具有一个可维护的、可扩展的结构，以满足不断变化的现实需求。

# 5 综合信息服务网络架构设计

综合信息服务系统网络架构设计用以解决航运各支持保障单位网络的互联互通问题，构建业务系统数据整合的基础平台，进而引导数据网络、数据交换的规范化建设和管理，为业务协同和信息化创造条件。

## 5.1 综合信息服务系统数据采集网络

综合信息服务系统数据采集网络作为综合信息服务系统的基础，一般由多节点、多层次的采集网络结构及多业务系统共同组成。航运信息采集网络由海事、航道、船闸管理等职能部门的信息采集网络构成，下面将对这些部门的信息采集网络及业务系统网络架构进行分析。

### 5.1.1 航运信息采集网络

（1）海事管理部门信息采集网络

海事管理部门需要管理大量实时监管信息，如 AIS、VTS 系统实时信息，并且需要与相关方进行信息交互，对网络稳定性要求较高。一旦出现网络阻塞，海事管理部门业务开展和航运安全管理将会受到严重影响。海事业务信息属于采集网络承载的关键业务信息，对信息安全性要求高。

海事管理部门的信息采集网络采用三级星型架构，各分支节点间无交互关系，依赖中心节点进行数据的交互和转发；如果中心节点出现网络堵塞或设备故障，这些现象影响将影响整个系统运行效率、影响业务持续性，严重时会导致系统瘫痪。

按照海事管理部门的业务特点，其信息采集网络改造重点如下：

①结合多级星形网络结构与核心级环形网络，设计稳定、可靠的核心交换层，分局接入规划；

②结合网络融合特点，多业务中心平滑接入业务上线；

③设计动态、智能控制策略与调度方案，达到主次分明、承载有序。

（2）航道管理部门信息采集网络

航道管理部门需要实时采集航道相关数据，对实时数据和历史数据均有安全性保障的要求，一旦业务系统中断或出现数据丢失航道安全管理和船舶通行安全将受到严重影响。

航道管理部门的信息采集网络采用星型架构，与下属单位及相关单位互连。中心节点存在单点故障隐患，增加了系统运行风险，此外由于航道实时数据量大，缺乏容灾设计将难以防范突发故障导致的业务中断或数据损坏。

按照航道管理部门业务特点，其信息采集网络改造重点如下：

①建立容灾机制；

②对航道中心节点冗余设计并提供数据汇聚传输的带宽保障；

③对航道实时数据信息的采集手段及策略的优化。

(3) 船闸管理部门信息采集网络

船闸管理部门采用助航服务系统，实时采集应用数据并进行信息发布，业务应用数据量较小，但对信息实时性要求高。系统结合 VTS、CCTV、GPS 等船舶跟踪、监控、管理系统，数据量扩充幅度大，系统对网内信息阻塞敏感。

船闸管理部门的信息采集网络设计也采用星型结构，与相关单位互连，系统缺乏核心交换能力的可靠保障，缺少数据分流控制功能。

按照船闸管理部门业务特点，其信息采集网络改造重点如下：

①加强核心交换能力，构建可靠广域互联链路；

②对应用数据、CCTV、GPS 等信息汇聚、传输进行策略设计；

③对节点数据信息传输采取安全性更高的部署。

(4) 航运综合管理部门信息采集网络

航运综合管理部门对航运进行综合管理，各相关单位数据均汇集到航运综合管理部门的信息采集网络中，这些数据在航运综合管理中起核心作用。

航运综合管理部门的信息采集网络包括内部网络和外部网络，承载综合信息服务系统网络核心信息的汇集和处理。综合信息服务系统汇聚的信息量大，类别繁多，对数据安全性传输要求高，需要加强核心交换层交换能力和优化负载均衡。综合信息服务系统网络架构应形成冗余架构，增强网络间信息交换的可靠性。在增加网络传输带宽的同时，系统应实施带宽分配策略管理，以达到既满足大流量、突发信息的传输，也保证关键业务流的稳定传输的效果。

按照航运综合管理部门业务特点，其信息采集网络改造重点如下：

①加强核心交换层的交换能力，部署负载均衡机制与冗余机制，提高交换的效率和可靠性；

②提高技术支持服务质量（QoS)，保证稳定、可控的网络链路连接；

③部署容灾备份系统，保证涉密及重要数据的抗灾性及可恢复性；

④对局域网进行访问管制，兼顾安全性与实用性；

⑤加强信息安全防护，采用内、外网兼顾建设原则，采用安全策略协同配合。

### 5.1.2　航运典型业务系统的网络架构分析

(1) 航运物流类信息系统

航运物流类信息系统涉及航运物流业务信息传输和存储，部分该类信息系统存在主干交换网络缺少冗余设计、内部互连单位未配置安全隔离措施、外部互连单位缺少安全审计设备及服务器防护等问题。内部互连的航运物流类信息系统示例如图 5–1 所示，外部互连的航运物流类信息系统示例如图 5–2 所示。

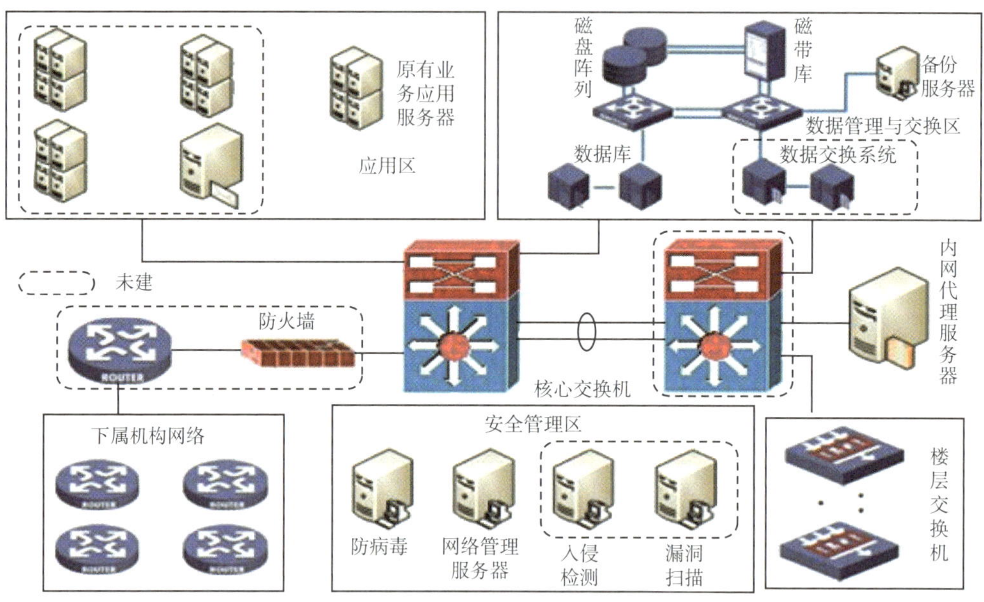


图 5–1 内部互连的航运物流类信息系统网络结构图

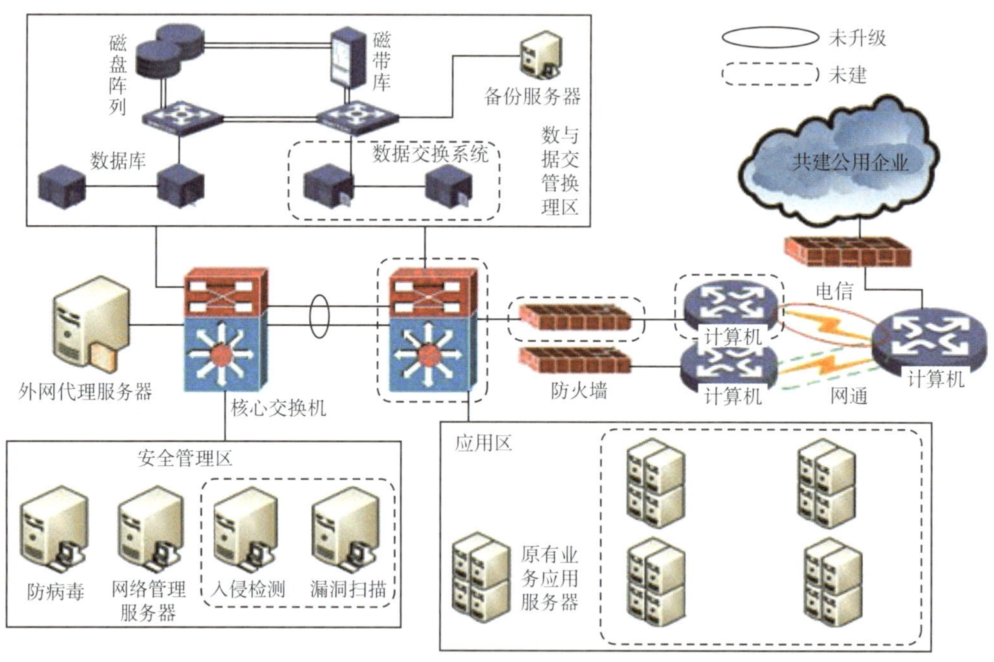


图 5–2 外部互连的航运物流类信息系统网络结构图

（2）航运应急类系统

航运应急类系统整合了各类通信手段，如视频会议、电话、短信、传真、网络通信，构建了多功能应急会议平台和协调指挥体系。各类通信的可靠性和网络带宽问题是承载网络的核心问题。系统发布网络的建设以及 GPS 系统、CCTV 系统等基础支撑系统的建设和完善，将有利于协同指挥工作的开展。

（3）AIS 类系统

AIS 系统基站以链状形态分布，沿流域覆盖。AIS 数据经由岸基网络传输。伴随 AIS 系统承载业务流量增大，系统上下行链路负载将加重。系统优化重点在于带宽预留和共享下的 QoS 保障、数据库安全部署及 AIS 网络控制可靠性建设。

（4）航道数据采集类系统

航道数据采集系统在兼顾制图测量数据安全性的同时，必须确保航道信息能够得到实时更新。其建设重点为智能采集网络，同时需要加大系统信息录入量，确保航道图数据的精确度，并结合 GPS、应急指挥、AIS 系统的协同模式进行搭建。

（5）船舶过闸调度类系统

船舶过闸调度系统的建设重点是定位、实时。系统搭载 GPS 系统与通航调度系统。船舶定位信息通道与过闸调度信息通道分离，终端部署 C/S、B/S 发布接口。系统在缓解链路拥塞、降低调度系统维护与升级难度的同时，加大了后台维护、增加了传输通道、提高了系统性能。船舶调度与 GPS 系统示意图如图 5-3 所示。

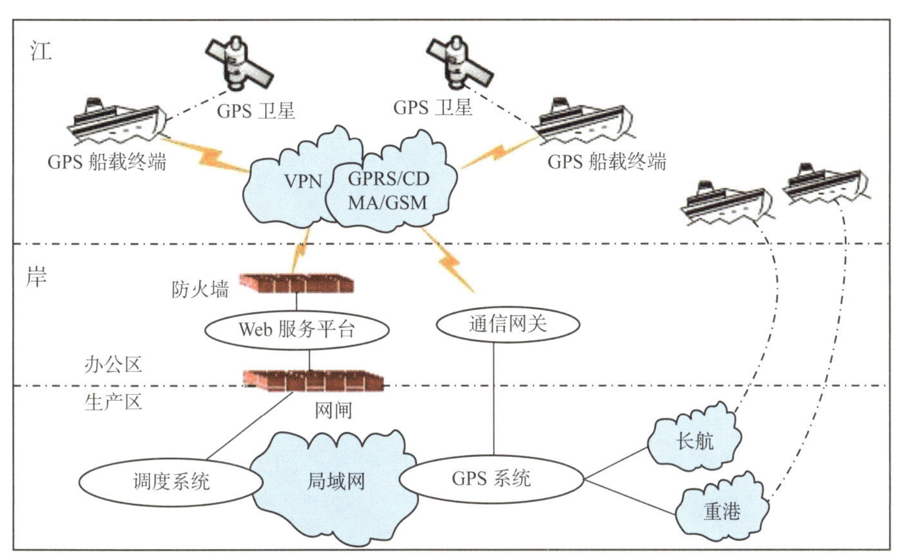


图 5-3 船舶调度与 GPS 系统示意图

## 5.2 综合信息服务系统网络解决方案

### 5.2.1 需求分析

（1）业务需求

针对政务、行业、公众服务内容和服务范围，综合信息服务系统网络构建应当整合各业务局信息资源，达到既满足系统内各单位业务协同，又满足服务信息能够进行有效发布的要求。

（2）系统功能和性能需求

合理设计带宽利用方案，满足日益增长的带宽性能需求；充分考虑网络稳定性，既提供独立可靠的运行环境，又能为各业务系统交换数据提供支撑；设计系统容灾备份方式、网络安全隔离方式及隔离条件下数据交换方式，满足网络安全互联及系统高可用性；提供智能的网络管理解决方案，达到“以应用为中心”的智能网络运营维护能力。

（3）服务对象需求

面向以船务公司为代表的外网公众信息服务对象，系统服务信息发布应易懂、准确、便捷。面向内网业务应覆盖服务对象，系统应提供快速、可靠、易管理的信息交互平台。

（4）整合相关系统需求

综合信息服务系统覆盖面积广，涉及系统众多。各系统之间需要统一交互对象，规范对象格式，制定交互接口，协调、完善各系统内和系统之间安全防范措施，保障系统安全运行。

### 5.2.2 建设原则

综合信息服务系统网络架构应符合以下原则：

（1）综合性原则

能为多种数据、语音、视频提供统一的综合网络传送平台。

（2）可靠性原则

支持 QoS 保障，具有较高的容错能力，具有抵御外界环境和人为操作失误的能力。

（3）高性能原则

具有高转发能力，具有较高的传输带宽，确保网络具有较高的吞吐能力和效率。

（4）安全性原则

具备多重安全防护措施，可抵制内、外网发起的网络攻击。

（5）扩展性原则

通信协议和系统接口设计符合国际标准，具有通用、开放及易扩展性；同时易于增加新设备、新用户，易于和各种公用网络连接，方便接入不同厂商设备，并且充分考虑原有资源的利用，最大限度保护投资者的利益。

（6）管理灵活原则

网络平台支持虚拟化网络，整个网络可以进行远程控制，达到集中管理的目的。

（7）先进性原则

网络构建采用的技术兼顾稳定性和实用性的同时，还需考虑技术的前瞻性和先进性，使其能有效应对今后技术发展的需求。

### 5.2.3 方案设计

（1）系统架构设计

针对各业务部门的网络架构，构建横向网络拓扑系统。各业务部门需实现广域互联，因而对可靠性和弹性扩容能力提出了更高要求，即网络节点接入与拆分对业务影响需达到最小，区域网络故障不影响核心网络稳定性，多业务中心（数据中心、同城灾备、异地灾备）能够平滑接入和业务上线，复杂业务模型能够得到智能流量控制等。承载平台型广域组网模型能满足以上需求，其网络构架如图 5-4 所示。

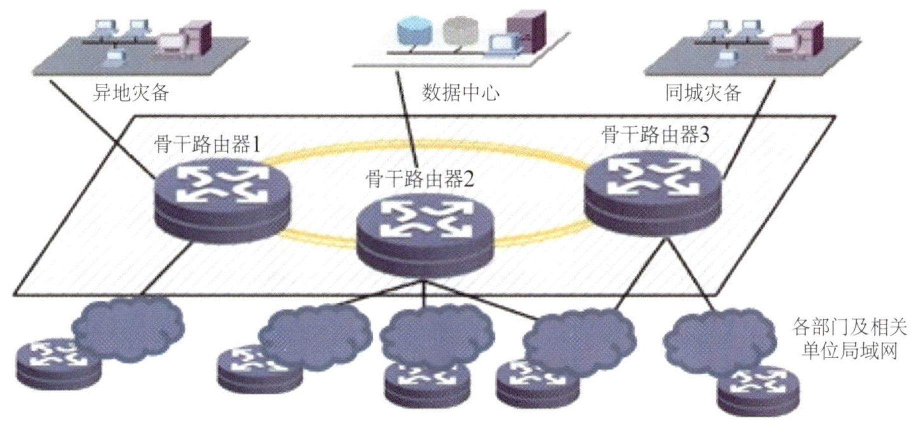


图 5-4　互通互联承载平台网络构架

承载平台型广域网组网模型，采用环网结构，可为部门间、各部门与数据中心流量交互提供稳定的网络平台。各业务部门通过区域中心核心路由接入核心网平台，部门内流量交互不占用核心平台资源，部门间及各部门与数据中心交互业务通过核心平台交换。核心网络平台与各部门网络划分独立路由自治域，便于保持网络稳定性和业务路由策略控制。区域内部网络调整或故障不会扩展到核心网络及其他区域网络，可以有效隔离局部网络震荡对全网业务的影响。为满足更高业务承载能力及网络可靠性要求，核心网采用双平面网络结构扩充带宽，提供网络级冗余，其网络构架如图 5-5 所示。

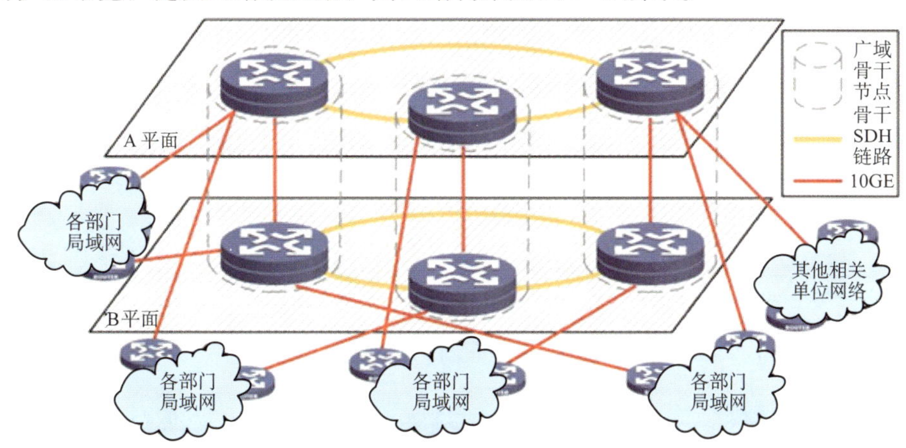


图 5-5　互通互联双平面网络构架

基于图 5-5 中的双平面架构方案，本地区各业务部门形成平面各骨干节点，分别部署两台骨干路由器，分属 A、B 平面。相同平面内骨干路由器之间租用运营商 SDH 链路连接组成环网。骨干节点内的两台路由器之间利用 10GE 光纤互连。由此广域骨干网形成两个相对独立的转发平面与控制平面，形成平面间互为备份的网络架构。同时，异地部门以多条 10M 宽带的电路接入本地网络。此外，其他业务相关单位通过低速宽带的电路接入 A 平面网络。

（2）系统网络设计

综合信息服务系统所集成的众多业务中，核心业务是公共服务。综合信息服务系统须保证服务信息可靠、及时地发布；同时，须保障数据采集与生产安全、可靠的进行。业务局域网既需要实现物理隔离，同时又要保证数据交换不受到影响。

基础网络架构应包含网络核心区、数据中心区、主业务及应用服务区、安全控制区、数据备份区等。

①某航运管理部门网络结构设计分析

该部门承载综合信息服务系统核心数据交换业务，分为外网和内网两部分，分别采用接入层、汇聚层和核心层三层架构，如图 5–6、图 5–7 所示，提供多业务系统独立网络环境，实现链路与流量汇聚，实施网络集中管理。

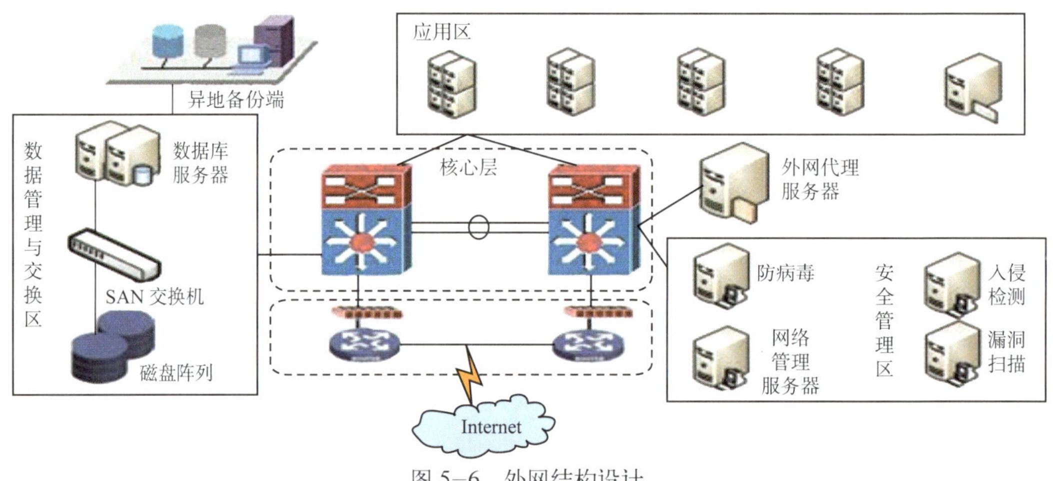


图 5–6　外网结构设计

图 5–7　内网结构设计

②某海事管理部门网络结构设计分析

沿用其网络原有环状链接，深化网络融合，集中部署数据中心、服务器群及容灾设计，如图 5–8 所示。

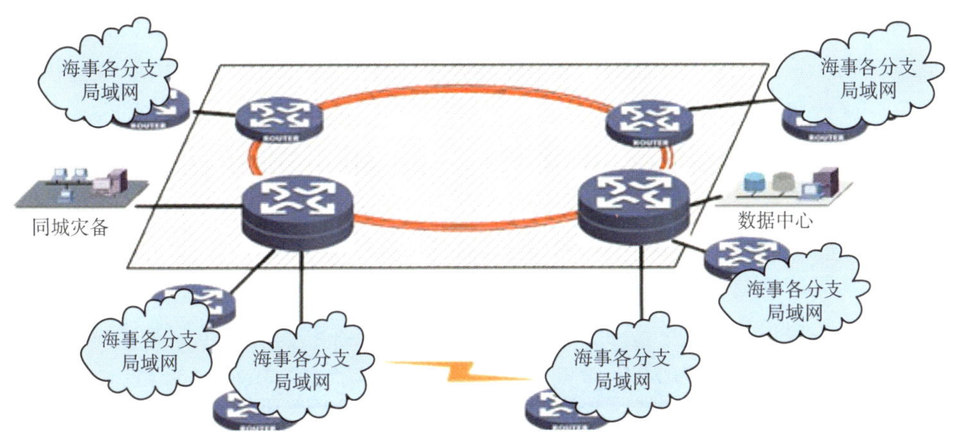


图 5–8 海事网络结构设计

③某航道管理部门网络结构设计分析

该部门业务流量由多点分支汇聚至中心，分支间无交互需求，采用扁平化组网模式形成数据中心，实行统一的业务网络管理与安全策略部署。网络架构可随业务调整发生改变，结构更精简、访问效率更高。航道网络结构设计如图 5–9 所示。

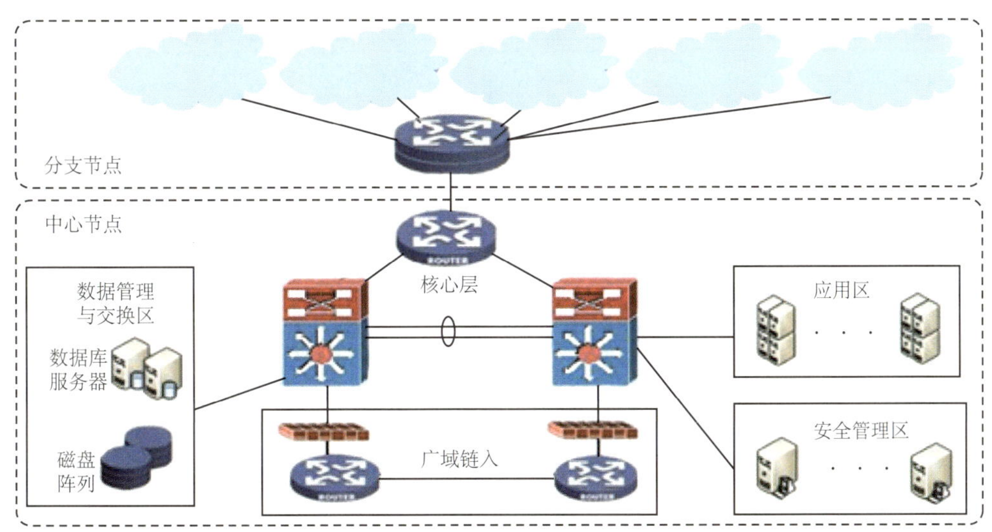


图 5–9 航道网络结构设计

从图 5–9 可以看出，各局域网核心交换采用双核心结构，核心路由通过热备份路由协议互相备份。航道网络采用优先级的设计，实现主备模式。两台核心交换设备之间采用双 GE 捆绑方式实现全链接，通过端口聚合的方式获得高带宽。核心骨干层将具有万兆位级带宽和处理性能。

交换设备全面支持多协议标签交换（MPLS），可以为基于内部网络的业务隔离及QoS提供可靠技术基础。组网形成的汇聚链路仍采用双核心结构，通过中端核心交换机实现汇聚交换，通过热备份路由协议互为备份。

航道网络结构通过优先级的设计，实现主备模式，承接接入网络与核心交换，提供主干链路管理、VLAN划分，实现链路与流量聚合，使各部门接入网络采用单台交换机通过双线路接入汇聚链路，采用冷备份的方式，使数据全部通过主汇聚交换机实现路由交换。

（3）系统接口设计

综合信息服务系统是以单平面或双平面承载平台组网模型设计的广域网。各部门由内网路由器实现由内部网络互联及IP路由转发，具备POS、GE等光、电端口，在链路上可与其他网络设备灵活连接，支持形式最短路径优先（OSPF）路由协议，实现网络搭建。

核心交换设备提供高密度、万兆级的高带宽端口接入能力，全面支持MPLS，为基于内部网络QoS保障、业务隔离提供技术基础。提供光纤端口及以太网端口，通过GE光、电口部署内网连接设备。

外网互联网接入骨干路由器能够使系统在可靠性及处理能力方面达到运营级要求，同时具有高交换容量、高处理能力，并能丰富接口的接入设备。骨干路由配备POS口与ISP核心路由互联，通过GE端口与外网核心交换设备及外网服务器连接。核心交换机提供高密度、高带宽端口的接入能力，为网络扩展性提供可靠保障。

内部网络与外部网络通过安全隔离网闸接口互连，实现“数据摆渡”，达到安全隔离及数据交互的目的，如图5–10所示。

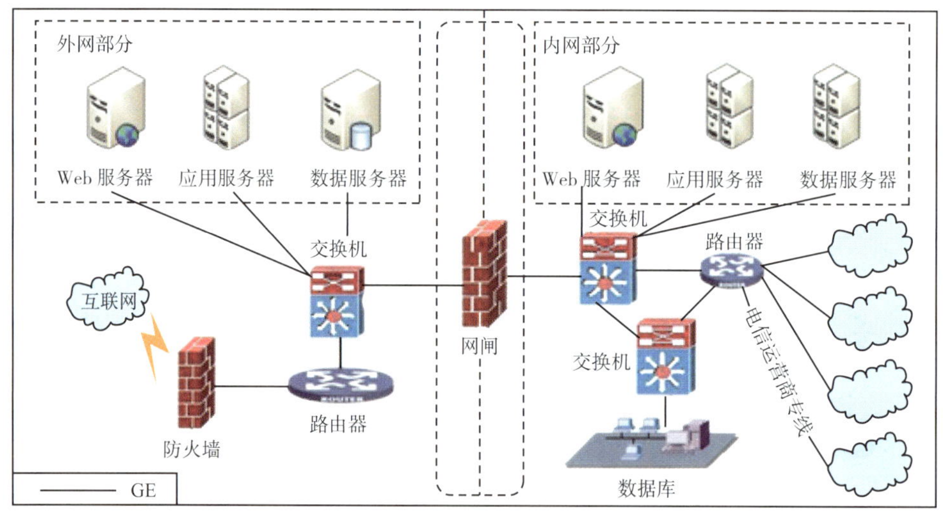


图5–10　内外网接口设计

（4）系统关键技术

系统关键技术包括路由选择、网络管理设计、VLAN技术应用、采集手段升级，其中较为重要的是网络安全、容灾体系部署、QoS技术支持及软件定义网络（SDN，Software Defined Networking）的应用。

①路由协议规划

路由协议分为静态路由协议和动态路由协议，其相应的路由表称为静态路由表和动态路由表。路由协议是用来确定到达路径的，它包括路由选择信息协议（RIP）、内部网关路由协议（IGRP）、加强型内部网关路由协议（EIGRP）、OSPF、中间系统到中间系统（IS−IS）、边界网关协议（BGP）。RIP 的算法简单，但在路径较多时收敛速度慢，广播路由信息时占用的带宽资源较多，它适用于网络拓扑结构相对简单且数据链路故障率极低的小型网络中。IGRP、EIGRP 为思科公司的私有协议，限制了使用范围。OSPF 能够在自己的链路状态数据库内表示整个网络，这能够极大减少收敛时间，并且支持大型异构网络的互联，提供一个异构网络间通过同一种协议交换网络信息的途径，并且具备同 cost 多链路负载均衡、路由分层、路由验证等功能。IS−IS 协议类似于 OSPF 协议，但该协议在整个路由器上只能全部属于一个区域，区域边界位于两个路由器之间，路由器的 LSDB 按 Level 来维护。BGP 为边界网管协议，用于网络运营商级系统。系统网络路由协议规划如图 5−11 所示。

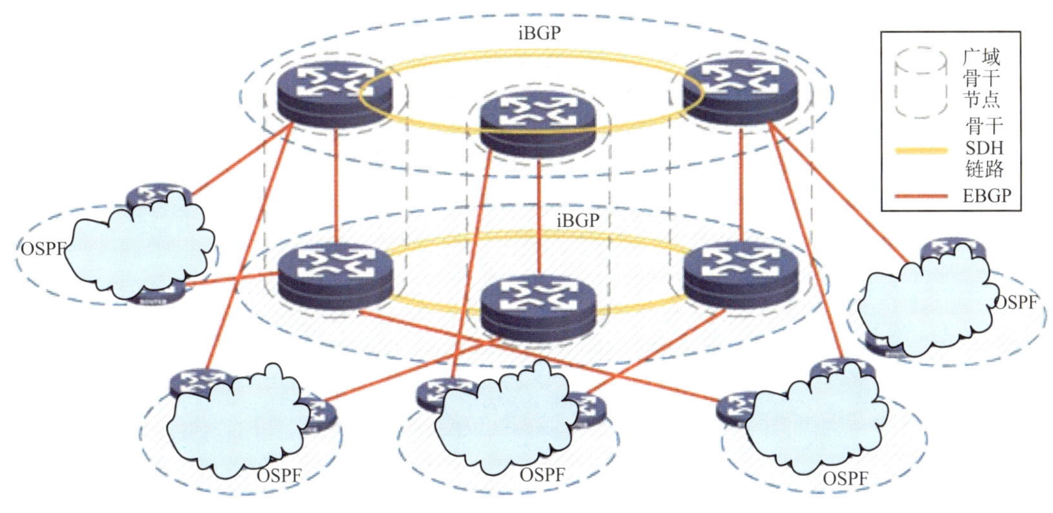


图 5−11　系统网络路由协议规划

针对广域网络拓扑结构设计，内部网络网关协议采用 OSPF 路由协议和静态路由协议联合部署。接入链路采用静态路由接入，采用无类别路由协议；汇聚链路、核心交换层及广域网链路采用动态路由。Internet 接入采用静态路由方式，将边界静态路由通过边界路由器进行重新发布。除 Internet 的网络之外，整个网络不使用缺省路由。由区域边界路由器进行路由聚合操作，可减少 OSPF 路由域中路由条目。

OSPF 协议在拓扑网络结构中通信量小，网络效率高，是综合信息服务系统优选的路由协议。OSPF 克服了数据报传递跳数的限制，并可以对广域网进行分区管理，将一组网络、主机、工作站、路由器等规划成为一个分区（Area），使得路由信息传递主要限制在分区内部。分区之间信息传递大为减少将进一步提高网络效率。OSPF 支持无类域间路由（CIDR）简化 IP 网络地址的管理，并减少网络上传输的路由器信息。静态路由协议是最利于安全管理的一种路由协议，在接入链路和 Internet 网接入中使用静态路由符合内网网络建设原则。

② IP 地址规划

IP 地址空间的分配与合理使用与网络拓扑结构、网络组织及路由策略有密切关系，影响到网络路由协议算法的效率和网络的性能，决定着网络可扩展性和可管理性。

IP 地址规划需遵循唯一性、连续性、扩展性、实意性的基本原则。规划内容包含设备地址（包括网络互联地址）、业务地址、环回地址等。

在考虑骨干网 IP 地址进行规划的同时，应充分考虑本地网络对 IP 地址的需求。IP 规划改传统的定长掩码（FLSM）编址方式为变长掩码（VLSM）编址方式和无类别域间路由（CIDR）。VLSM 是在类的 IP 地址基础上，通过其主机号部分借出相应的位数作为网络号。CIDR 是一个在 Internet 上创建附加地址的方法，将地址提供给服务提供商（ISP），由 ISP 分配给客户。CIDR 将路由集中起来，使一个 IP 地址代表主要骨干提供商服务的几千个 IP 地址，从而减轻路由器的负担。

IP 地址的分配采用 VLSM 技术，保证 IP 地址的利用效率；采用 CIDR 技术，减小路由表大小，加快路由收敛速度，减少路由器的开销，提高系统互联与信息转发的效率。

③ VLAN 规划

综合信息服务系统涉及大量数据汇总、聚合并承载多个业务系统。VLAN（虚拟局域网）的规划将按照业务划分，在内网划分不同逻辑子网，保证信息流向有序及业务运行环境的独立性，可抑制局域网内的广播风暴、病毒、控制访问，提高网络带宽性能，简化管理，增强网络的灵活性。

VLAN 的划分方式包括按端口划分、MAC 地址划分、网络层划分、IP 广播划分、基于规则划分、用户定义划分。以上划分 VLAN 的方式中，基于端口的 VLAN 端口方式建立在物理层上；MAC 方式建立在数据链路层上；网络层和 IP 广播方式建立在第三层上。按端口划分、MAC 地址划分使用较广泛，端口划分属于静态 VLAN 技术，MAC 地址划分属于动态 VLAN 技术。

采用动态 VLAN 技术，通过 MAC 地址划分 VLAN，能够增加子网移动性。VLAN 采用 VMPS 技术，基于源 MAC 地址的动态的、在交换机接口上划分 VLAN。当某接口主机移动到另一接口上时，VMPS 动态为其制定 VLAN。

VLAN 的规划致力于解决系统融合后信息汇聚量大，信息流向混乱的局面，完成网内访问限制机制设计，方便综合信息服务系统内网的办公和信息安全隔离。

④网络管理设计

综合信息服务系统的网络管理设计层次主要包括：业务管理层，负责管理客户信息、服务质量与专线管理等；网络管理层，主要实现大规模网络层的管理能力，实现端到端的业务管理、警告和资源管理；网元管理层，管理各种网络设备，重点关注对单个网元的管理，包括警告、性能、故障、配置、安全等。

网络管理通过标准网络管理协议向各个被管代理发送请求信息，同时接收各个被管代理的通告或者中断消息；被管代理接受来自管理站的命令，执行对代理 MIB 信息的查询或者修改，并发起响应事件。网络管理协议负责封装和交换工作站和代理之间的命令和响应信息。统一网络系统采用客户端／服务器结构，网管与设备之间只要 IP 可达即可。在实际的组网过程中，对应不同的网络规模选用不同档的网管服务器。设计中采用网管软件，基于 Web 的管理界面，要求网络设备支持标准的网络管理协议（SNMP），核心设备要求支持远程分析端口（RAP）协议。

⑤容灾备份系统设计

综合信息服务系统信息中心采用两种备份方式联动，以保障数据安全。两种备份方式为 LAN–Base 和 Server–Free 备份方式。

A.LAN–Base 备份方式设计方案

针对系统内网和外网两个网段中应用区各类应用服务器集中备份的需要，采用 LAN–Base 备份方式进行本地备份。

备份服务器在外网和内网拓扑连接中直接与应用服务器链接在一个备份区内。数据传输以局域网络为基础，预先配置备份服务器，负责整个系统备份操作。内网备份服务器放于专用备份局域网内，使备份进程与普通工作进程相互干扰减少，保证了主局域网的工作性能；使备份数据不占用大的网络带宽，对主局域网的性能影响减小。设计采用磁带库共享集中备份管理，适合应用于服务器群局域备份。

B.Server–Free 备份方式设计方案

面对内、外数据管理与交换区中海量数据备份和保护，采用 Server–Free 备份方式。Server–Free 采用异地备份方式，如图 5–12 所示。

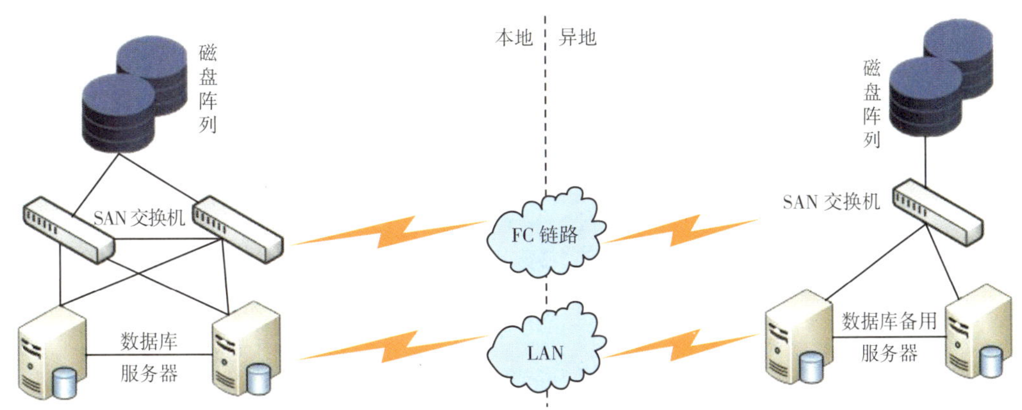


图 5–12　Server–Free 方式异地备份

在本地采用多台 SAN 冗余交换机与数据库冗余服务器相连，结构冗余能够为系统提供更可靠的保障。该方案通过 FC 光纤链路连接异地 SAN 交换机实现异地备份。配置在异地的数据库备用服务器为本地数据库服务器在遇灾后进行快速数据恢复，并通过 LAN 链入主局域网。该方案在重复数据备份时，能够进行冗余消除处理，减少备份所需存储介质和时间，减少备份所需网络带宽。尤其对于异地 FC 链路，该方案采取本地磁带备份与远程容灾措施，按其重要程度确定数据备份等级，配置数据备份与容灾策略，采用先进数据容灾和灾难恢复技术，保证信息系统的可靠和数据安全。

容灾系统的部署目的是为了满足综合信息服务系统数据中心对于容灾性能的需求，增强系统可靠性及可恢复性。综合信息服务系统配备容灾机制，将使业务数据实现有效汇集和管理，达到最优性价比。SAN 存储系统扩展性好、升级能力强，投资保护性强。存储系统支持数据集中式管理，相关业务系统或全部应用系统为统一存储系统管理，采用开放式体系结构，支持多种系统平台接入及异构环境数据共享；提供存储介质、接口设备及连接链路冗余支持，完全符合系统建设安全性、可靠性的要求。存储灾备系统向网络客户端及应用服务器提供高效可靠数据存储服务的同时，对应用系统运行效率及网络速度无明显影响。

⑥分布式无线传感器网络

分布式无线传感器网络 DWSN，(Distributed Wireless Sensor Networks) 综合了微智能传感器技术、嵌入式计算技术、分布式低功耗信息处理技术、弱能源依赖技术和现代网络及无线通信技术。网络中部分或者全部的节点根据变化的任务及网络拓扑需求（节点失效、性能恶化），以自组织形式进行聚集和重组，创建临时网络。网络每个节点都能收集数据且对感知数据进行初步处理，将信息通过多跳中继进行更大范围的发送，并以无线形式传送到远程中心进行集中处理与决策，从而实现分布式计算。DWSN 组成包含：传感器节点、网关节点（Sink）、通信平台（互联网或专网）和任务管理节点。DWSN 体系架构如图 5-13 所示。

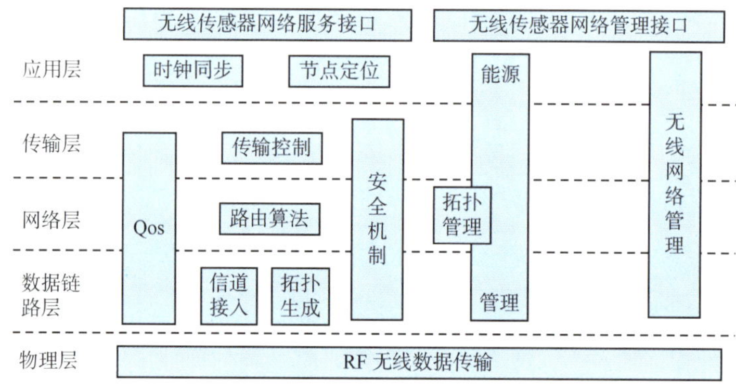


图 5-13 DWSN 体系架构

分布式无线传感器网络可以有效提升航道信息采集系统的信息采集技术，提高 AIS 系统、电子航道图等系统的可靠性。对于长江沿岸，尤其是关键港口和码头的数据采集和信息处理，DWSN 可以发挥优于其他采集系统的优势，适应航道数据采集的需求。

DWSN 在环境领域中能够用来研究环境变化，通过监测降雨量、河水水位和土壤成分，依此预测山洪、泥石流等自然灾害的可能性；在采集数据的基础上，通过数据分析和处理的结果，对航道安全维护与突发灾害状况进行预测及反馈。随着人们对于环境问题的关注程度愈来愈高，需要采集的数据量也愈来愈大。无线传感器网络能够为随机性研究数据的获取提供便利，避免了传统数据收集方式给环境带来的侵入式破坏。分布式无线传感网络对传统航道信息采集形式给予补充，通过 DWSN 的接入，提供实时、准确的信息汇聚。

⑦网络主动防御

网络主动防御是指在各网络的安全建设中，采用网络主动防御措施抵御由内、外网发起的网络攻击，协同原有网络安全措施为综合信息服务网络的融合提供全方位安全部署，如图 5–14 所示。

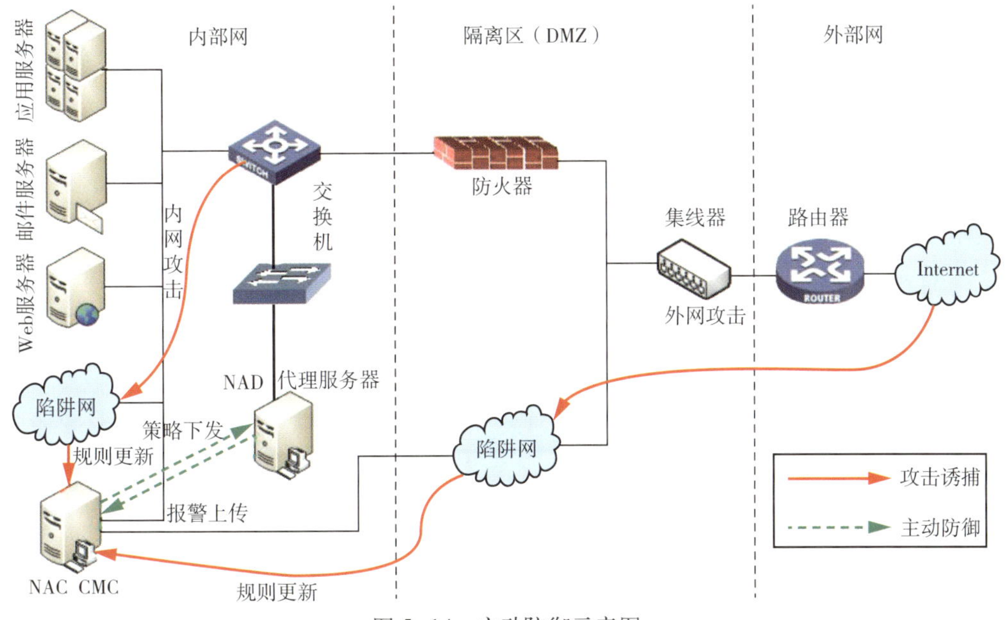


图 5–14 主动防御示意图

网络级主动防御提供智能化异常行为检测、网络安全故障物理定位与隔离，并具有网络运行环境自适应性。该体系包含入侵知识的获取与入侵知识的使用两部分。陷阱网络负责获取入侵知识，网络主动防御系统（NAD，Net Active Defense）中 NAD CMC（Network Active Defence Control and Monitor Center）和 NAD 代理服务器负责使用入侵知识完成对内网的防御。

该防御方案在外部网边界设置陷阱网络，检测所有进入数据包，包括绕过防火墙的数据包。陷阱网络对来自外部网络黑客病毒、黑客攻击实施诱捕，分析其特征并提取检测特征以更新 NAD CMC 上的规则库；在内部网区域设置陷阱网络与主干网络连接，负责诱捕来自内网的黑客病毒、黑客攻击，分析其特征，提取检测特征来更新 NAD CMC 上的规则库。

NAD CMC 部署在核心交换区，负责新策略部署。NAD 代理服务器对网络流量进行实时检测，在发生异常时向 NAD CMC 发送报警信息。NAD CMC 根据已知或未知预警信息做出判断，实现双重力度的检测。

此外结合网络管理设计，相关部门在局域网任意节点均可管理 NAD 系统，并可在 CMC 管理平台上完成配置、查看实时网络状况和网络历史状态、追踪可疑主机、排除网络障碍、隔离问题主机等操作。

在系统覆盖的网络面积大、信息量大、对于信息安全和系统稳定要求高的情况下，部署各类被动安全系统的同时，对于日益变化的攻击形式和手段，网络级主动防御策略应被重点考虑。CMC 部署在核心交换区上，代理服务器构建在各个子网内，经过配置、人工智能学习和网络监测实现主动防御。

⑧ QoS 设计

系统的带宽利用和传输服务质量控制语音、数据和视频等多数据业务系统稳定、可靠运行的保障。不同服务对网络传输要求不同，涉及参数为传输带宽、传输延时和抖动与数据包丢失。

针对此类要求，提出以下解决办法：

A. 根据业务需求选择两种 QoS 模型：综合服务模型（IntServ）、区分服务模型（DiffServ）中的一种；

B. 从核心网到区分服务边界的资源可用信号与从边界到客户端应用信号的格式建立区分服务模型；

C. 改良服务探索模型；

D. 配置 QoS 路由以及资源管理；

E. 敏感流的 IntServ 部署细粒度的数据包分类结合使用 DiffServ 的多领域的分类支持行为；

F. 改良 QoS 架构，规定小范围内核心服务配置文件，将所有其他配置文件放置在私有使用策略控制下；

G. 采用流量工程（TE），提出一套服务质量的控制方法为系统服务质量提供数据并反馈改进意见，实现间接 QoS 控制；

H. 根据不同的业务需求进行多样化的 QoS 部署；

I. QoS 基础设施建设及网络运营投资；

J. 提出 QoS 架构的任务，明确实际目标；

K. 将两种模型合并到点到点的模型中，使用 IntServ 架构允许用于网络互联，并使用 DiffServ 模型管理网络资源的准许接入。

针对如何处理负载节点业务控制，提高网络传输质量，采用以下解决方法：

A. 采用基于综合 QoS 服务模型（IntServ）的状态方法；

B. 采用服务管理的无状态方法；

C. 建立聚集的控制模型：聚集的预留资源协议（RSVP），在 RSVP 上运行 DSCP。

传统的 IP 网络容易发生拥塞，承载综合信息服务系统多种业务的广域网必须区别使用业务所需的 QoS。对于数据、视频和语音信息，需区分优先级。数据路径规划，需考虑约束集、网络拓扑和可用资源等，确保拥塞情况下系统能进行合理调度。

基于 MPLS 网络的区分服务模型（DiffServ）和流量工程（TE）技术，在多业务综合信息服务网络中全面部署 MPLS DS-TE 的 QoS 保障机制：

A. 采用 RDM 作为 BC 模式，并分配链路上每个 BC 相关带宽；

B. 在各局 / 广域网所接入路由器上配置每条链路上的缓冲区和带宽分配；

C. 决定各局传输信息所需的 CT 与优先级；

D. 通过内部网管协议（IGP）进行扩展，收集网络流量信息，实施约束路由，得到显示路由，通过 DR-LDP 建立、维护 LSP；

E. 根据需要配置速率限制和带宽预留；

F. 接入层对于不同业务类型进行有效标识和标记，基于物理端口、VLAN 或源目的 IP 地址等手段实现业务识别，并对业务加以 802.1P 优先级标记；

G．汇聚层设备进行业务重标记或者映射多级 QoS 调度，针对 Internet/BT 等非关键流量给予限制措施，同时完成基于 VLAN 的用户业务（语音、视频、数据）的 QoS 调度；

H．各局边界路由器部署 MPLS DS–TE 技术实现 DiffServ PHB，基于业务进行队列调度和拥塞控制，以确保语音与视频类业务得到高品质的 QoS。

将 DiffServ 和 MPLS 流量工程技术结合起来的 DS–TE，使得 IP/MPLS 核心网既可以识别业务又可以根据优先级为关键业务预留足够的资源并优先转发。MPLS 流量工程技术的融入，有助于实现负载分担及负载均衡。当网络出现故障时能实现快速路由切换，满足业务 QoS 的目的，效果优于单纯的 DiffServ 和 MPLS 流量工程。

⑨ SDN 技术应用

SDN 技术的运用使网络软件化并充分开放，从而使网络部署如软件一样便捷、灵活，以此提高网络创新能力，属于新型网络架构。基于软件的 SDN 控制器，负责维护全局网络视图，并向上层应用提供用于实现网络服务的可编程接口。控制应用程序运行在控制器之上，通过全局网络视图把整个网络定义成为一个逻辑交换机；同时，利用应用编程接口编写多种网络应用，如路由、多播、安全、接入控制、带宽管理、流量工程、服务质量等。SDN 控制器利用转发平面的网络抽象来构建全局网络视图。

OpenFlow 交换机是 SDN 的实例应用。OpenFlow 交换机由内部转发流表以及与外部控制器进行通信的安全通道组成。OpenFlow 协议指定了一系列基本操作。通过 OpenFlow 协议，SDN 控制应用可以直接访问并操控转发平面中网络设备，交换机则使用流表流水线进行数据包匹配与数据包转发。

OpenFlow 应用过程将是从边缘到核心的应用过程。OpenFlow 在数据中心网络里搭建虚拟机之间的转发路径，在三层网络基础上建立虚拟二层以太网转发平面，OpenFlow 扩展三层相对静态功能，根据数据流动态建立负载均衡决策路径，并依据虚拟化交换网络配置改变最优化的转发路径，从而简化了大型数据中心三层网络适应二层虚拟机移动性要求，如图 5–15 所示。

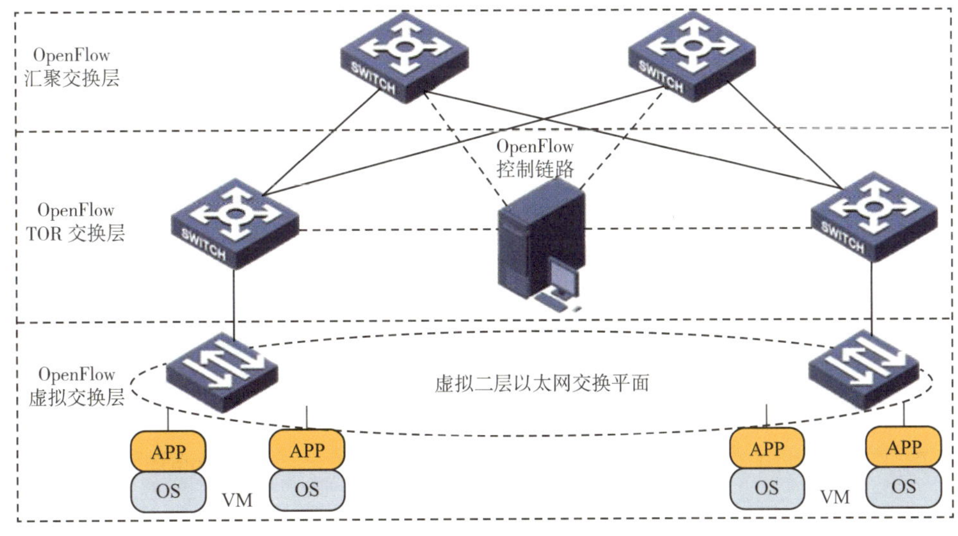


图 5–15　OpenFlow 交换机应用

综合信息服务系统一方面在核心层实现高可靠性和高性能，另一方面大量接入层设备成本成为基础架构成本的重要组成。为了进一步降低服务器成本，集中、整合与开源虚拟化是下一代网络架构的发展趋势，信息网搭载 SDN 理念成为合理需求。

⑩船岸通信中多跳网络技术应用

船岸通信均采取无线通信方式，根据内河传播途径不同可分为通过 VHF 频段传播（应用于 AIS 系统）、公共网络传播（应用于 GPS 系统）、船岸宽带无线网络数据传输（如 WiMAX 网络）。基于现行长江船岸通信网络的复杂环境及网络传输速率与覆盖面积之间的制约关系，在网络全覆盖、高速接入等需求不断提升的背景下，船岸通信网络有了更高的性能要求。由于通过 VHF 频段及 GPRS/CDMA 传输的数据量较小，系统建设较为普遍，系统提升能力有限，船岸无线宽带网络成为解决内河通信系统信息传输制约的有效手段。多跳网络与传统 PMP 网络结合方式如图 5–16 所示。

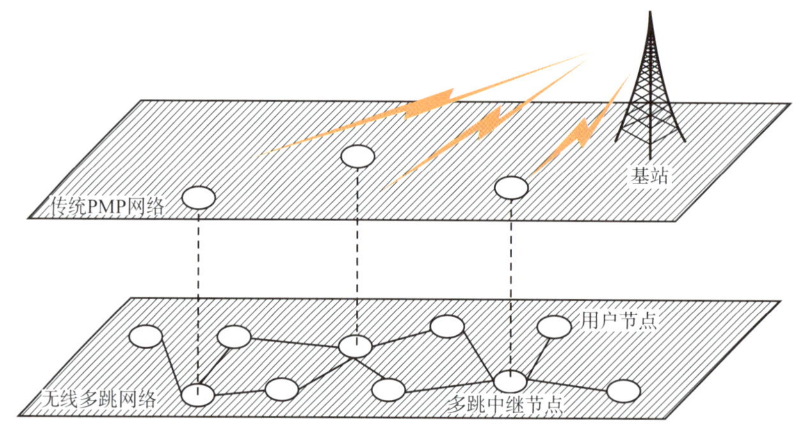


图 5–16　多跳网络与传统 PMP 网络结合图

在传统船岸无线通信网络中，基站的覆盖面积有限，由于障碍物对信道衰落的影响，信号的质量与速率都将降低。船岸无线宽带网络中多跳网络技术应用的架构策略将解决以下问题：

A. 降低基础设施铺设成本

多跳网络与 PMP 接入网络之间仅有数个接入点，在降低铺设成本的基础上，可以提高网络的灵活性及铺设速度。由于无须后端有线回程网络支撑，中继节点的复杂度及成本比传统基站低。

B. 提供高带宽及高可靠性

在多跳网络中，节点只与邻居节点通信，拥有较短传输距离及较高传输速率。相比传统 PMP 模式，网络路由更为灵活、可靠，可选择链路质量高的路径进行更为可靠的通信。

C. 扩展网络覆盖面积，提高网络容量

通过中间节点的多跳继承，能极大地扩充信号覆盖面积，更能提高通信小区边缘服务质量。

多跳技术的应用，不仅能够通过无线接入解决更广域及更深入的无缝覆盖，更能提供高速率的无线接入服务。多跳网络结合分布式 MIMO 技术，通过空间分集与复用技术，形成虚拟 MIMO 信道进行协同传输，解决船岸通信网络以下问题：一是空间分集，减少误比特率；二是空间频谱复用，减少信道资源浪费，提高系统健壮性；三是用户路径切换便捷，通过用户间协作，抵抗信道的多径衰落，克服阴影效应，增强通信质量并提高频谱效率。多跳无线网络协同中继选择策略如图 5–17 所示。

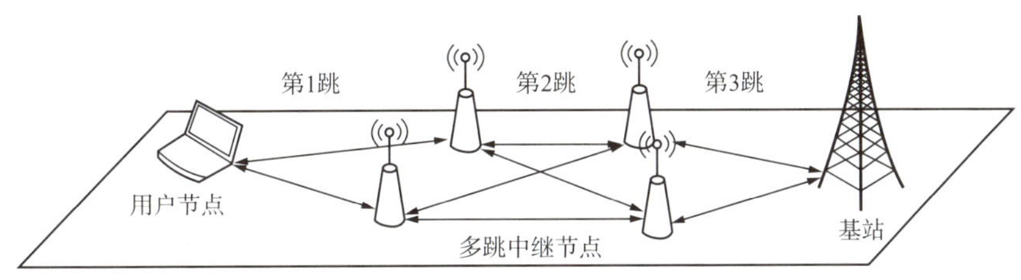


图 5–17 多跳无线网络协同中继图

通过骨干网络多跳结构体系与船舶等终端用户多跳网络体系的结合，形成混合式多跳网络，植入如 WiMAX 等无线宽带网络，并采用反应式路由协议，用于加强船岸通信网络互连可靠性及有序性。

(5) 设计边界条件

综合信息服务系统网络边界的主要设计目的在于部署公共服务器群，提供共享信息服务，部署安全管理区与安全边界接入方式设计，提供安全访问机制。

① Internet 接入边界

Internet 接入边界采用防火墙与边界路由共同搭建，接入公网。边界路由器完成 ISP 接入和 IP 地址翻译功能，防火墙完成访问控制策略。

②外网 DMZ 区

由于综合信息服务系统对网络安全级别层次要求不完全一致，外网部署 DMZ 区既能提供公网用户对综合信息服务系统获取服务信息，又能限制公网用户直接访问内网，保护内网数据安全，提供了一个安全级别介于外网和内网之间的网段，如图 5–18 所示。

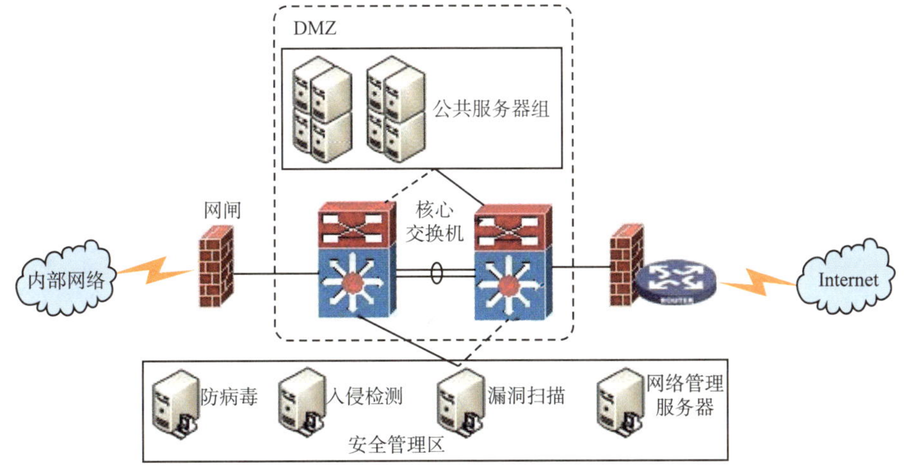


图 5–18 DMZ 部署示意图

部署 DMZ 区用于授予外部用户访问如 Web、DNS 以及 Email 服务器等公共网络资源的权限。DMZ 区内在服务器上安装基于主机的防火墙，并联动防病毒、入侵检测、漏洞扫描，在内网与外网之间设置一道屏障，能够有效增加网络攻击内网的难度，保障网络边界环境的安全。

③内外网边界

内外网边界采用安全隔离网闸设计，不允许交互式访问，可以最大程度防止对内网的未知攻击，确保网络安全所需的管理得以实施及便捷的维护。

④内网各局域网边界

与 Internet 接入相似，为有效过滤内部网络攻击，内网各局域网考虑局域网间部署内部网络防火墙系统，以有效过滤应用层流量。不同的是，接入 Internet 网络边界路由器使用包过滤防火墙，其进一步过滤任务由网络内部防火墙完成。

⑤局域网内 VLAN 边界

内网之间部署 VLAN 划分，为了有效的对内网不同的 VLAN 间用户进行访问控制，系统通过控制访问列表的方式设计各 VLAN 边界互联。在汇聚交换机上配置访问控制列表，对桌面用户的访问进行控制，在核心交换机上配置访问控制列表，完成桌面用户对核心公共服务区访问控制。

（6）安全体系设计

随着计算机技术的迅猛发展，安全的重要性越来越突出，大量安全设备或软件被采用，如防火墙、防病毒、入侵检测、漏洞扫描、VPN、审计、PKI，提高了网络安全水平，但仍存在容易忽略的薄弱环节，需要通过体系化的设计，对安全体系进行针对性规划。综合信息服务系统网络安全体系的建立、健全从以下六个方面开展。

①设备间互联安全

设备进行远程互联时，进行认证以确定对端合法的操作者或连接者。利用 OSPF 路由协议的认证机制进行路由器之间交换路由信息的认证，限制接收路由器传递的路由信息，从而加强设备间互联的安全性。

②局域网安全

通过VLAN技术应用加强局域网安全建设，基于以太交换机的VLAN(IEEE 802.1Q)，配合路由器的访问控制列表，控制内部网络无授权访问，保证网络内部的安全。

③广域网数据传输保密

广域网数据传输保密利用中高端路由器提供链路数据加密功能，采用协议 Internet 密钥交换协议（IPSec IKE）、AH 和 ESP 等，散列算法 MD5 和各种 SHA，加密算法（从独特的硬件加密算法到 3DES），另外还允许使用多种网络层次隧道协议（L2TP，GRE，IPSEC，VPDN 等），支持敏感数据在 Internet 和 Intranet 上安全传输。

④设备级安全

设备级安全主要指保障设备配置不被非法篡改或者查阅。实现此级安全的措施包括如下几方面建议：串口配置 LOGIN 口令，系统配置 ENABLE 口令，配置 TELNET 登录口令，广域网口配置列表过滤非指定地址段的 TELNET 请求。

⑤ Internet 接入安全

系统网络是一个安全性要求很高的 Intranet，从安全角度考虑，系统网络分为内网与外网。外网主要业务为 Internet 浏览。通过 NAT 隐藏内部网络信息；设置防火墙，结合漏洞扫描、入侵检测、主动防御和防病毒系统过滤数据信息。设置 Proxy 对上网人员进行认证及管理。

⑥安全防护部署

防火墙与入侵检测系统等安全防护部署的协同配合是综合信息服务系统正常运作的强力保障，系统中各个防护措施可相互配合、相互协同、联动工作。

### 5.2.4 效益分析与风险评估

（1）效益分析

综合信息服务系统的内、外网搭建，采取多重网络架构设计，在路由和交换上实现流量汇聚与过滤，使网络范围扩大。核心层设计提供了两站点之间最优的传输路径；分布层有效地对流量的安全分流、过滤及路由策略优化与发布进行统筹；每一层进行精确的流量规划，减少带宽浪费；网络的管理职能分布在各层，减少日常管理成本。

由于综合信息服务系统在拓扑结构上决定信息的传递遵循汇聚及发布模式。对于综合信息服务系统信息集中的数据特点，OSPF 路由协议及 QoS 策略部署将提高网络的性能，本地备份结合异地备份的容灾设计将保障数据安全。综合信息服务系统分支繁多，信息安全要求高，各类安全防护措施通过协同配合将保障信息传输的安全性。

承载综合信息服务系统的网络确立了标准的信息交互标准，建立各参与部门、各业务系统之间网络互联，使信息发布更为及时，信息利用率大幅提高，极大地提高了经济效益和社会效益，从根本上实现了以信息化改造原有行业的发展模式。

（2）风险估计

综合信息系统涉及自然环境复杂，其对传输信道影响概率较大，使采集数据正确性受到一定威胁；在系统开发、建设、应用、维护过程中，人员操作失误也将给系统正常运行带来一定的风险。

大型网络系统，除对信息节点规划冗余，加强系统处理单点故障能力和容错能力之外，必须考虑设备故障率对于系统运作带来的风险，因此关键设备的选型和配置十分重要。

## 5.3 综合信息服务模式与应用系统研究

### 5.3.1 应用支撑系统总体框架

综合信息服务系统中应用支撑系统总体网络框架如图 5-19 所示。

### 5.3.2 综合信息网络应用模式

（1）基于船岸通信网络应用模式

综合信息水上应用主要是基于船舶应用实现船岸通信。信息应用设备包括 AIS 与

ECS 船台，船舶配备 AIS 与 ECS 设备为船舶综合信息应用提供应用终端。

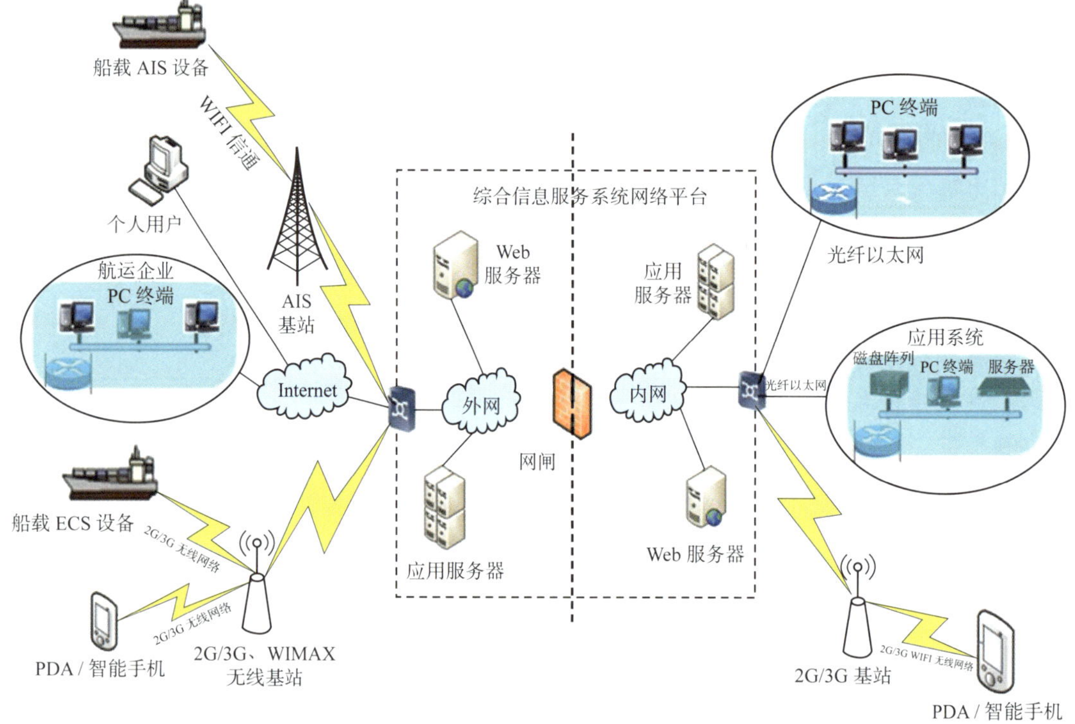


图 5-19　综合信息服务系统应用支撑系统总体网络框架

AIS 设备借助 VHF 甚高频网络带宽，实现基于窄带的、少信号量广播式应用。基于广播机制的 AIS 通信系统，具有覆盖面积广、一对多通信、节约带宽资源等优点，因此 AIS 信息应用主要定位于与船舶安全航行密切相关的安全监管与通航环境信息应用。

ECS 设备具有与 PC 机同等运算性能及显示能力，通过外置网络接入模块（2G/3G、WiMAX）等实现互联网或虚拟专网（VPN）接入。其信息应用范围可包括综合信息服务系统涉及的所有信息数据。ECS 设备支持基于 B/S 及 C/S 应用，为船舶提供基于 Web 信息查询、业务申报、船舶过闸调度服务，以及基于客户端的信息应用和业务应用，如电子航道图更新服务等。船舶用户可定制由综合信息服务系统提供且符合自身需求的信息服务内容。

（2）基于岸基的网络应用模式

岸基应用对象主要包括航运相关企业、各支持保障单位及相关业务应用系统。航运企业通过公众互联网络访问综合信息系统外网发布的相关信息，亦可通过客户端应用取得相关外网信息服务。航运企业通过 VPN 网络实现访问综合信息服务系统中内网信息数据。

（3）基于个人移动的网络应用模式

综合信息系统需要定制相应的基于 WAP 的手机应用网站或手机应用服务端程序来实现综合信息应用。个人移动应用包括公务用户和社会用户。公务用户主要通过 2G/3G 无线公众网络实现数据通信，可采用目前运营商提供的 VPDN 业务安全可靠的接入综合信息系统内部网络。社会用户则可通过 2G/3G 网络实现基于移动终端的公众信息服务。

### 5.3.3 综合信息服务发布网络

具有适用性强、可靠性高、通信质量优、业务支撑良好等特点的信息发布网络架构是综合信息服务系统面向用户提供信息服务的基础保障。发布网络总体逻辑如图 5-20 所示。

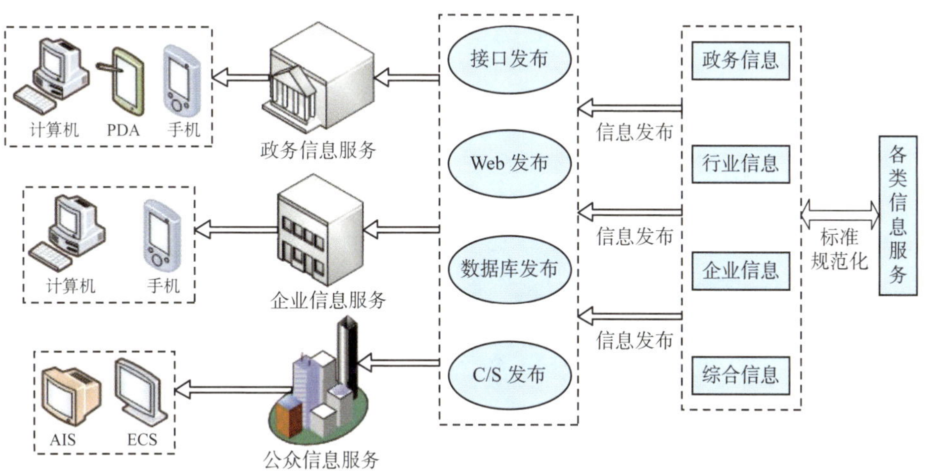


图 5-20　发布网络总体逻辑

综合信息服务系统对外提供统一的航运综合信息服务，按照业务类别可分为航标数据更新等窄带信息应用服务与视频监控等宽带多媒体应用服务；按照服务对象分为政务用户、行业用户与公众用户；按照用户属性又可以分为系统内网用户和外网用户。

发布对象格式参照发布信息类型，需包括信息标识、信息标题、信息内容、发布信息等。发布方式包括：接口发布、Web 发布、数据库发布和 C/S 发布。接口发布方式包括 WebService 接口发布、远程函数调用发布。

Web 发布方式直接采用静态页面形式将综合信息服务系统外网发布数据发布到互联网上，数据采用格式为 Json、Xml、Rss、普通 Http 流等。数据库发布方式利用数据库系统自身数据接口功能实现，包括 SQL Server 镜像代理、Oracle Data Guard、数据订阅等。C/S 发布方式基于私有通信协议设定数据发布参数，进行数据之间通信与转存，此类方式需相应数据库系统作为数据支撑平台。

多样化的接收终端提供便捷信息发布，不同接收终端所服务的业务系统不同。计算机应用于所有业务系统。PDA 主要适用于一线行政单位，用于电子江图、船位查询、现场执法和现场测量等。智能手机适合于各类非复杂操作系统的信息服务，比如执法取证、电子评价、电子江图、船位查询和业务办理等。AIS 与 ECS 系统适合于水上作业，为船员提供电子签证、电子申报、信息查询和船岸交互等。

### 5.3.4 综合信息服务接入网络

综合信息服务系统的接入网络分为内网与外网发布系统接入网络。外网发布网络接入主要包括 AIS 系统的无线接入、2G/3G 无线网络接入与 WiMAX 接入；内网发布网络接入主要包括内部有线网络接入与无线 VPDN 网络接入。

AIS 系统无线通信（VHF）接入采用船舶安装 AIS 船载设备，通过 VHF 频段发送和接收 AIS 数据。岸上设置 AIS 基站，维护管理中心通过 VHF 和有线链路与装有 AIS 船台的船舶交换信息。GPS 实现船舶定位信息的接入。AIS 系统的无线通信（VHF）接入如图 5-21 所示。

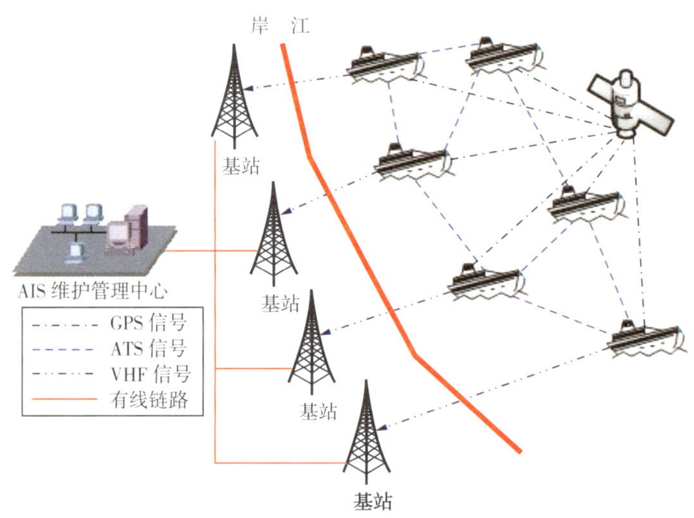


图 5-21　AIS 系统的无线通信（VHF）接入

2G/3G 无线网络接入依托各大 ISP 提供的公网服务。在 2G 无线数据网络接入方面使用 GPRS 或 CDMA 1X 无线数据传输。采用 3G 无线网络技术，实现通信多任务加载，支持不同数据传输速度。

船岸通信中，无线宽带组网中另外一个重要部分是采用混合结构的无线 Mesh 网络接入 WiMAX，并应用多跳网络技术。在船岸宽带接入中，船载的 Mesh 客户机可以通过岸基 Mesh 基站接入网络，也可以与其他 Mesh 客户机一起直接组成 Mesh 网络。Mesh 网络提供 WiMAX 网络的连接，且船载 Mesh 客户机搭载多跳网络技术，其路由功能可以增强无线 Mesh 网络内部连接并实现更大的覆盖范围。在链路中采用按需距离矢量（AODV，Ad-hoc On-Demand Distance Vector Routing）路由协议，由此在面对航道应用场景中快速多变的链路状况具备快速自适应机制。

在船岸通信中，需要结合 WiMAX 与 2G/3G 无线网络，在适当的时候建立信息多模传输机制，通过基于 IP 隧道技术实现多模无线传输，使得 2G/3G 无线信号与 WiMAX 无线信号经由经过备份的汇聚服务器汇聚到岸基基站中。通过 IP 隧道与应用层切换相结合、心跳包选路及 ARQ 重传等技术，实现异构无线网络之间的切换，实现覆盖范围和通信质量的加强。

内部有线网络的接入是综合信息服务系统最基础、最关键的网络接入。综合信息服务系统各业务局内部网络实现可靠、稳定互联互通，在此基础上搭建综合信息服务系统内部网络办公门户，并通过内、外网的接入，对外承载航运综合信息的发布。

VPDN 是基于公共网络隧道加密的虚拟专网技术网络。对于无线接入内网方式保密性高，保障综合信息服务系统中安全性能要求比较高的数据传输。

### 5.3.5　综合信息网络应用门户

网络应用门户是综合信息服务系统信息发布的关键建设内容，一般包含了公共信息平台门户和办公门户。

公共信息平台门户一般部署于外网，为政务、物流等公共服务信息提供统一交互渠道。门户建设能够为物流信息服务提供一个前端服务平台。一方面基于成熟的门户平台软件开发公共信息平台门户，对外提供公共信息服务；另一方面，建设统一认证系统，提供安全接入渠道。公共信息平台门户如图 5–22 所示。

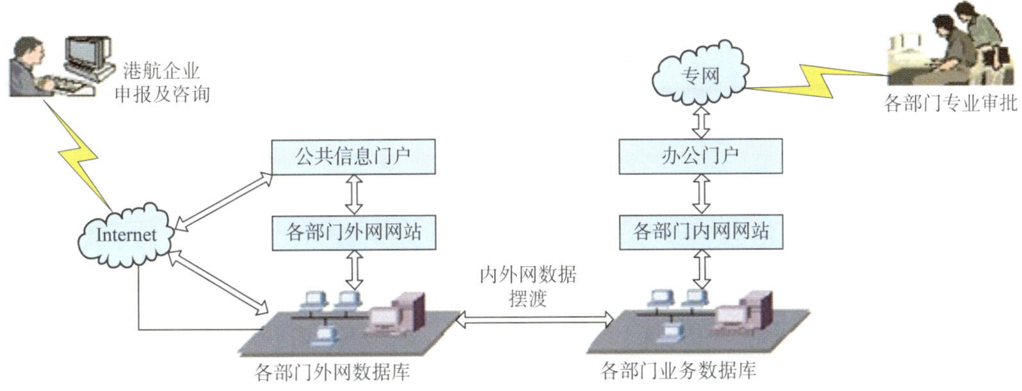


图 5–22　公共信息平台门户示意图

系统办公门户通常部署于内网，提供生产信息并提供各职能单位联合办公服务。着重突出门户建设中统一认证、资源共享、信息挖掘和应用集成的建设内容，整合航运业务的管理。

## 5.4　综合信息服务网络架构设计小结

### 5.4.1　综合信息服务系统采集网络设计要点

综合信息服务系统需要相关信息系统互连互通，实现信息共享，整合不同来源的数据信息。在实际建设中可能遇到一些需要解决的问题：从信息化数据层来看，数据格式不统一，信息需经过中转加工，降低了信息交换的可靠性和高效性；从网络层面来看，独立建设的纵向网络如同多条平行线，缺乏横向通道。

各信息采集网络都采用专网、内网以及外网，纵向互通。业务覆盖行政、办公以及视频会议等业务。形成的广域网覆盖范围广、接入用户多、承载业务交错复杂。可以预见，综合信息服务系统的建设将使大数据集中而形成新的业务整合。视频会议、IP 语音、公共资源平台等应用的实现对带宽均衡、网络及数据安全等提出了更高要求。系统设计重在网络协同模式建立，从原有各单位垂直建设的基础上，通过网络构架优化、网络互联策略部署，达到综合交互，信息共享，协同运作等横向发展的目标。

### 5.4.2 综合信息服务系统网络设计要点

综合信息服务系统网络基础架构应包含网络核心区、数据中心区、主业务及应用服务区、安全控制区、数据备份区等。

在综合信息服务系统网络规划设计中应充分利用多层架构提供多业务系统独立网络环境，实现链路与流量汇聚，实施网络集中管理，深化网络融合，集中部署数据中心、服务器群及容灾设计。

在综合信息服务系统网络细化设计中，应对路由选择、网络管理技术、VLAN 技术、采集技术等关键技术进行功能优化，尤其对加强网络安全、容灾体系部署、QoS 技术支持及 SDN、DWSN 分布式无线传感器网络技术、无线宽带网络多跳技术等进行重点加强。

### 5.4.3 服务模式应用系统设计要点

服务模式应用系统应围绕服务需求进行设计，包括对外对内服务以及业务数据管理。

部署于外网的公共信息平台门户接入互联网，能够对外为社会公众和企业获取政务、物流等公共服务信息提供统一交互渠道，对内能融合物流信息、应急救援、申报审批等服务提供前端服务平台。一方面基于成熟的门户平台软件，建设公共信息平台门户；另一方面，通过建设统一认证系统，提供安全接入渠道。

部署于内网的办公门户与相关部门业务专网互联互通，实现业务信息生产与共享，为各职能单位联合办公提供网络通道。办公门户建设中将统一认证、资源共享、信息挖掘和应用集成作为建设要点，以实现综合业务信息协同管理的目标。

# 6 综合信息服务船舶助导航智能化技术

随着航海技术的发展，船舶导航设备的自动化程度越来越高。大型商船的导航设备借助于现代先进的科技力量，将航海雷达、电子海图显示与信息系统、驾驶台控制综合显示台、船舶自动识别系统和全球定位系统集成一体化，基本实现了综合导航和集成显示与操作的功能，向船舶综合导航系统发展，并且已日趋完善。近年来移动网络技术和终端设备性能不断提高，各类面向手持终端设备的导航应用相继推出，这些面向导航服务的应用都具有携带方便、应用灵活、信息获取快捷的特点，为改进当前船载海图系统提供了参考。除了导航之外，基于手持移动设备的综合信息服务系统还能够在即将到来的后PC时代，为引航、船舶监控、港口管理、VTS交通管理、海事管理、航道管理、应急与搜救、船代与货代以及船员培训等各种应用提供更加灵活和便捷的服务。

## 6.1 综合信息服务船舶助导航系统总体架构

综合信息服务船舶助导航应用系统要实现船舶导航以及一体化应用的功能，需要在移动电子海图平台基础上通过连接外部导航设备，以及从后台服务器获取一体化应用、综合信息的服务才能完成，其整体系统框架如图 6–1 所示。

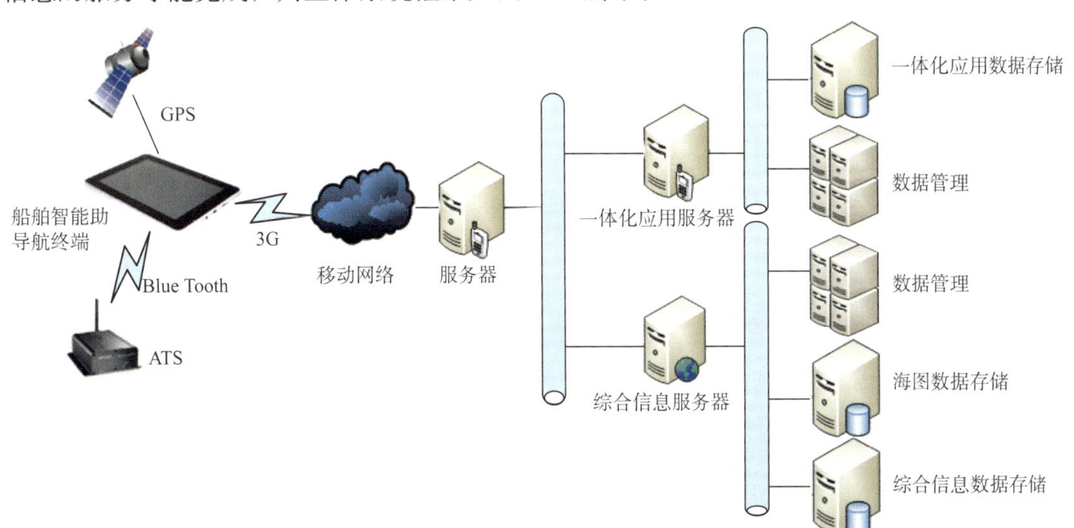


图 6–1　综合信息服务船舶助导航应用系统的架构图

用户直接与装有综合信息服务船舶助导航应用系统的 Android 终端（如平板电脑、智能手机等）进行交互。Android 移动终端可通过自身集成的 GPS 在海图平台上加载本船的位置信息，或者是通过蓝牙接口获取船舶上现有 AIS 设备接收的本船和周围船舶动态信息等导航数据，从而实现导航功能。另一方面，综合信息服务船舶助导航应用系统还能够通过 3G 方式接入移动网络，建立与岸基的一体化应用和综合信息服务器的连接，实现海图数据的下载更新，以及目标港口船闸的船舶动态、航道水位等航道综合信息查询的功能。

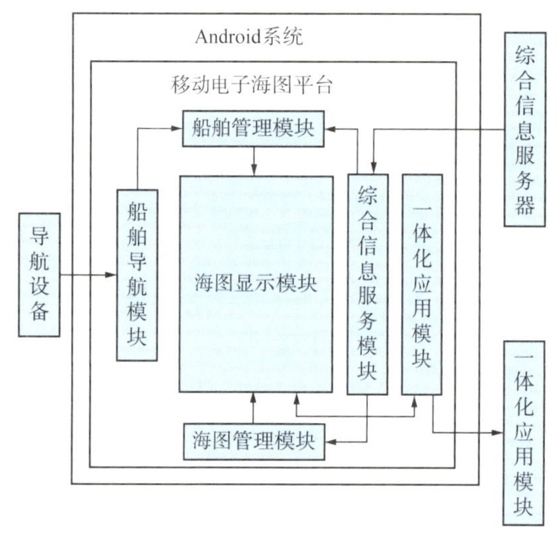


图 6–2　综合信息服务船舶助导航应用系统软件结构

根据总体架构设计，将综合信息服务船舶助导航应用系统的软件结构设计为 6 个模块，如图 6–2 所示，分别为海图显示模块、船舶导航模块、一体化应用模块、综合信息服务模块、船舶管理模块以及海图管理模块，用于实现综合信息服务船舶助导航应用系统用户的基本需求。

（1）海图显示模块

该模块是综合信息服务船舶助导航应用系统的主体模块，具体内容主要包括：

①海图数据解析：将标准的 S–57 数据格式海图数据解析并获取物标记录及其空间数据结构。

②海图坐标投影转换：地球椭球体上的地理坐标到计算机屏幕坐标的几何投影解算以及从屏幕到地理坐标的反解算功能。

③海图显示：根据当前显示比例尺及屏幕范围索引可显示的电子海图，并加载检索到海图数据，然后根据 S–52 电子海图显示标准，将点、线、面物标绘制到屏幕上，从而完成电子海图的显示。

④船舶标绘：在导航和监控应用模式下，根据船舶管理模块中的船舶列表，实时标绘船舶动态。

（2）船舶导航模块

该模块用于实现船舶导航功能，主要包括：

①获取移动终端的 GPS 定位信息，以及通过蓝牙接口获取外部 AIS 设备的数据，从而为导航应用提供动态数据支撑。

②根据船舶的航行动态进行各种智能报警，包括船舶碰撞、碰标报警、撞桥报警、禁航区报警等。

③根据航线和经济航速实现绿色导航功能，包括经济航程的最优航法和经济航速的最优控制。

（3）船舶管理模块

该模块负责为船舶导航和港口船闸船舶动态服务建立和维护船舶列表，并使之根据 AIS 动态接收的数据或者是服务器端发送来的船舶动态数据进行实时更新。

（4）海图管理模块

该模块主要完成本地海图文件的管理，主要包括海图文件的更新、下载和删除等操作。

（5）一体化应用模块

该模块用于连接岸基的一体化应用服务器与之进行数据交换，实现过闸申报、到港预报、进出港申报等一体化应用功能。

（6）综合信息服务模块

该模块主要获取基于综合信息服务器的各种信息服务，包括海图数据下载、航道水位信息、气象信息等服务信息的显示和查询。

## 6.2 移动电子海图平台

（1）Android 系统架构

Android 系统采用分层的架构，系统分为四层，从高到低分别是应用程序层、应用程序框架层、系统运行库以及 Linux 内核层。其结构如图 6–3 所示。

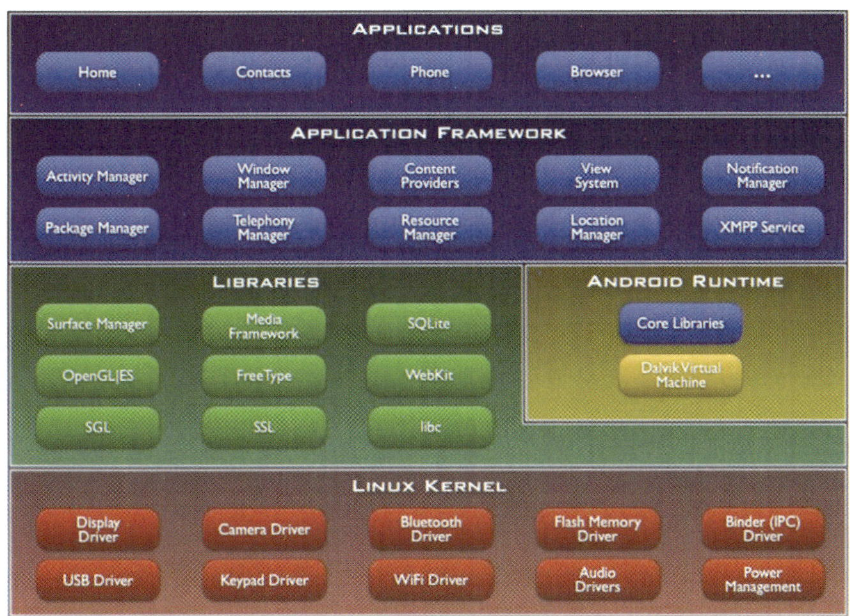


图 6–3 Android 系统框架

Android 的一个重要特性就是每个应用可以使用其他应用的组件。系统必须能够在需要应用的任何一部分随时启动一个应用进程，并对那部分进行实例化。Android 应用程序共由四种组件构成，分别是活动（Activity）、活动内容接收器（Intent Receiver）、服务（Service）和内容提供器（Content Provider）。但并不是每个 Android 应用程序都一定包含这四种组件的全部。这些组件要在程序配置文件 AndroidMainfest.xml 中设置。AndroidMainfest.xml 用于定义应用程序的组件、组件的功能。

活动（Activity）是 Android 应用程序的最基本也是最常用的组件。Activity 是应用程序的表示层，利用 View 来实现应用程序的 GUI（Graphical User Interface）和 GUI 的反馈事件。多个 Activity 共用一个 GUI，但各自独立。每个 Activity 都是 Activity 基类的一个实现。当一个新的屏幕打开后，屏幕上的 Activity 处于活动状态，而之前的那个屏幕上的 Activity 将会被暂停，并保存在历史堆栈中。用户可随时返回到堆栈中的前一个屏幕。当该屏幕不再使用时，还可以从堆栈中将其删除。

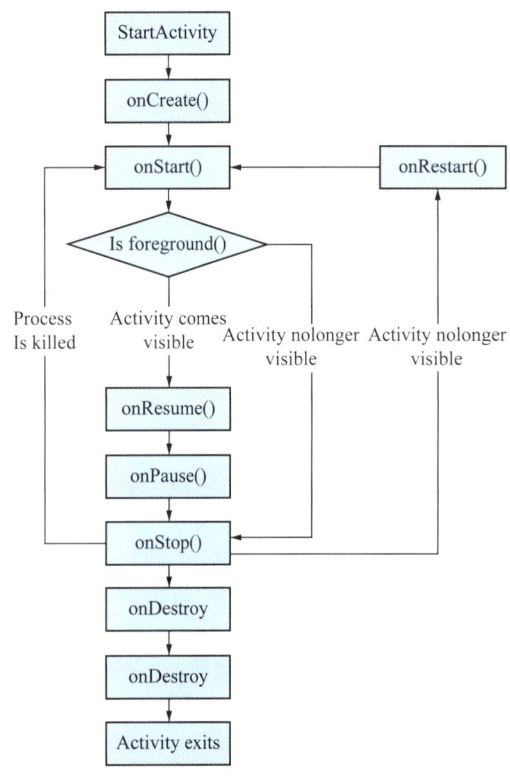


图 6–4　Activity 生命周期

Activity 是 Android 应用程序的核心概念。Activity 呈现的可视界面，是程序与用户交互的管理者。移动终端的特性决定了其操作系统需要能随时在未完成目前动作时，暂停正在使用的功能，切换到接电话、接收短信或其他模式中，而当用户在其他程序操作回到应用程序时，还能继续之前的动作。Windows Mobile 等操作系统可以同时执行多个程序，但这样做耗费系统资源，而移动终端上的资源是相当有限的。如果执行的程序过多，或是关闭的程序没有释放掉内存，都会降低系统运行速度。为解决这个问题，Android 引入了一个新的机制——生命周期。Activity 的整个生命周期如图 6–4 所示。

从图 6–4 可能看出，该服务没有用户界面，没有可视化接口，但可以在后台无期限运行。例如，一个服务可以在后台播放音乐，或者从网络获取数据。服务如同应用的其他组件一样，运行于应用程序进程的主线程内，且不会对其他组件或用户界面有任何干扰。此外，其他的程序还可以与服务机型通信。当服务连接成功后，就可用服务共享出来的接口与服务机型通信。

（2）海图显示与控制

作为综合信息服务船舶助导航应用系统的核心部分，海图显示模块有四个功能：海图解析、海图坐标投影转换、海图显示和船舶标绘。

①海图解析

S–57 电子海图数据采用 ISO/IEC 8211 标准封装，ISO/IEC 8211 标准提供了一种在不同的计算机系统间传输数据记录及说明的方法，这种方法虽然便于数据传输，但不能直接显示。因此，海图解析的目的是将 S–57 数据中的点线面三种物标类型和相应的空间坐标解析形成内部数据格式（SENC），内部数据格式可极大提高电子海图的显示效率。之后将内部数据按图幅存储到 Android 终端的 SD 存储卡上，根据比例尺形成图幅索引便于海图的显示检索。

一个海图文件由一个或多个逻辑记录组成，每个逻辑记录由头标区、目次区、字段区构成。首记录为数据描述记录（DDR），其后的各个记录为数据记录（DR），由此设计了如图 6–5 所示的 S–57 电子海图数据解析流程。

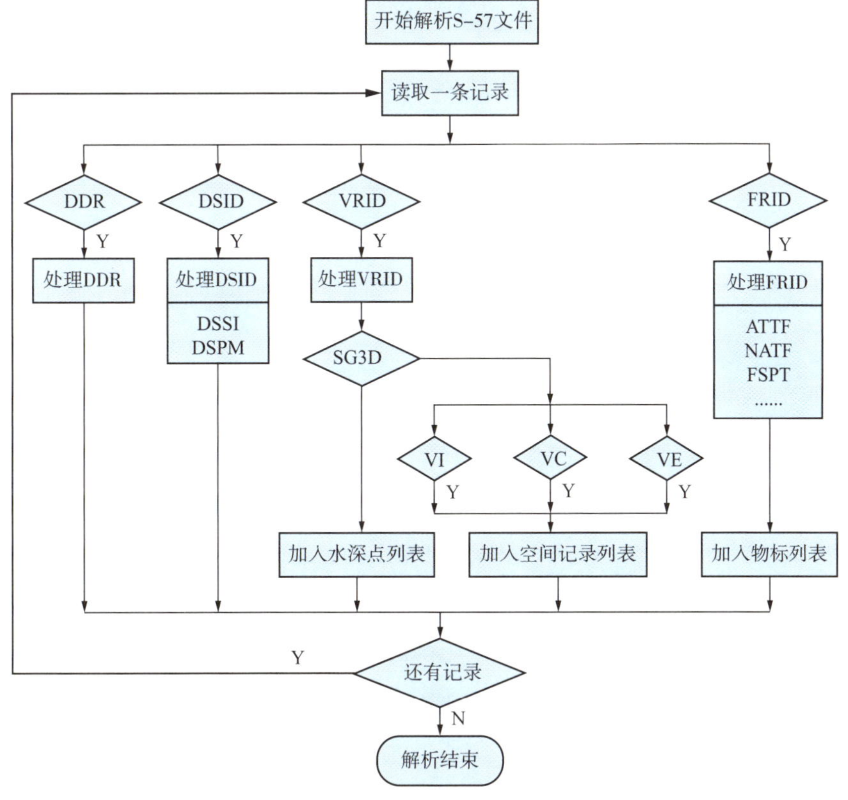


图 6–5　S–57 电子海图数据解析流程图

电子海图解析后，为了方便一次解析多次使用，可以将解析后数据形成内部格式数据(SENC)，并根据文件名、比例尺、图框范围等要素存储起来形成海图数据库，需要时可以直接检索读取显示，这就可以大大节省海图的显示预处理时间。

②坐标转换

为了显示海图中的物标以及船舶 GPS 定位信息，需要将数据中的地理坐标转换为移动设备上的屏幕坐标；而在进行海图漫游、缩小放大等操作时，又必须将操作的屏幕坐标点变换为对应的地理坐标。屏幕坐标与地理坐标之间的转换对于电子海图的显示和操作至关重要。

S–57 数据的空间位置采用的是 1984 世界地理坐标系统（WGS84）。在显示海图时，由于显示器的平面特性，必须以某种地图投影的方式把地图椭球面表现在平面上才能进行正常的显示及航海作业。所以，S–52 要求电子海图也采用与纸质海图相同的地图投影方式。纸质海图为了航海的方便，一直采用墨卡托投影，该投影系等角正圆柱投影（经纬线成正交的直线，且恒向线航线被描写为直线），无论是规划航行还是沿岸航行都非常方便。墨卡托投影的缺点是不能描写极地地区，极点被描写为无穷远。

因此，利用墨卡托投影坐标转换实现如图 6–6 所示的坐标转换关系，包括由地理坐标到平面坐标的转换以及屏幕坐标到地理坐标的反解。

墨卡托投影坐标转换公式如下：

$$\begin{cases} x = r_0\lambda \\ y = r_0 q \end{cases} \tag{6-1}$$

其中，$q$ 为等量纬度。

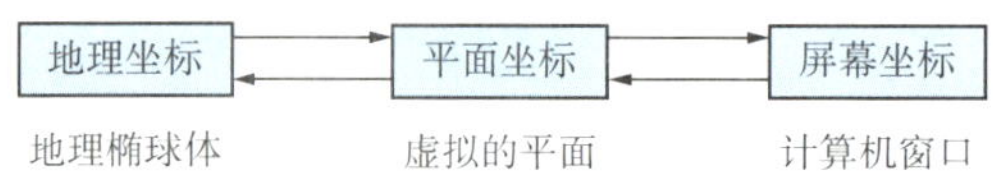


图 6–6　坐标转换关系图

$$q = \ln\tan\left(\frac{\pi}{4}+\frac{\varphi}{2}\right) - \frac{e}{2}\ln\frac{1+e\sin\varphi}{1-e\sin\varphi} \tag{6-2}$$

$r_0$ 为基准纬度的纬圈半径：

$$r_0 = N_0\cos\varphi_0 \tag{6-3}$$

$N_0$ 为基准纬度处椭球的卯酉圈曲率半径：

$$N_0 = \frac{a}{\sqrt{1-e_2\sin 2\varphi_0}} \tag{6-4}$$

其中，$\varphi_0$ 为墨卡托投影的基准纬度；$\varphi$、$\lambda$ 为变换的输入：地球坐标系的纬度和经度；$x$、$y$ 为变换的输出：墨卡托直角坐标；$a$ 为地球椭球长半径，其值约为 6378137.0（m），$e$ 为椭球体第一偏心率，其值约为 0.08189。由以上公式即可实现地理坐标（$\varphi$、$\lambda$）到平面直角坐标（$x$、$y$），同时经过简单的公式变换可实现平面直角坐标（$x$、$y$）到地理坐标（$\varphi$、$\lambda$）的反变换。

该坐标转换公式设想一个与地轴方向一致的圆柱对地球进行切割，按等角条件将经纬网投影到圆柱面上，使圆柱面展开成一个平面，得到平面经纬线网。经过墨卡托投影后的经线为一组竖直等距平行直线，纬线为垂直于经线的一组平行直线。各相邻的纬线间隔由赤道向两极逐步增大。该投影方式不会产生角度变形，但面积变形明显，随着远离标准纬线而增大。

③海图显示

S–57 将全球海域分为许多小的单元，电子海图单元的大小由信息量的多少来定（但不超过 5M），并给每一个单元编号，保证每一个海图单元都有一个确定的有效范围和编辑比例尺。海图显示的时候，首先根据屏幕显示范围及当前显示比例尺检索符合显示的海图，然后读取数据，找出符合显示范围的点、线、面物标，并按对应的位置、符号、颜色、形状等在缓存中绘图，最后刷新屏幕完成显示。

采用的电子海图显示流程如图 6–7 所示：

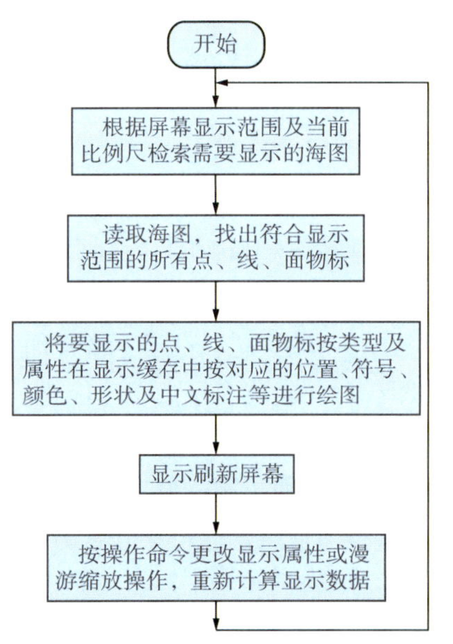


图 6–7　电子海图显示流程

在图形显示方式上，Android 提供了 View 作为基础显示类，而 android.view.View 和 android.view.SurfaceView 是从 View 基类中派生出来的两个显示继承类。其中，View 方法必须在 UI 的主线程中更新画面，用于被动更新显示；而 SurfaceView 则在 UI 线程和子线程中都可以更新显示，可在一个新启动的线程中重新绘制画面，主动更新显示；此外 SurfaceView 可以直接从内存或者 DMA 等硬件接口取得图像数据。

在综合信息服务船舶助导航应用系统的海图显示中，由于每个海图单元要显示的海图要素繁多，加之应用中频繁出现的海图漫游、缩放等操作会使得海图绘制非常占用内存。由于 SurfaceView 可以在主线程之外的线程中向屏幕绘图，从而可以避免画图任务繁重的时候造成主线程的阻塞，提高程序的响应速度和用户体验。

④海图的触控操作

当前的 Android 移动终端多是采用触摸识别的屏幕，且通常支持多点触摸。这跟已往用鼠标操作电子海图的海图系统（需要通过鼠标点击各种功能的图标来完成对电子海图的操纵）相比，带来了不一样的用户体验。这种可以直接用手指在终端屏幕上操纵电子海图的方式，极大地提高了系统的易用性。

在本系统内部，是通过响应 Android 触摸事件来处理海图的漫游及放大缩小操作。在 Android 中任何一个显示控件都是间接或者直接继承 android.view.View。可以用一个 View 对象来处理测距、布局、绘制、焦点变换、滚动条，以及触屏区域中的按键和手势。本系统通过重写图层 SurfaceView 的 onTouchEvent（MotionEvent）方法，就可以处理触摸屏事件。

Android 支持的常用触摸屏事件（MotionEvent）有按下（ACTION_DOWN）、弹起（ACTION_UP）、移动（ACTION_MOVE）、多点触摸（ACTION_MASK）。例如，首先当手指接触屏幕时会触发 ACTION_DOWN 事件，如果手指不抬起会一直触发 ACTION_MOVE 事件（即使不移动也会触发），然后当手指抬起时会触发 ACTION_UP 事件。本系统中响应海图触屏事件流程如图 6-8 所示。

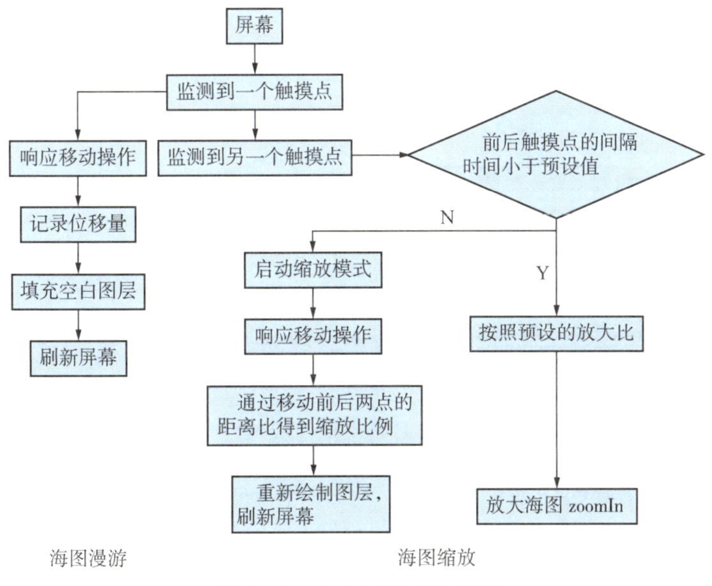


图 6-8　响应触屏事件流程

下面是海图的两个常用操作：

A. 海图漫游

通过手指在屏幕上的移动来实现电子海图的拖拽，这样可以很方便地漫游电子海图，查看相关海图信息。

B. 海图缩放

根据自定义的海图数据结构，将放大缩小阈值分别设置为 500 和 20 000 000，即超过缩放比例范围时，不再响应缩放操作。

⑤船舶标绘

船舶标绘模块负责在导航和港口船闸船舶动态查询模式下，根据船舶管理模块中的船舶列表，实时标绘船舶动态。船舶的绘制与上述的海图中点线面的绘制一样，都是通过 surfaceView 来完成。

考虑移动终端的屏幕尺寸比较小，船舶符号的绘制将根据屏幕的当前海图比例尺进行自动选择。当比例尺小于 1∶50 万时，屏幕上的船舶将密集在一起，因此将船舶绘制为绿色小圆点，以保持界面的清爽；而当比例尺大于 1∶50 万后，船舶将显示为绿色填充的三角加上随航速变化的航向线。

为了实现船舶与电子海图的叠加显示，采用直接在屏幕海图图层上绘制船舶的方式，这样既可以根据船舶的地理位置准确在电子海图上标绘，又避免了在另外图层上绘制船舶带来的内存开销，提高了系统的性能，船舶绘制流程如图 6–9 所示。在绘制船舶时，根据船舶船向的相关信息，用直线头标绘出船舶运动的方向。

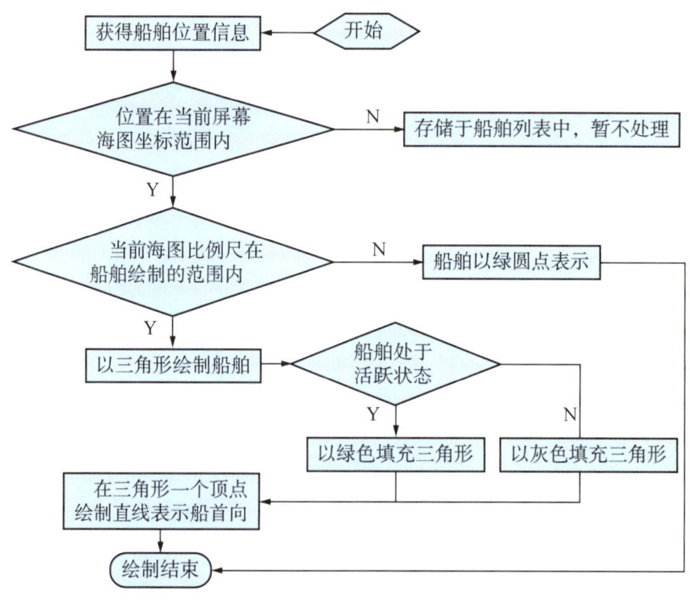


图 6–9　船舶绘制流程

⑥船舶信息与电子海图的叠加显示

为了实现船舶与电子海图的叠加显示，采用直接在屏幕海图图层上绘制船舶的方式，这样既可以根据船舶的地理位置准确在电子海图上标绘，又避免了在另外图层上绘制船舶带来的内存开销，提高了系统的性能，船舶绘制流程如图 6–10 所示。在船舶绘制时，同时根据船舶船向的相关信息，用直线头标绘出船舶运动的方向，显示效果如图 6–11 所示。

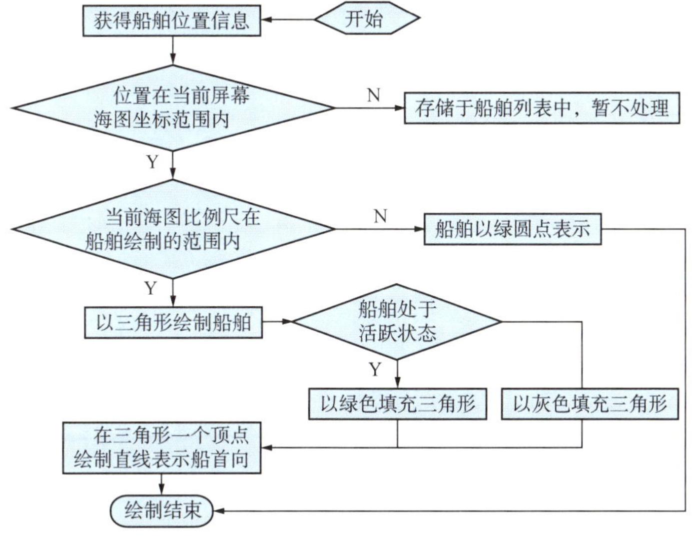


图 6–10　船舶绘制流程

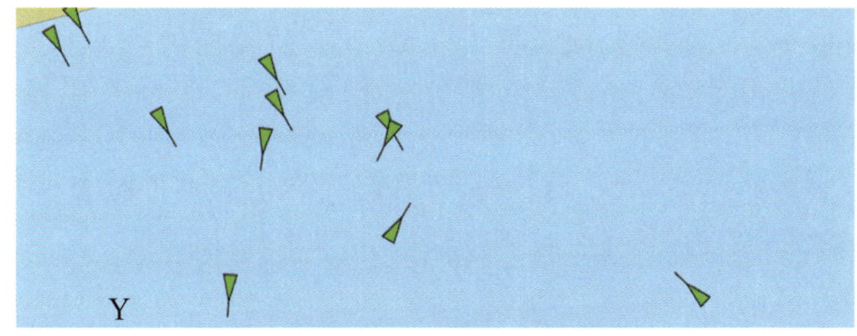


图 6–11　电子海图上显示船舶

当系统解析一条 AIS 报文后，发送更新 AIS 信息的广播。广播接收器接收到这一广播后，开始更新电子海图上的船舶信息。船舶信息更新流程如图 6–12 所示。

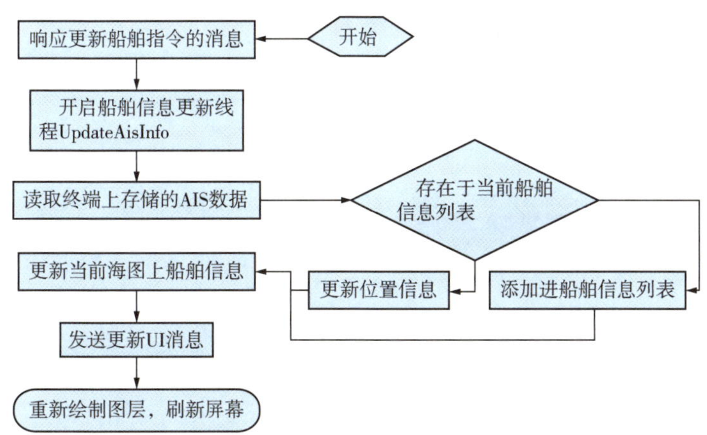


图 6–12　船舶动态更新流程

## 6.3 无线通导设备接口

综合信息服务船舶助导航应用系统的导航功能需要有来自移动终端的内置 GPS 模块的定位信息，或者是通过蓝牙接口获取外部 AIS 设备的动态数据作为支撑。下面分别介绍如何实现与移动终端内置 GPS 的接口，以及与外部 AIS 导航设备的蓝牙接口。

（1）内置 GPS 接口

为方便在移动终端上实现位置服务，使用户可以随时查询获取终端当前所处地的位置信息，Android 提供了完整的位置服务技术 LBS（Location-Based Services），即基于位置的服务。LBS 包含两个主要概念：

① LocationManager，提供获取 LBS 服务的挂钩。

② LocationProvider，代表不同的用于获得设备所处位置的定位技术。在 android.location.LocationManager 包中定义了两种不同的定位技术：GPS 定位技术即 GPS_PROVIDER，以及 Google 网络地图定位技术即 NETWORK_PROVIDER。Google 网络地图定位技术依赖移动网络进行定位，精度相对较低。对于综合信息服务船舶助导航应用系统而言，其所需要的是 GPS 定位技术。

为了支持定位服务应用的开发，Android 提供了多种定位函数，这些函数位于类库 android.location 中，主要包括位置类（Location）、位置提供类（LocationProvider）、定位管理类（LocationManager）、位置数据标准类（Criteria）以及定位监听类（LocationListener）。

综合信息服务船舶助导航应用系统在通过上述方式获取位置信息之后，通过 Surfaceview 方法即可在海图平台上绘制移动终端（即本船的位置）。

（2）蓝牙接口

蓝牙是一种重要的短距离无线通信协议，它采用了分散式网络结构以及快调频和短包技术，支持点对点及点对多点的通信，工作在全球通用的 2.4GHz ISM（即工业、科学、医学）频率。不同的蓝牙版本，传输速率会差很多，例如，最新的蓝牙 3.0 传输速率为 3Mbit/s，而未来的蓝牙 4.0 技术从理论上可达到 60Mbit/s。

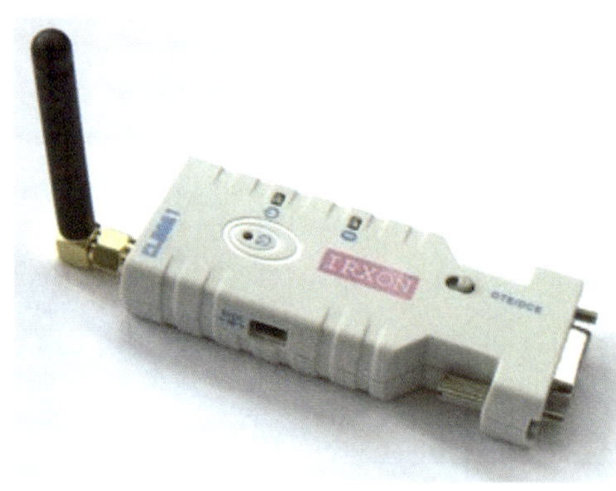

图 6-13 串口蓝牙适配器

蓝牙技术作为目前比较常用的无线通信技术，已经成为智能手机和平板电脑的标配之一。因此，利用蓝牙接口，综合信息服务船舶助导航应用系统可以将外部的 AIS 设备连接到移动终端，以动态获取 AIS 数据。只要在外部 AIS 设备连接一个如图 6-13 所示的串口蓝牙适配器（从机）即可将与 AIS 设备之间的有线串口连接转换为无线蓝牙连接，实现无线串口通信。

在 Android 系统中，与蓝牙相关的类和接口位于 android.bluetooth 包中，表 6-1 显示了 android.bluetooth 包中常用的类与接口说明：

**android.bluetooth 包中类与接口**　　　　表 6-1

| 类 或 接 口 | 说　明 |
| --- | --- |
| BluetoothAdapter | 代表本地蓝牙设备的适配器 |
| BluetoothDevicer | 表示一个远程蓝牙设备 |
| BluetoothServerSocket | 用于侦听的蓝牙套接字 |
| BluetoothSocket | 已连接或正连接的蓝牙套接字 |
| BluetoothClass | 用于描述一个蓝牙设备的一般特性 |

船舶助导航应用在使用蓝牙之前，需要在 AndroidManifest.xml 文件中打开相应的权限，其代码如下：

```
<uses-permissionandroid:name="android.permission.BLUETOOTH"/>
<uses-permissionandroid:name="android.permission.BLUETOOTH_ADMIN"/>
```

然后，通过以下步骤获取外部 AIS 设备的数据：创建 BluetoothAdapter 对象、搜索 AIS 设备的串口蓝牙适配器、蓝牙配对绑定、蓝牙连接和数据传输。

由 AISParse 类的 process 函数即可对原始的 AIS NMEA 数据进行解析，解析得到的船舶动态信息将进一步交由船舶管理模块进行处理，形成由 AIS 设备获取的本船周围船舶的动态列表，支撑船舶导航应用。

(3) AIS 信息处理

AIS 不仅能自动地广播本船的信息，而且能够接收和处理周围其他船舶广播的同样信息，最后通过图形或文本方式显示给船舶驾驶员，为操纵船舶提供了可靠的信息；同时 AIS 系统所提供的信息内容和数据更新率可以满足对船舶进行精确跟踪的要求，为船舶监控和导航应用提供了有力的依据。

AIS 信息大致可分为静态信息、动态信息、与航次相关的信息和与安全相关的短信息四大类。

①船舶的静态信息包括：海事移动服务标识（Maritime Mobile Service Identity—MMSI）、呼号和船名、IMO（International Maritime Organization—IMO）编号、船长和船宽、船舶类型、GPS 天线位置；由于这些信息都与船舶自身特征相关，一般通过人工输入方式来设置。

②船舶的动态信息包括：船舶位置、协调世界时、对地航向、对地速度、船首向、航行状态、转向率；除航行状态以外，这些信息都是通过船舶驾驶员手工输入的。

③与航次相关的信息包括：船舶吃水、货物类型、目的港和预计到达时间、计划航线、在船人数；这些信息必须要求船舶驾驶员手工输入。

④与安全有关的短信息是指船舶为了航行安全向周围船舶和岸台发出的广播信息或是点对点的通信消息（如重要的航行或气象警告信息），其通过 AIS 内部的一个安全机制，可以防止数据被错误地修改和发送。

AIS 通过周期性地广播船舶的位置和标识信息来实现对船舶的自动跟踪识别和监视。

当前蓝牙技术已经广泛地运用在手机、平板电脑等手持设备上，蓝牙无线技术是在两个设备间进行无线短距离通信的最简单、最便捷的方法，它抛开了传统连线的束缚，从而数据传输变得更加快捷高效。对于本系统，如果在船载 AIS 收发设备端配有一个蓝牙串口设备，就可以在装载有蓝牙模块的终端设备之间运用蓝牙技术进行数据的传输，可以极大地提高传输性能，并能充分体现手持终端设备的移动性等特点。另一方面，运用手持终端便捷的移动网络，可以从 AIS 服务器上下载 AIS 数据，从而可以查看远程区域的船舶动态。因此，本项目 AIS 报文的采集采用以下两种方式：终端蓝牙模块传输和从服务器端下载压缩好的 AIS 信息文件。

在 AIS 数据传输的过程中，为了不影响系统主屏幕上的海图操作，本系统采用后台接收数据的方式，传输过程只在系统后台处理。因此，本项目采用 Android Service 组件的 bindService 方式来实现 AIS 数据传输服务，创建 AisCommService 这个类继承 Service，在这个类中实现数据传输的各项方法，同时通过 AisCommServiceManager 和 ControlAisComming 这两个类来对 Service 进行管理，程序中 AIS Service 包中的类图如图 6–14 所示。

cn.dlmu.rschart.ais.service
- AisCommService.java
- AisCommServiceManager.java
- ControlAisComming.java
- IAisCommServiceRemote.aidl

图 6–14 AIS Service 类图

在 AIS Service 包中还定义了远程调用接口 IAisCommServiceRemote.aidl，其中定义的接口方法有：

intAisCommState();// 获得服务的状态

intAisCommType();// 获得 AIS 信息采集的类型

void startAisComm(String addr);// 开启 AIS 服务

void stopAisComm();// 停止 AIS 服务

intgetSocketStatus();// 得到 Socket 连接状态

void onSocketConnect();// 建立 Socket 连接

当服务开启时系统会返回一个实现了这些接口的 IBinder 对象，这样通过操作这个 IBinder 对象就可以使用实现好的服务。

AisCommService 中 AIS 数据传输服务流程示意图如图 6–15 所示：

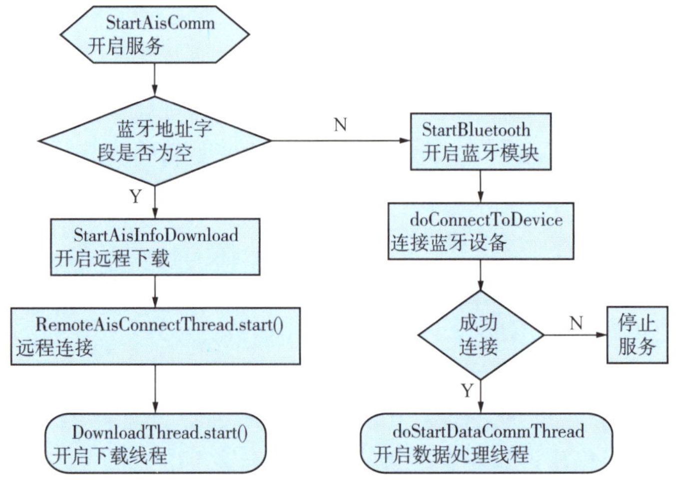


图 6–15 AIS 数据接收服务流程

使用 Android 终端上的蓝牙模块来进行 AIS 数据接收，Android 上蓝牙通信的基本流程为：

①首先取得蓝牙的响应权限，在 AndroidManifest.xml 文件中配置获得蓝牙权限，添加语句如下：

```
<uses-permissionandroid:name="android.permission.BLUETOOTH"/>
<uses-permission android:name="android.permission.BLUETOOTH_ADMIN">
</uses-permission>
```

②配置本机蓝牙模块，通过获得 BluetoothAdapter 的一个对象，调用该对象可以进行开关蓝牙设备、扫描蓝牙设备、设置或者获取蓝牙状态信息等操作。

③搜索蓝牙设备，这时在屏幕上会显示一个蓝牙搜索框。在程序中使用 BluetoothAdapter 的 startDiscovery 方法来搜索蓝牙设备，startDiscovery 方法是一个异步方法，执行对其他蓝牙设备的搜索，在这个过程中系统会发三个广播：ACTION_DISCOVERY_START、ACTION_DISCOVERY_FINISHED 和 ACTION_FOUND。这时需要注册相应的 BroadcastReceiver（广播接收器）来接收这些广播，再针对性地进行处理。

④成功完成蓝牙的配对连接后，便可以进行 AIS 数据的传输，蓝牙通信是通过 Socket 方式进行的。在 Android 中通过 BluetoothSocket 类的 getInputStream 和 getOutputStream 方法获取 InputStream 和 OutputStream，使用 read（bytes [] ）和 write（bytes [] ）方法分别进行数据的读写操作。

在正式解码工作之前，需要对 AIS 报文数据进行有效性检测。一方面我们要对接收到的 AIS 报文信息进行校验码验证，另一方面在校验码验证通过后还要对封装的 AIS 电文进行字符有效性检测。校验过程如图 6–16 所示。

在有效性校验通过后，接下来便是对报文内容的解析。AIS 信息从内容上分为 22 种不同的报文信息，本项目主要处理的是船舶的位置信息。对于一个船舶导航系统，船舶的位置务必要做到实时的刷新，考虑到移动终端数据处理能力，为了不影响船舶位置刷新速度，本项目主要对四种信息（静态信息、动态信息、B 类设备标准位置报告信息和 B 类设备扩展位置报告信息）进行解码。AIS 语句解码流程如图 6–17 所示。

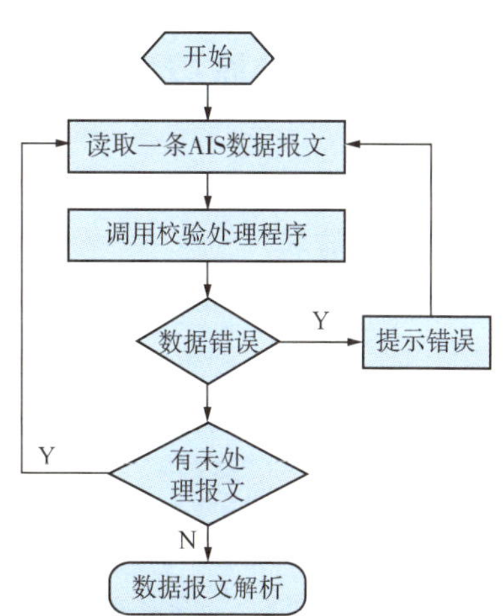


图 6–16　有效性校验流程

最后把解析出的 AIS 信息实例化成船舶对象 VesselDataDTO，再将这些船舶对象放在 Map 容器中。由于船舶 MMSI 号的唯一性，这里我们将 MMSI 作为 Map 的键值（方便查找操作），最终形成一个船舶动态列表，以便后续的船舶显示需要。

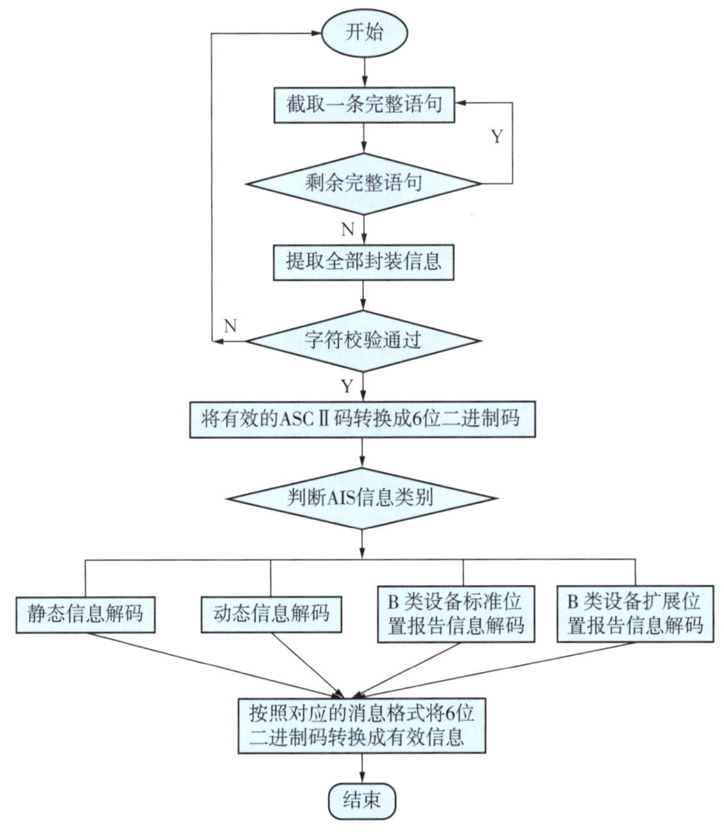


图 6–17　AIS 语句解码流程

## 6.4　智能助导航技术

（1）基本导航功能

①定位导航

选择系统主界面中的导航功能后，当接收到 AIS 本船信息（VDM）后，根据船舶的位置信息，在海图屏幕上以居中的方式显示出来，这时在系统屏幕上就可以直观地查看当前周围船舶的动态信息；与此同时，当收到新的本船信息时，系统便重绘并刷新屏幕图层，以达到基本的定位导航功能，导航实现流程如图 6–18 所示。

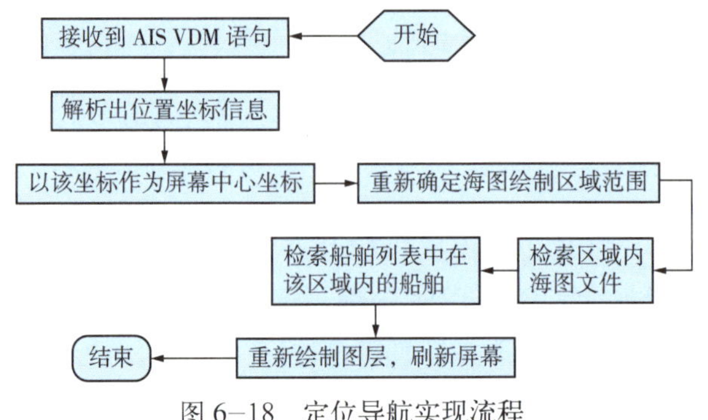


图 6–18　定位导航实现流程

②船舶管理

船舶管理是为船舶导航建立和维护船舶列表，并使之根据 AIS 动态接收的数据进行实时更新。

当导航接口模块利用蓝牙从外部 AIS 设备不断地获取本船周围的船舶动态数据后，这些船舶动态数据将被解析为一条条船舶信息存入船舶管理模块的船舶动态列表中。为了给船舶提供准确的周围船舶实时动态，船舶管理模块不仅要不断更新船舶列表中已有船舶的动态，还必须定期地清除已经远离本船的失去时效的船舶动态。这从另一方面也是为了避免船舶列表随着船舶移动以及时间发展不断冗余增大，从而增加系统内存以及绘制显示的负担。一般来说，当船舶列表中的某船舶的动态超过 6 分钟没有更新，那么系统将把它从船舶列表中删除。因此，在导航模式下，船舶管理模块设置了一个 6 分钟频率的定时器，用于检查船舶列表中的失效船舶并将之剔除。

船舶列表中的船舶根据显示区域在屏幕上进行显示，当在屏幕海图上长按住船舶图标，用户便可以查询该船舶的相关信息（如 MMSI 号、船名、船舶位置、航行状态等）。在应用程序中系统通过 View 层的 performLongClick（长按屏幕）回调方法来响应船舶选中事件，然后标注该船舶，同时把相关信息以弹窗形式显示。选中船舶时效果如图 6–19 所示。

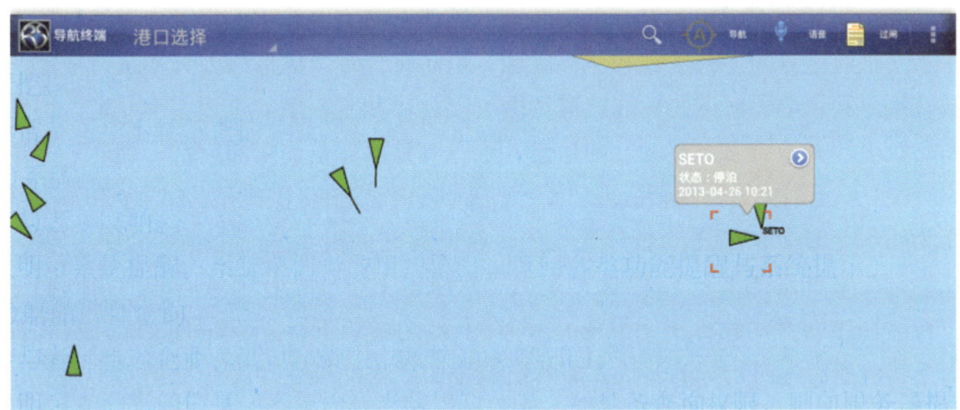


图 6–19　船舶选中效果图

点击弹窗图标可以查看该船舶的详细信息，效果如图 6–20 所示。

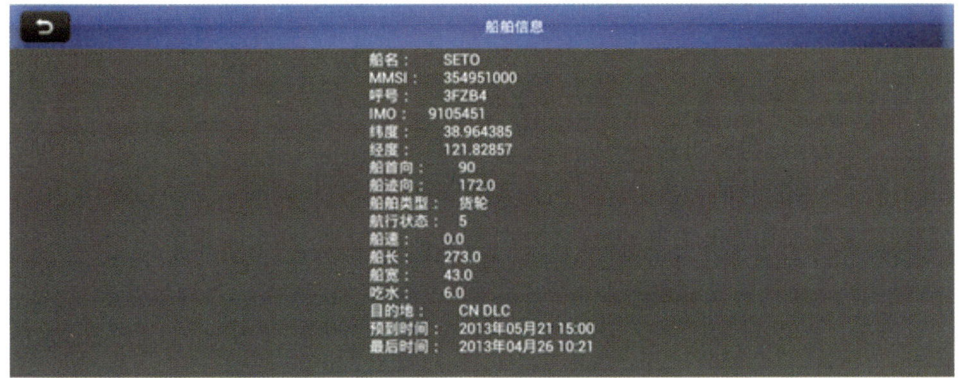


图 6–20　船舶信息

（2）船舶智能报警技术

①报警类型及其实现

根据国际惯例以及前期对长江上船舶用户的调研结果，确定了以下几种船舶助导航应用的智能报警类型：

A. 偏航报警（包括偏离航道以及反向航道报警）

B. 碰标报警

C. 危险物报警（包括水下危险物等碍航物报警）

D. 撞桥报警

E. 区域报警（包括危险区域、禁航区等）

F. 船舶避碰报警（包括 TCPA、DCPA 报警）

其中，偏航报警、碰标报警、危险物报警、撞桥报警以及区域报警属于船与航道要素之间的关系报警，基于最新的电子航道图以及船长通告进行计算；船舶避碰报警（TCPA 和 DCPA 报警）为船舶与船舶之间的动态关系报警，基于从 AIS 导航设备获取的本船以及目标船的动态信息进行计算。

②偏航报警设计

为了减少船舶会遇概率和充分利用航道，长江上的主要航道采用了分道通航制，将可航的深水安全航道分为上行区域和下行区域，船舶航行时严格按照上行和下行规定在相应的区域航行。利用电子航道图中的航道数据可以计算和判断船舶是否偏离航道。但是，在航道图的航道数据中没有直接的航向信息，难以判断船舶是否反向航行。因此，采用船长通告的形式对航道数据进行重新组织，以便快速、准确地判断船舶是否在正确的航道上航行。

在为船舶定制定向发送的船长通告中，航道数据采用 CJ–57 数据标准，用现有的不与长江物标定义冲突的 CJ–57 物标类定义深水航道上行和下行区域内的所用面物标（上行或下行区域由众多面物标单元组成），即在上行区域和下行区域的面物标分别具有独特的区别于其他所有现有物标的属性。深水航道报警区物标属性如表 6–2 所示。

航道物标定义　　表 6–2

<table>
<tr><th rowspan="2">名　称</th><th rowspan="2">物 标 类</th><th colspan="4">属　性</th></tr>
<tr><th>状　态</th><th>属 性 值</th><th>说　明</th><th>交 通 流</th></tr>
<tr><td>深水航道报警区</td><td>DWRTPT［41］</td><td rowspan="2">STATUS</td><td>14</td><td rowspan="2">区别于显示类</td><td rowspan="2">【1】驶进<br>【2】驶出<br>【3】双向选择其一</td></tr>
<tr><td>小轮航道报警区</td><td>FAIRWY［51］</td><td>14（公共的）</td></tr>
</table>

如图 6–21 所示，上行和下行航道范围都分为了若干区域，所有这些区域对应的面物标组成一个物标属性列表，可用于查询、对比船舶的航向，以判断是否偏航。

当船舶航行到某个区域时，系统获取船舶所在点的航道物标列表，如图 6–22 所示。如果航道物标列表为空，则表明船舶已经偏离航道，进入浅水危险区域，进行船舶偏离航道报警。如果航道物标列表不为空，则获取航道物标的交通流属性，与船舶的航行方向进行比较，若取值一致，则表明船舶航行于正确的航道上，不进行报警；若航道物标的交通流属性与船舶航向不一致，则表明船舶已经偏航到反向航道上，需进行进入反向航道报警，以避免严重的撞船事件发生。

③撞桥报警设计

在电子航道图数据中，虽然有江上桥梁以及桥墩的数据，但是直接利用这些数据进行船舶的撞桥报警计算，一方面算法的设计比较复杂，另一方面算法的效率会比较低，影响导航系统的流畅运行。为了提高船舶对撞桥的警戒性，建议在船长通告中增加桥区报警面物标数据，并以此为依据提前进行撞桥预警。

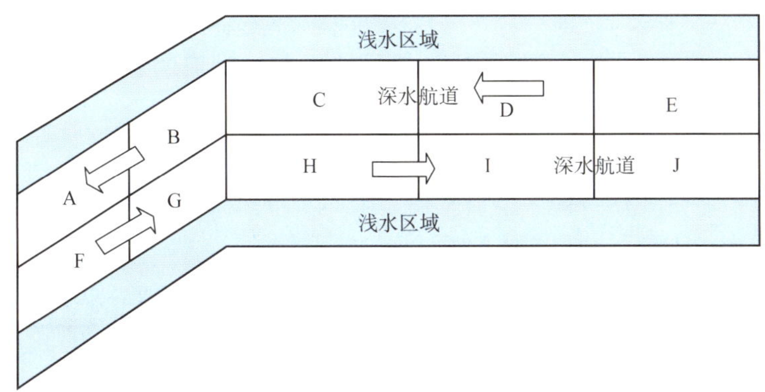


图 6–21　船长通告中航道数据组织示意图

如图 6–23 所示，以桥墩连线为中心线，在桥梁的两侧各设置一个报警桥区面物标，并对报警桥区物标采用 CJ–57 数据标准，用现有的不与长江物标定义冲突的 CJ–57 物标类定义上行和下行报警桥区的面物标，并将其交通流属性设置为上行区或下行区，使得上行区域和下行区域的面物标分别具有独特的区别其他所有物标的属性，具体定义如表 6–3 所示。在图 6–23 中，绿色的区域标识为上行区域，灰色的区域标识为下行区域。

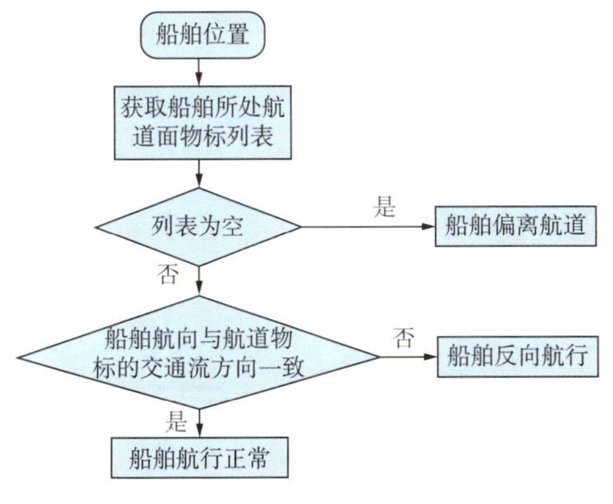


图 6–22　偏航报警算法流程图

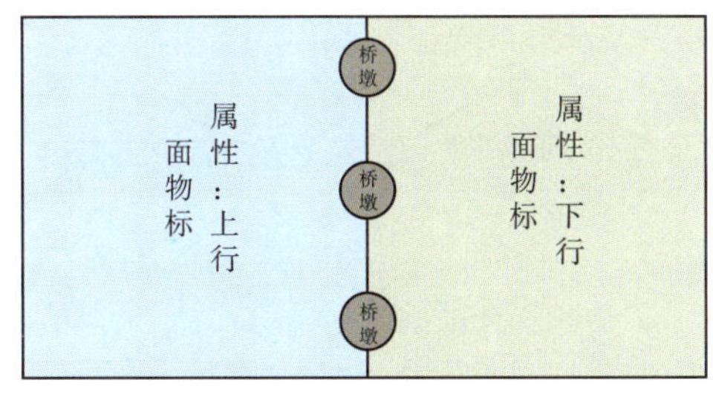


图 6–23　船长通告中桥区物标的数据组织示意图

**报警桥区物标**　　表 6–3

| 名　称 | 物 标 类 | 属　性 | | | |
|---|---|---|---|---|---|
| | | 状　态 | 属 性 值 | 说　明 | 交 通 流 |
| 桥区报警区 | FAIRWY [51] | STATUS | 9（强制的） | 区别于显示类 | 【1】驶进；<br>【2】驶出；<br>【3】双向选择其一 |

如图 6–24 所示，船舶航行过程中撞桥报警的算法如下：

A. 遍历船位点周围所有的面物标，将包含船舶的面物标筛选出来；

B. 从筛选出的面物标中根据物标属性对比筛选出报警桥区面物标；

C. 如果没有报警桥区面物标，表明船舶没有撞桥危险；

D. 如果存在报警桥区面物标即说明船舶已经在报警桥区范围内；

E. 比较报警桥区的交通流属性与船舶航向的一致性，如果同为上行或者下行，则说明船舶已经接近桥墩，需进行撞桥报警，提醒船员谨慎驾驶，避免碰桥事故；

F. 如果报警桥区的交通流属性与船舶航向不一致，则说明船舶已经驶离桥区，可撤销撞桥报警。

④碰标报警以及危险物报警设计

在电子航道图中，各种航标，水下沉船、暗礁等危险物是以点物标的形式存在，它们的报警方案如图 6–25 所示，按照如下的原则统一设计：

A. 船舶航行过程中，遍历船舶所在位置周围指定范围内的所有点物标；

B. 根据点物标的属性判断是否有航标、水下沉船、暗礁以及各种危险物；

C. 如果存在航标、水下沉船、暗礁以及各种危险物，则判断船舶与物标的距离是否小于各类报警的设定距离；

D. 如果小于设定距离则进行报警，提醒驾驶员谨慎驾驶，避免碰标、水下危险物或者其他碍航物的事故发生。

碰标、水下危险物以及碍航物报警所依据的数据来源包括电子航道图以及反映航道最新信息的船长通告。

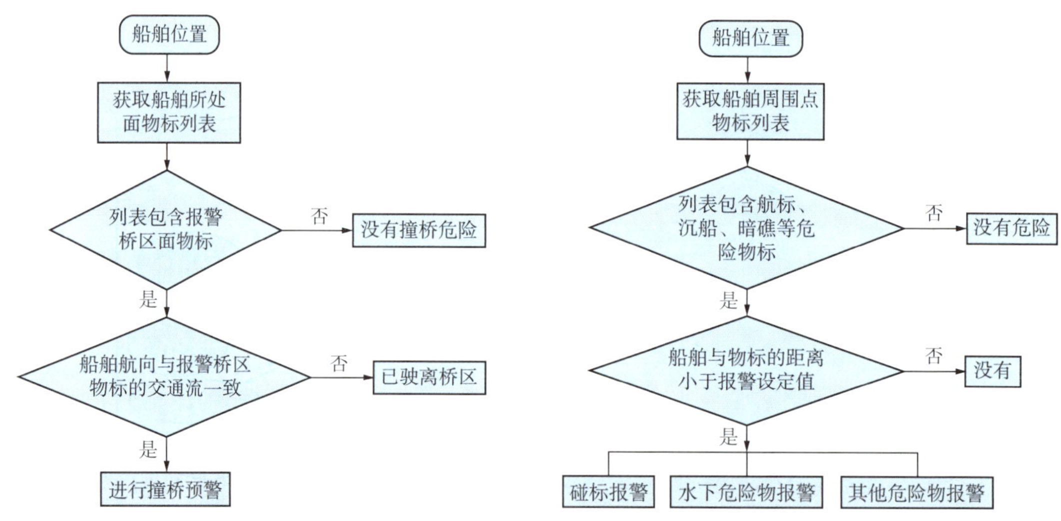


图 6–24 撞桥报警算法流程图　　图 6–25 碰标及危险物报警算法流程图

⑤危险区域报警设计

在电子航道图中，分道隔离带、警戒区、禁航区等危险区域为面物标，它们的报警算法设计如图 6–26 所示。

在船舶航行过程危险区域报警的算法如下：

A．船舶航行过程中，遍历包含船舶所在位置的所有面物标。

B．根据面物标的类型和属性判断是否为分道隔离带、警戒区、禁航区或者其他危险区域。

C．如果是危险区域则判断船舶已经进入危险区域，提醒驾驶员谨慎驾驶，避免发生危险事故。

D．危险区域报警所依据的数据来源包括电子航道图以及反映航道最新信息的船长通告。

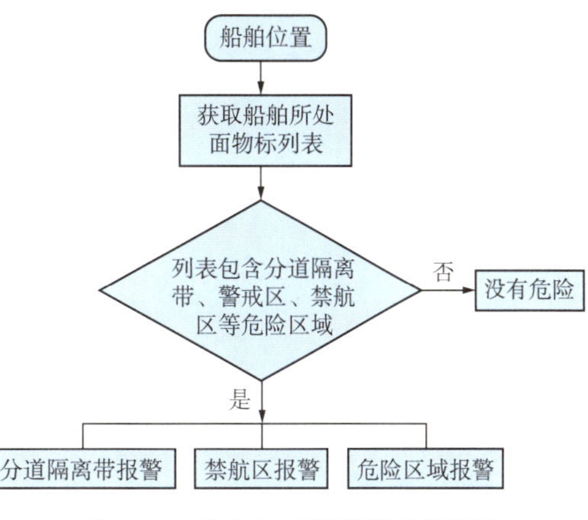


图 6–26　危险区域报警算法流程图

⑥船舶碰撞危险报警设计

在航海领域，船舶避碰一直是人们关注的热点，在长时间的理论研究和实践探索中，国内外学者和科研人员提出了大量的船舶碰撞危险度评估以及避碰理论和方法。DCPA 和 TCPA 的相关方法是其中影响最为深远、最被广为接受而且已经在实际中广泛应用的理论，如图 6–27 所示。

从图 6–27 可以看出，设本船（ship-*a*）的速度矢量为 $V_a$，目标船（ship-*b*）的速度矢量 $V_b$，两船间的位置关系矢量为 $V_{ab}$，两船的相对速度矢量 $V_a-V_b$，若两船的最近会遇点为图中的 CPA，则两船的最近会遇距离值（DCPA）以及本船到达最近会遇点的时间 TCPA 的计算公式如下所示：

$$\text{DCPA}=\sqrt{|\bar{V}_{ab}|^2-\left(|\bar{V}_{ab}|\frac{\bar{V}_{ab}\cdot(\bar{V}_a-\bar{V}_b)}{|\bar{V}_{ab}||\bar{V}_a-\bar{V}_b|}\right)^2} \tag{6–5}$$

$$\text{TCPA}=|\bar{V}_{ab}|\left|\frac{\bar{V}_{ab}\cdot(\bar{V}_a-\bar{V}_b)}{|\bar{V}_{ab}||\bar{V}_a-\bar{V}_b|^2}\right| \tag{6–6}$$

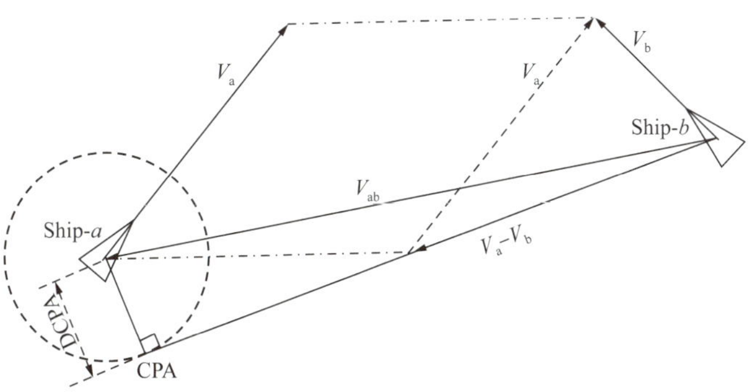

图 6–27　船舶会遇矢量三角

船舶在航行过程中，将从 GPS 和 AIS 设备获取实时的本船以及本船周围的目标船动态信息，包括船位、航向、航速等。根据本船以及目标船的动态信息以及上述的计算公式，可实时获取本船与目标船之间的 DCPA 和 TCPA 值。

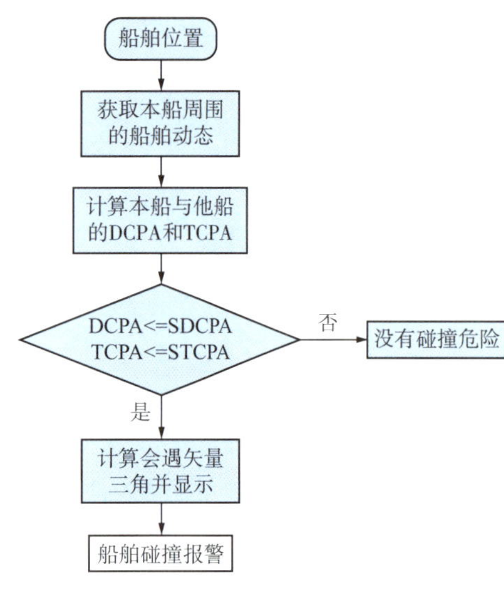


图 6–28　船舶碰撞危险算法示意图

在船舶导航系统中，用户可以根据船舶的机动性能以及航行环境和条件来设置最小安全会遇距离 SDCPA、最小的到达会遇点时间 STCPA。当两船会遇的 DCPA< SDCPA 或者 TCPA<STCPA 时，则本船与目标船存在碰撞危险，且 DCPA 和 STCPA 越小危险程度越高。如图 6–28 所示，船舶在航行过程中不断对本船与他船的动态进行计算，一旦船舶与目标船出现碰撞危险，系统将发出船舶碰撞报警，并在航道图上醒目直接地标绘出两船会遇的矢量三角，提醒船舶驾驶员两船的最近会遇点，以便其及时采取避碰行动，使本船与目标船能够以安全距离通过，避免船舶碰撞。

⑦报警形式设计

为了醒目地提示各种静态航道要素报警以及船舶动态碰撞报警，为以上所有的各种报警制定三种不同的表现形式，包括：文字报警、语音报警和图形报警。

通过对于各种报警设定优先级别，报警时将根据优先级别进行排序和过滤，在同时出现多种警报时，将首先报告优先级别高的警报，而且当警报数目太多时，将过滤优先级别低的警报。

在船舶导航系统实现时，报警等级信息将存储在配置文件中，这样用户可以根据实际航行环境和条件对各报警的优先级别进行灵活的调整。具体各个报警等级的划分系统将给出一个默认的设置，而船舶用户在具体使用时可以根据各自的情况进行调整和设置。默认的各个报警等级划分如表 6–4 所示。

**报警等级划分**　　表 6–4

| 报警类别 | 危险程度 | 优先等级 | 报警类别 | 危险程度 | 优先等级 |
|---|---|---|---|---|---|
| 船舶碰撞报警 | 10 | 1 | 偏航报警 | 7 | 4 |
| 撞桥报警 | 9 | 2 | 水下危险物报警 | 6 | 5 |
| 碰标报警 | 8 | 3 | 危险区域报警 | 6 | 5 |
| 碍航物报警 | 8 | 3 | | | |

根据上述的智能报警设计，智能船舶助导航应用包括了如下的报警功能：

A. 船舶碰撞报警：DCPA 或 TCPA 小于设定值，在航道图上标绘会遇矢量三角。

B. 偏航报警：当船舶驶离划定的航道区域进行偏航报警。当船舶驶入反向航道，进行反向航道报警。

C. 危险区报警：当船舶进入各种危险区域包括分道隔离带、警戒区、禁航区等等，进行对应类型的危险区域报警。

D. 碰标报警：当航标位于船舶前方，而且船舶距离航标小于报警设定值，进行碰标报警。一旦航标位于船舶后方，即使距离小于设定值亦取消警报。

E. 水下危险物报警：当水下危险物如沉船、暗礁等位于船舶前方，而且船舶距离它们的距离小于报警设定值，则进行相应类别物标报警。

F. 撞桥报警：当桥梁在船舶前方，而且船舶与桥梁的距离小于遇险的设定值，则进行撞桥预警。

G. 报警排序和过滤：在一个时间点上，如果同时出现多种报警，则根据设定的各类报警优先等级进行排序或者过滤输出报警信息。

## 6.5　船舶绿色导航技术

（1）最佳航速诱导

合理使用经济航速是船舶节能减排的关键方法。营运船舶常用的经济航速概念有三种：最低燃油消耗率航速、最低燃油费用航速、最高盈利航速。用于考核节能减排效果时采用的是最低燃油消耗率航速。研究表明，在油耗模型中，船舶耗油量主要与航速 $v$、船舶排水量 $D$ 和航程 $S$ 有关。其中，船舶航行单位时间耗油量 $Q$ 与航速的三次方 $v^3$ 成正比，而船舶航行耗油量 $F$ 与航速的平方 $v^2$ 成正比。因此，对于每条船舶都有一个最小燃油消耗率的航速，即经济航速。最佳航速诱导算法如图 6–29 所示。

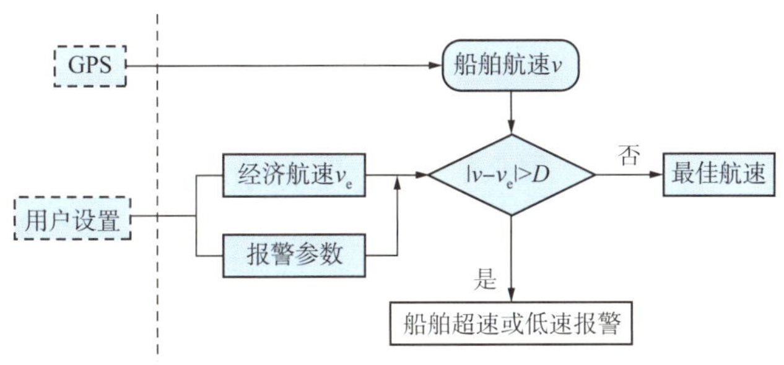


图 6–29　最佳航速诱导算法示意图

在智能船舶助导航应用上，船舶用户可以对由自身实际工况确定的经济航速、速度报警和报警偏差值进行设置。在船舶航行过程中，系统通过 GPS/AIS 设备实时监控船舶的航行速度，并与设定的经济航速进行比较。如果航速与经济航速的偏差值超过预设偏差，则进行速度报警。系统报警时可以同时以语音、文字以及图形的方式警告用户速度偏差的方向和大小，以提醒船员及时调整航速，使船舶回到其经济航速上，从而达到促进船舶节能减排的目的。

（2）最优航线服务

保持船舶航行于经济航速是降低船舶燃油消耗、节能减排的有效措施，但是降低船舶主机转速（航速）往往以牺牲船舶的班期为代价，而且经济航速下的主机转速往往仅为主机设计营运功率 60% 左右的水平，单就主机功率而言是一种很大的浪费。因此，在实际的应用中采用最优航线，尽量缩短航程，是船舶节能减排的另一个重要并广泛采用的有效方法。

在设计或优化调整船舶航行的计划航线时，“安全第一”始终是其首要原则，没有安全，节能就无从谈起。从信息服务的角度出发，为了确保长江中的船舶安全、经济地航行，首先必须实时、主动地向船舶助导航应用提供最新的电子航道图数据更新服务，在此基础上可为船舶提供参考的最优航线，以引导船舶按照最优航线经济航行，达到节能减排环保的目的。

通过综合信息服务平台的搭建，服务器端一旦有新的电子航道图或者船长通告等数据，就会向船舶助导航终端主动推送，保证船舶助导航终端获取最新的电子航道图、船长通告以及以此为基础制定的参考最优航线，保障船舶安全经济地航行。

在综合信息服务体系中，电子航道图以及最优航线的服务流程设计如图 6–30 所示。

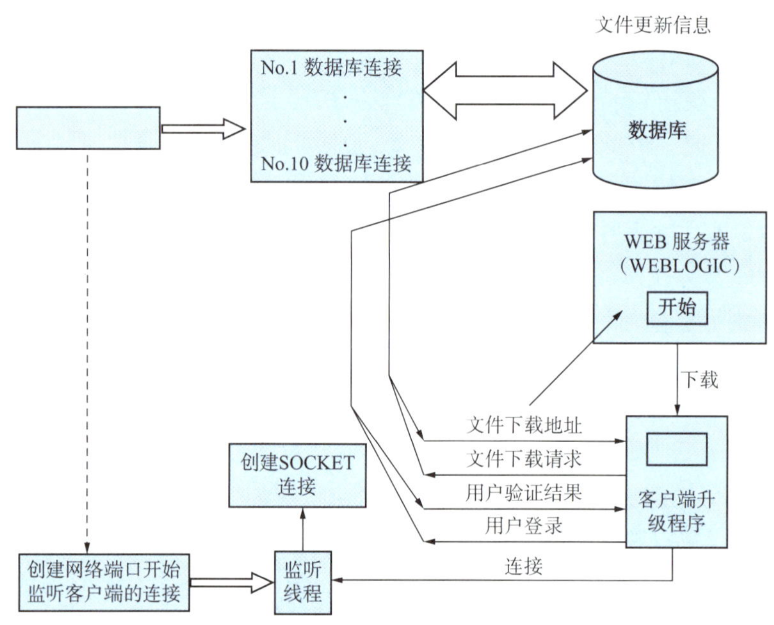


图 6–30　电子航道图及参考航线服务流程

在服务器端包括了更新服务程序、Web 服务器以及数据库，其中更新服务程序负责客户端的连接、登录验证、响应文件（电子航道图以及最优航线）更新请求并返回文件的网络下载地址。

（3）最优航法设计

为了更好地利用推荐最优航线，使船舶有效地缩短航程，我们设计了一种节油的最优航法。该航法针对既定的推荐航线，在精确计算风流压差角度的前提下，指引船舶向下一个转向点航行，最大限度减少船舶偏离既定航线的幅度，并有效缩短船舶的航行距离，从而达到节能减排的效果，如图 6–31 所示。

从图 6–31 可以看出，船舶航行时，因为受到风、流以及其他因素影响，通常是在推荐航线左右航行。*A*、*B* 代表了推荐下行航线上的两个转向点，*B* 点是 *A* 点的下一转向点，*C* 为船舶位置，*D* 为船舶尽快返回航线的节点，虚线表示航道的边界线，虚线内部的区域是安全可航区域。

当船舶航行在安全可航区域内部时，显然，$|CB|<|CD|+|DB|$，这说明船舶航迹沿着 $CB$ 方向航行，比船舶航迹沿着 $CD$、再沿着 $DB$ 航行距离短。也就是说当船舶偏离推荐航线时，直接朝下一转向点航行的航程要比回到计划航线上再朝下一转向点航行的航程短。因此，最优的航法应该是采用指向下一个转向点的航法。

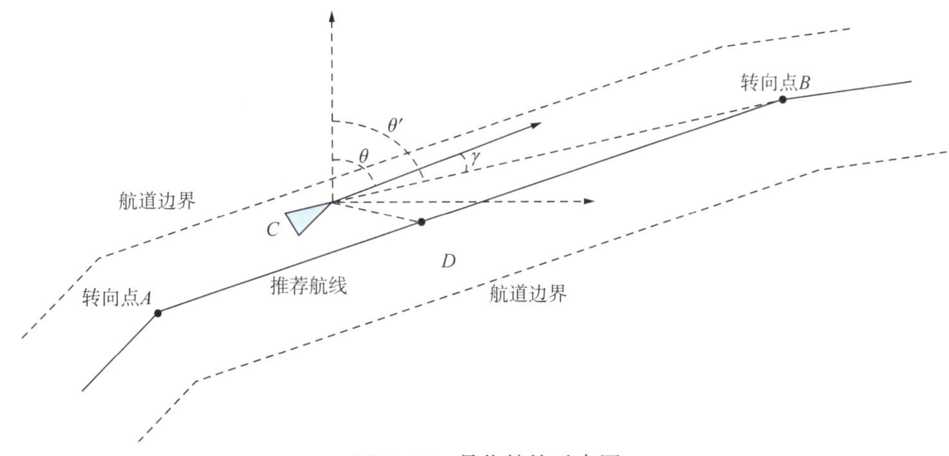


图 6–31　最优航法示意图

当船舶按照从综合信息服务平台获取的推荐最优航线航行在安全可航区域内时，系统将根据本船的当前动态计算出本船相对于下一个转向点的方位 $\theta'$，船舶在结合风流压差角的基础上，调整航向 $\theta$，就能保障船舶朝下一转向点 $B$ 航行，使实际航迹等于 $CB$，从而达到缩短航程，节省燃油的效果。

在船舶助导航应用的设计中，船舶首先根据当前的船位自动计算出其在推荐航线上的下一个转向点，并且实时比较船舶的当前航向 $\theta$ 与航向指引线方位 $\theta'$ 之间的关系，如果当前航向与航向指引线偏差 $\gamma$ 超出指定的数值 $D$，则系统进行报警提示船舶已经偏离最优航向，并将从本船到下一个转向点画出一条直线，指引船舶直线驶向下一个转向点。船舶驾驶员根据电子航道图中标绘出的船舶航向与航向指引线的关系可以即时操舵对航向进行调整，确保船舶按照系统指定的最优航向航行。算法流程如图图 6–32。

（4）绿色导航实现

图 6–33 显示了智能船舶助导航系统绿色导航功能的实现效果。在导航应用屏幕左上角有 2 个仪表盘，分别显示当前的航速与经济航速、当前航向与最优航向。在智能船舶助导航应用中可以设置本船的经济航速。例如，若经济航速设置为设为 12kn[1]，那么在这个航速的仪表盘上，“12”左右各 2kn 的区间为绿色，其他区间为红色。在航行过程中，如果航速偏离绿色区间，系统即会报警进行提示。最优航法的实现主要基于图中红色的推荐最优航线，只要船舶一直沿着最优航线航行就能达到少走弯路、少走危险路的目的。在航行过程中，有根红线一直指向航线的下一个转向点，它的方向就是当前的最优航向。如果船舶的实际航向偏离了最优航向，其偏离的方向以及幅度就会显示在这个仪表盘上。如果超出绿色区间（左右各 5 度），系统就进行报警提示。

---

[1] 1kn=0.514m/s。

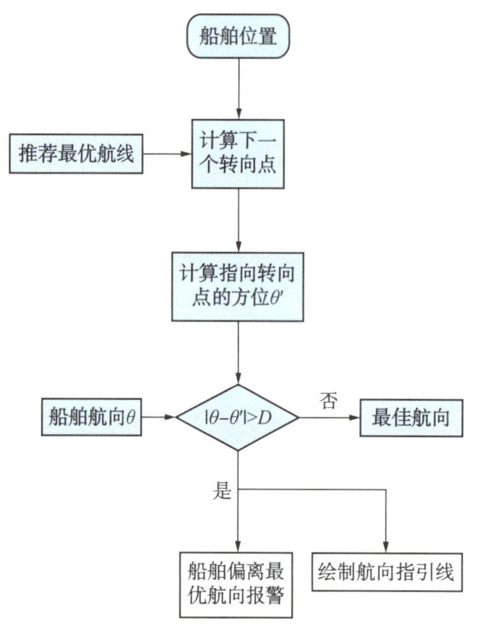


图 6−32　最优航法算法流程图

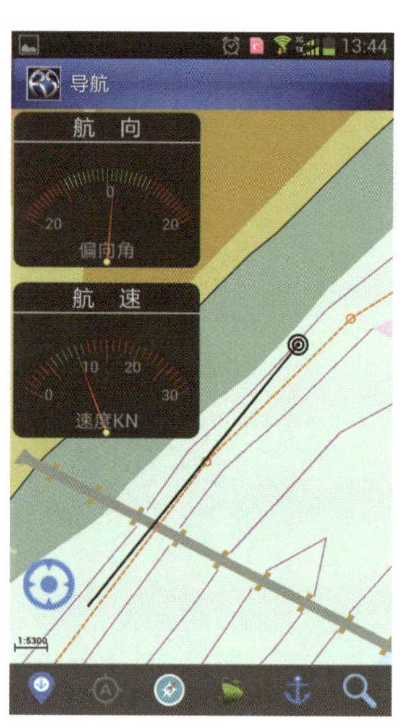


图 6−33　绿色导航实现效果

## 6.6　一体化应用与综合信息服务技术

（1）一体化应用体系架构

一体化应用体系由一个顶层信息服务平台和一系列一体化应用平台组成，各应用平台既可以作为一个独立的应用平台使用，也可以作为各港航部门信息系统或物联网的接口，以实现全长江航运相关要素的互联互通，构成长江航运互联、物联的一体化网络体系，其体系架构如图 6−34 所示。

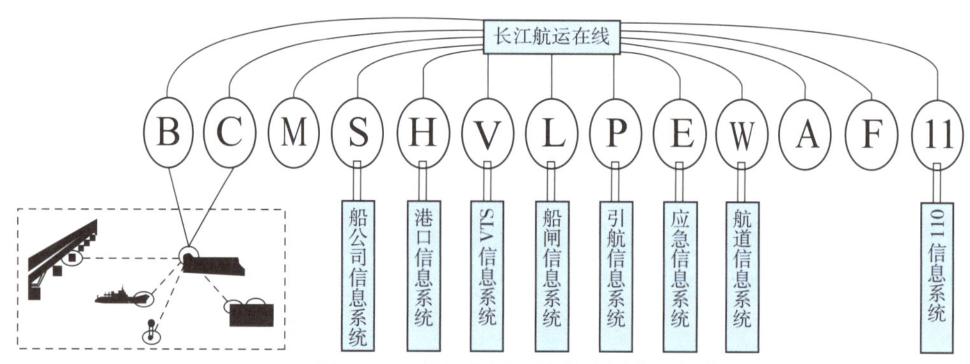


图 6−34　长江航运一体化应用体系架构

长江航运一体化应用体系包括了一系列的一体化应用平台（终端）：船舶应用平台、船公司应用平台、港口应用平台、VTS 应用平台、船闸调度应用平台、航道管理应用平台、引航中心应用平台、海事应急应用平台、船代应用平台、货代应用平台和 110 应用平台等。各平台均基于浏览器运行，可运行在任何可以上网的计算机上，实现电子航道图或海图显示、航道图或海图信息查询等基本功能，并通过 GPRS/CDMA/3G/ 宽带网络连为一体，实现数据交互和一体化应用功能。

综合信息服务智能船舶助导航终端将原先基于 IE 浏览器的船舶一体化应用终端拓展到了 Android 平台，使用户可以通过手机或平板电脑使用船舶导航、一体化应用和综合信息服务功能。

（2）一体化应用功能

与基于浏览器的船舶应用平台一样，综合信息服务智能船舶助导航终端的一体化应用功能主要包括：与船舶公司平台之间的航次信息交换，与港口平台之间的抵港预报、靠泊计划以及进出港申报信息的交换，与船闸平台之间的过闸申报信息交换等。以上一体化应用功能的实现界面如图图 6–35 ～图 6–39 所示。

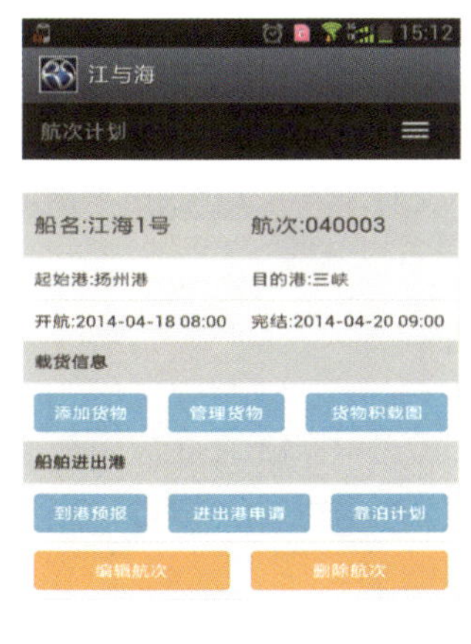


图 6–35　航次计划

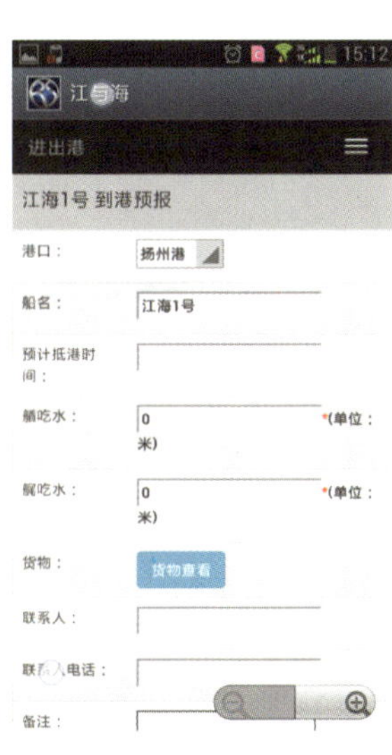


图 6–36　抵港预报图

图 6–37　靠泊计划

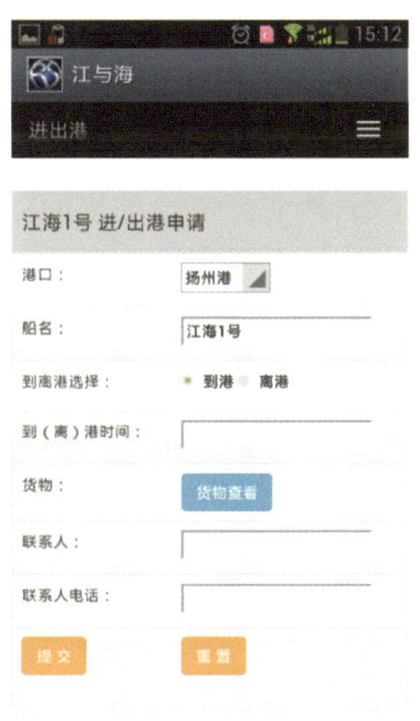


图 6–38　进出港申报

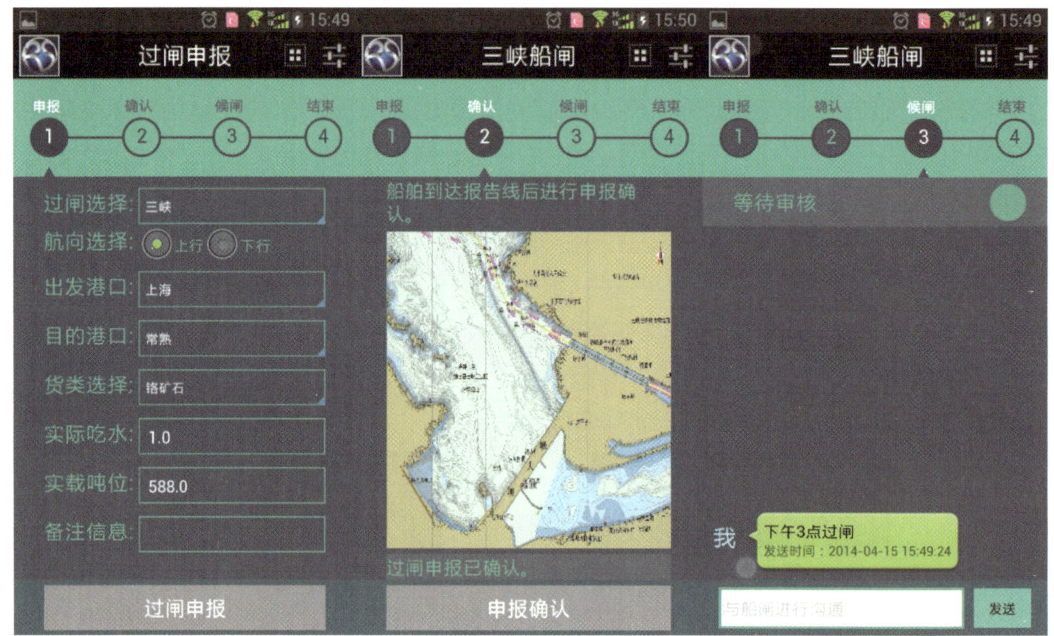


图 6–39 过闸申报

在一体化应用体系下，综合信息服务船舶助导航应用系统通过与岸基支撑平台的网络连接，根据船舶与港口、船闸等之间各种信息交换的应用协议和接口，基于船岸间的信息交换，实现进出港申报、过闸申报等船岸一体化应用功能。

(3) 综合信息服务

综合信息服务智能船舶助导航终端从综合信息服务平台获得的服务包括：海图、电子航道图或船长通告更新服务，港口船闸船舶动态信息服务，航道水位气象等与通航相关的其他综合信息服务。

综合信息服务通过对 Web service 接口的调用来实现，对 Web service 具体调用的方式既可以是 SOAP 也可以是 REST。

① SOAP 方式

A. 指定 Web service 的命名空间和调用的方法名。

SoapObject request = new SoapObject("HTTP：//service"，"GetYCSXQ")；第 2 个参数表示要调用的 Web service 方法名。

B. 设置调用方法的参数值。

request.addProperty("param1"，"value1")；

生成调用 Web service 方法的 SOAP 请求信息。

SoapSerializationEnvelope envelope = new SoapSerializationEnvelope(SoapEnvelope.VER11)；

envelope.bodyOut = request；

C. 创建 AndroidHTTPTransport 对象。

AndroidHTTPTranspor = new AndroidHTTPTransport ("HTTP：//192.168.2.110：8080/

axis2/services/PharosService?wsdl");

D. 调用 Web service 方法。

ht.call(null,envelope)；第 2 个参数就是在第 3 步创建的 SoapSerializationEnvelope 对象。

E. 获得 Web service 方法的返回结果。

SoapObjectsoapObject = (SoapObject) envelope.GetYCSXQ()；

通过以上 5 个步骤即可通过综合信息服务的 Web service 接口得到各种服务数据，并在智能船舶助导航终端上进行显示。

② REST 方式

在 Android 的智能船舶助导航终端，还可以 REST 方式获取云端发布的基于 Web Service 的综合信息服务。其方法如下：

```
Options options = new Options();
options.setTransportInProtocol(Constants.TRANSPORT_HTTP);
options.setProperty(Constants.Configuration.ENABLE_REST,Constants.VALUE_TRUE);// 指定 REST 调用方式
ServiceClient sender = new ServiceClient();
sender.setOptions(options);
OMElement result = sender.sendReceive(getPayload());
XMLStreamWriter writer = XMLOutputFactory.newInstance().createXMLStreamWriter(System.out);
result.serialize(writer);
writer.flush();
```

其中，getPayload 方法如下：

```
OMElementgetPayload() {
OMFactoryfac = OMAbstractFactory.getOMFactory();
OMNamespace omNs = fac.createOMNamespace("http://service ","cjhy");
OMElement method = fac.createOMElement("GetYCSXQ",omNs);// 指定方式
OMElement value = fac.createOMElement("id",omNs);
value.addChild(fac.createOMText(value,"01"));// 设置参数
method.addChild(value);
return method;}
```

通过上述步骤的运行，即可获取如 6.1.5 所示的各种接口的 XML 形式的调用结果。通过对 XML 结果的格式解析，即可在 Android 智能船舶助导航终端上显示各种综合服务信息。

基于 Web Service 技术，综合信息服务器通过航运网发布如表 6-5 所示的各种主要信息服务接口，形成了云端的服务体系。

航运网 Web Service 接口　　表 6–5

| 序号 | 接　口 | 接口内容 |
|---|---|---|
| 1 | GetCYPXJGXQ | 船员培训机构详情 |
| 2 | GetGKSQBYAREA | 某一地区某一段时间内港口水情关联详情 |
| 3 | GetGKSQBYDATE | 一日期所有地区港口水情关联详情 |
| 4 | GetNewsByChannel | 新闻接口，按栏目读取 |
| 5 | GetQXYGXQ | 地区气象走势接口 |
| 6 | GetSWGGXQBYAREA | 一地区一段时间内水位公告关联详情 |
| 7 | GetSWGGXQBYDATE | 一日期所有地区水位公告关联详情 |
| 8 | GetSXDDByArea | 船闸调度计划 |
| 9 | GetWXPSBYXQ | 危险品申报员详情 |
| 10 | GetYCJGXQ | 验船机构详情 |
| 11 | GetYCSXQ | 验船师详情 |

利用服务接口，综合信息服务系统实现了 Android 平台上智能船舶助导航终端的海图更新、港口船舶动态信息服务，以及基于 Web Service 的航道水位、水情和气象等与通航相关综合信息的获取和查询。

# 7　航运综合信息服务系统数据中心构建技术

## 7.1　长江航运综合信息服务云计算数据中心设计原则

随着长江航运业务不断地增加和拓展，各类数据信息量呈现快速增长趋势，长航航运服务需求不断提高，整合并充分利用已有信息化资源，构建一个“资源效率高、管理开销小、信息服务可靠”的数据中心势在必行。云计算技术为实现这一需求提供了有力保障。

要实现一个“资源效率高、管理开销小、信息服务可靠”的数据中心，就必须打破具体的业务信息系统（包括长江航运物流信息系统、长江航运应急搜救指挥系统、AIS 应用服务系统、三峡 GPS 应用系统、电子航道图服务系统等）与硬件服务器紧密耦合的关系，为各个业务信息系统在各数据中心之间的安装、部署、扩展、迁移提供一个灵活的支撑平台。

为此，长江航运综合信息服务的数据中心需要建设一个云模式数据中心，其设计要求如下。

（1）地理自治。长江航运数据中心和各业务局的业务数据中心在日常运行上相对独立，各自负责系统的运行管理。

（2）数据交换。业务数据中心的部分业务数据需要定时交换到长江航运数据中心来。

（3）快速部署。各个业务局的业务信息系统通过虚拟化技术的封装可以实现快速、高效的部署和管理，减少人工干预和操作开销。

（4）全面监测。长江航运数据中心和各个业务局的二级数据中心上的硬件资源消耗、业务系统状况等信息可以得到及时、全面、详实的展示和检测。

（5）智能调配。在某个业务局的业务数据中心计算负荷增大、计算能力出现瓶颈时，可以及时调配其他数据中心的计算资源，协助该业务局信息系统的正常运行。

（6）可靠容灾。在某个业务局的业务数据中心出现软硬件故障时，可以及时调配其他数据中心的计算资源，协助该业务局信息系统的可靠运行。

## 7.2　长江航运综合信息服务云数据中心架构

按照上述设计要求，长江航运综合信息服务的数据中心的设计思路如下：

（1）分布自治。长江航运综合信息服务系统的数据中心由长江海事管理部门、长江航道管理部门、长江三峡通航管理部门等业务局的二级分数据中心组成。长江航务管理部门的数据中心为总体数据中心，各业务局将建设或已建设自己的业务数据中心，相当于长江航运数据中心的二级分中心。主数据中心和各业务数据中心是通过长航管理部门内部专网联结起来，地理上是广域分布的。为了尊重已有业务局的系统建设，各个业务局按地域分布施行自治管理和运营。

(2) 整体管控。考虑到部分业务局系统的信息服务规模逐步扩大,其自有服务能力（硬件服务器的计算资源、存储资源等）过载或软硬件系统会出现故障等情况，需要统筹所有业务局的计算资源，完成过载业务局的服务和故障业务局的信息服务快速、灵活迁移到轻负载的地理分布的其他业务局的系统上，从而实现全数据中心的资源调配和可靠保证。

图 7-1 是长江航运综合信息服务的云数据中心的总体架构。该架构的设计充分考虑了各个业务局所建设的二级数据中心和长江航运总数据中心之间的互联关系。业务系统的运行由云数据中心的软件体系决定，见图 7-2。

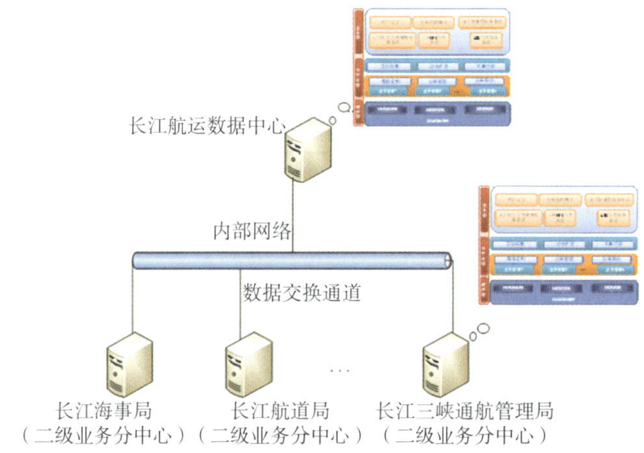


图 7-1　长江航运综合信息服务云数据中心总体架构

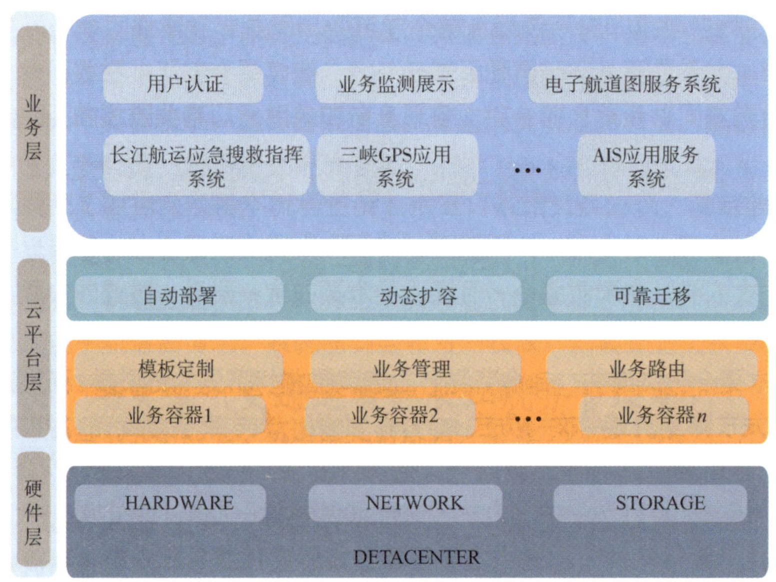


图 7-2　长江航运综合信息服务云数据中心软件结构

从图 7–2 的云数据中心的软件体系中可以看到，整个软件分成了云平台层和业务管理层两个主要的层次。云平台层主要作用如下。

（1）为每个具体的业务系统创建虚拟化的运行容器，即业务容器。一个具体的业务容器包括：虚拟机环境、操作系统和具体的业务系统。业务容器是实现云模式管理的基础和必要条件，其能够剥离具体的业务系统与下层具体的硬件服务器之间的紧密耦合关系，实现业务系统在整体数据中心任意服务器上的迁移执行。

（2）业务请求在业务容器之间的分发与调度。由于每个业务可能存在多个业务容器，分布于本地业务局的服务器上，也可能因为过载而分布于其他业务局的服务器上。因此，需要为每一个业务种类设计一个对应的业务路由器，由它完成所有来自用户请求在多个业务容器之间的分发和调度。其调度策略可以包括负载均衡、本地优先等。

（3）业务状态的监控。需要对每一种具体的业务所属的所有业务容器进行监控，以获取容器运行状态。而且下层的硬件服务器也必须被监控。为此，需要为二级业务数据中心设计一个专门的业务管理器，来完成本地业务局的数据中心上的各个层次的信息监控；并在总数据中心上设计一个总业务管理器，收集来自各个二级业务管理器获取的监控信息，从而形成一个整体的数据中心监控信息中心。

（4）业务的智能管理。通过业务容器，一个具体的新增业务系统就可以实现在本地业务局的数据中心资源上的部署，也可以实现在远端其他业务局的数据中心上的部署，还可以实现智能管理，包括自动部署、智能扩容、可靠迁移等。由总数据中心上的总业务管理器负责发起上述动作指令，并交付给各个二级业务数据中心上的二级业务管理器，在本地具体执行业务容器的安装、部署和迁移等操作。

而业务管理层则主要作用如下。

（1）负责具体业务系统的安装和部署要求的提示；

（2）负责用户认证过程；

（3）负责提供整体数据中心的系统化监控展示平台等。

下面将具体介绍云数据中心的工作流程，包括业务云化、全面监控、自动部署、智能扩容、可靠容灾等。

## 7.3 云数据中心工作流程业务云化

### 7.3.1 业务容器的构造

业务容器是用于支持业务启动以及运行的执行环境。图 7–3 给出了一个以电子航道图服务端系统为例子的典型业务容器实例图。它安装有该业务所需的各种软件资源的虚拟机，用于支持航道图系统业务的运行。在业务容器中，电子航道图服务器端系统直接安装在特定的操作系统上，以虚拟机的方式封装，以虚拟机镜像文件的方式存在于存储设备上，或以虚拟机的方式运行于物理硬件上。

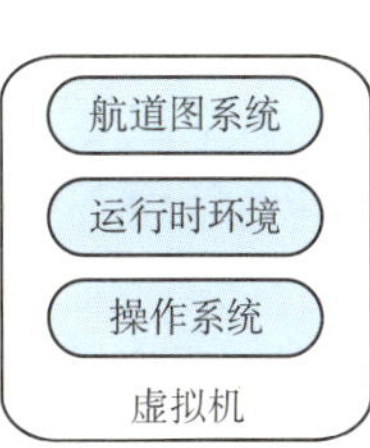


图 7–3 航道图系统业务容器实例图

具体业务系统装载入业务容器中，称之为业务云化的过程。基于这样的过程，所有业务才能够快速、简单地在数据中心的不同服务器上实现部署、迁移、监控和管理。

### 7.3.2 业务容器的运行与组织

业务容器之间通过业务路由器进行联结。业务路由器运行于二级业务数据中心的最前端，主要负责登记该二级业务数据中心所有业务容器，接受业务请求和转发业务请求到适合的业务容器中去执行请求。业务容器与业务路由器之间的组织关系，如图 7–4 所示。

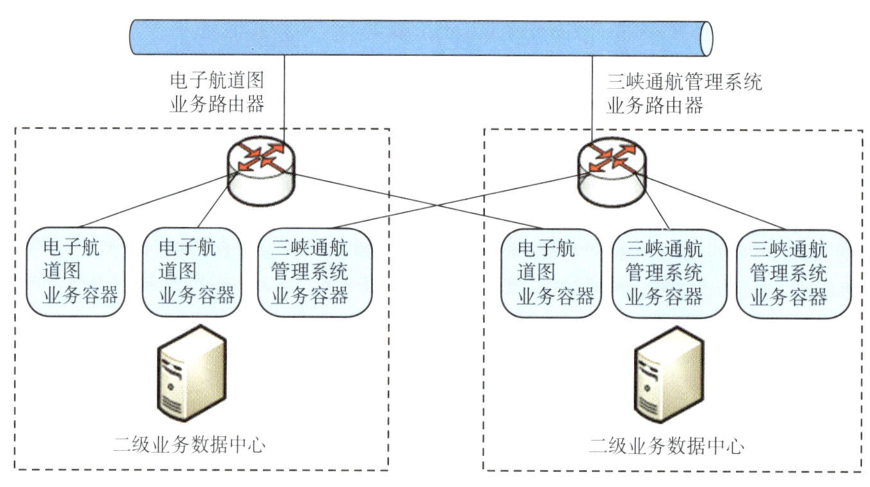


图 7–4　业务容器与业务路由器之间的组织关系图

在该图中，一个业务路由器对应一种具体业务（如电子航道图系统），并且管理运营该业务的所有业务容器，实现负载均衡调度或地域临近调度。

## 7.4 云数据中心工作流程——全面监控

### 7.4.1 业务管理器的构造

业务管理器是实现数据中心及其所有二级分中心上业务容器管理的中间件，负责收集监控信息、部署业务容器、发现过载后调配资源、出现故障时启动新的业务容器等具体工作，是实现虚拟机环境下云模式的业务管理的基础和中心。

长江航运综合信息服务的业务管理器由长江航运数据中心上的总业务管理器和各个二级业务分中心上的二级业务管理器组成。总业务管理器和二级业务管理器之间的关系如图 7–5 所示。

总业务管理器主要收集所有二级业务数据中心的二级业务管理器汇总来的检测数据，然后依据检测数据做出决定，过载时寻找建立新的业务容器，故障时寻找建立新的业务容器。二级业务管理器主要检测本地二级业务数据中心的运行和故障情况，并接收总业务管理器发来的业务容器的再建请求，完成资源调配和可靠运行需求。

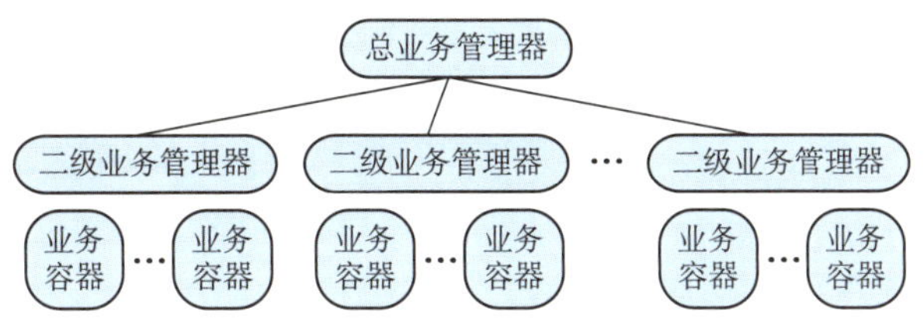


图 7–5 总业务管理器和二级业务管理器之间的关系图

### 7.4.2 总业务管理器的监测功能设计

图 7–6 给出了总业务管理器对整个长江航运综合信息服务的云数据中心进行监控的原理。总业务管理器收集来自各个二级业务管理器监测获得的信息，然后依据监测数据做出决定；而二级业务管理器主要检测本地二级业务数据中心的运行和故障情况。为了图形化展示总业务管理器收集到的检测数据，总业务管理器也对用户层提供监控展示平台的获取接口。

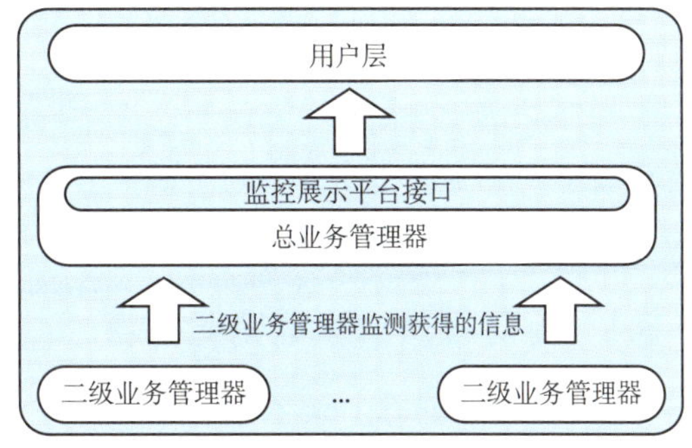


图 7–6 总业务管理器监测功能解释图

## 7.5 长江航运综合信息服务的云数据中心——自动部署

大量业务容器的部署由多虚拟机快速部署系统完成。

在多虚拟机快速部署系统中，部署权限只能由管理员来执行，管理员通过多虚拟机部署系统成功部署应用环境后，再为每个成员分配虚拟机。

虚拟机的部署是基于模板的部署，该模块位于快速部署策略服务层，包括与虚拟机部署相关的策略、关键技术以及部署功能，其主要功能实现由底层服务层的相关部署服务来完成，底层相关服务包含服务器信息提取和虚拟机的创建。图 7–7 显示了虚拟机部署的体系结构。

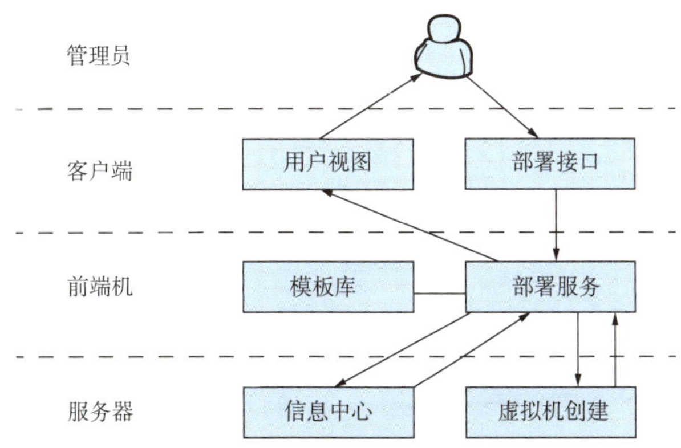


图 7–7 虚拟机部署体系结构图

如图 7–7 所示，虚拟机的部署是由管理员来完成的。管理员通过客户端的部署接口指定要部署的模板、部署的数量以及虚拟机的内存大小或 CPU 个数，部署接口将参数打包后传递给前端机上的部署服务，部署服务调用底层信息中的相关信息，再由部署策略来决定在各个集群节点机上应该部署的虚拟机个数，接着将这些信息打包调用底层服务器上的虚拟机创建服务，部署的虚拟机镜像将放入部署模板库中，最后将部署的结果以用户视图反馈给用户。

## 7.6 长江航运综合信息服务的云数据中心——智能扩容

长江航运综合信息服务的云数据中心的智能扩容包括两部分，单服务器上业务容器计算不足但硬件资源富裕的本地资源扩容，单服务器上业务容器计算不足且硬件资源不足的跨二级数据中心的扩容。

### 7.6.1 业务容器的本地资源扩容

针对多个不同的业务容器对本地硬件资源的竞争使用难题，从协作性的角度考虑，云数据中心提出了面向不同负载的多虚拟机 vCPU 调度模型和热插拔的多虚拟机动态内存管理模型，极大地提高了服务端多虚拟机处理性能。

(1) vCPU 调度模型

针对 vCPU 过分配问题，云数据中心提出了动态调节上下文切换的频率调节的调度策略。

通过对 vCPU 行为进行监控，使用灵活可变长的时间片来代替 Credit 调度器使用的固定长度时间片，根据行为特征动态地调整上下文的切换频率以达到减少“忙等”的效果。改进的调度器在保留 Credit 调度器特点的基础上，吸收了 SEDF 调度器的优点，使得过分配虚拟机中通信密集型和 I/O 密集型程序的性能大幅度提高，达到了与非过分配情况基本相当的水平。图 7–8 描述了改进后的调度器框架结构。

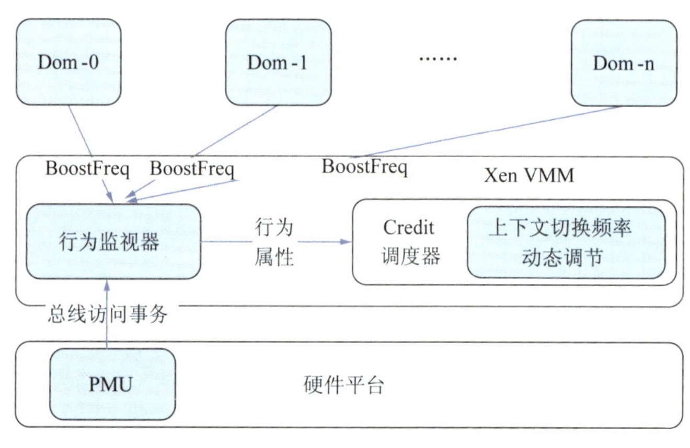


图 7–8 改进版 Credit 调度器框架图

（2）动态内存管理模型

动态内存管理系统的设计目标是实现 Xen 虚拟机的内存热插拔，打破虚拟机初始的内存上限，任意的增加或减小虚拟机内存；系统可以根据虚拟机负载的变化，动态调整每个虚拟机的内存大小，满足虚拟机的内存需求并提高物理机的内存利用率；在物理机内存不足时，系统能够通过合理减小现有虚拟机的内存，创建新的虚拟机。为了实现上述目标，该系统实现了三种基本功能，分别是虚拟机内存热插拔、动态内存分配和动态创建虚拟机。

虚拟机内存热插拔功能利用 linux 内存热插拔机制，在半虚拟化 linux 虚拟机上实现内存热插拔，用来调整虚拟机的内存大小。该功能可以打破虚拟机初始的内存上限，任意的增加或减小内存，有效提高虚拟机内存的扩展性。动态内存分配功能可以动态感知虚拟机的内存压力，预测虚拟机的内存需求，平衡虚拟机的内存压力，既能满足虚拟机的内存需求，提高虚拟机性能，又能提高物理机的内存利用率，增强虚拟机的可用性。动态创建虚拟机功能可以在物理机内存不足时，通过合理减小现有虚拟机的内存，来创建新的虚拟机，实现内存过量使用，提高物理机的内存利用率。

动态内存管理的系统结构如图 7–9 所示。每个 domU 中都运行一个内存信息监控进程，进程周期性地将内存信息通过域间通信发送到 dom0 中的动态内存分配程序；动态内存分配程序根据内存分配算法计算每个虚拟机的内存目标值，然后通过域间通信调用内存热插拔驱动调整虚拟机内存目标值。

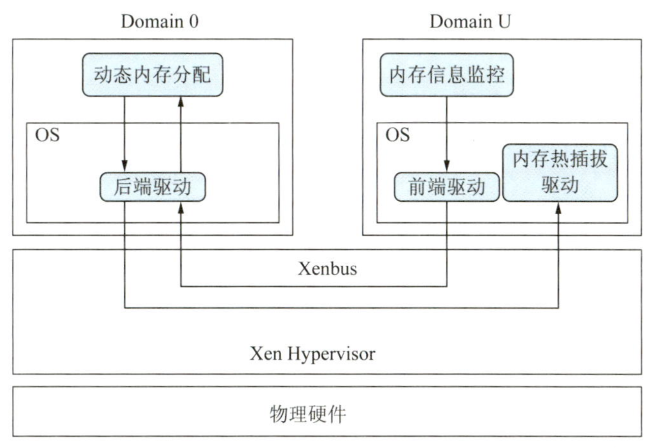


图 7–9　动态内存管理系统结构图

### 7.6.2　业务容器的跨二级数据中心的扩容

业务容器跨二级数据中心的扩容需要建立在各个二级业务管理器的数据监控和总业务管理器管理的基础之上。如图 7–10 所示，各个二级业务管理器的数据监控能够及时地监控到二级业务分中心是否有资源不足过载的情况发生，一旦过载就会发出相应的过载预警；二级业务管理器发出的迁移操作是过载迁移的基本操作。

在响应过载预警时，长江航运综合信息服务云数据中心的总业务管理器首先需要从当前过载的二级业务分中心的物理服务器上选择需要被迁移的业务容器，其选择的方法是根据资源过载预警的类型，选择该资源占用最多的业务容器进行迁移；然后在长江航运综合信息服务云数据中心记录的物理服务器资源池中对该业务容器进行物理服务器匹配，选择目标二级业务分中心的物理服务器节点；最后通过二级业务分中心的物理服务器管理接口中的实时迁移，将选定的业务容器迁移至目标二级业务分中心的物理服务器，解决过载二级业务分中心的预警。

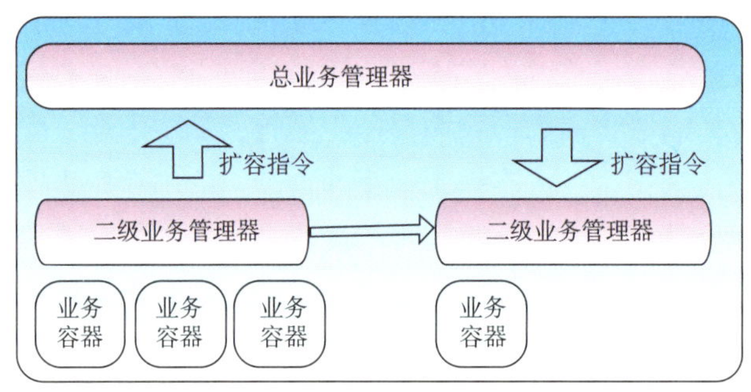


图 7-10　业务容器的跨二级数据中心的扩容解释图

通过业务容器跨二级数据中心的扩容，能够将业务容器运行时产生的物理服务器资源的不均衡分配进行修正，最大化地利用各二级业务分中心现有物理服务器的硬件资源，增加整个长江航运综合信息服务系统吞吐率，使整个过载迁移过程具有自动化、快速、透明的特点。

## 7.7　云数据中心工作流程——可靠容灾

虚拟化技术可应用于长江航运生产与服务系统中，有效实现系统的容灾备份。容灾功能包含以下两个方面：

（1）二级业务数据中心内的节点故障。

（2）整个长江航运综合信息服务的云数据中心的大规模故障。

针对二级业务数据中心内节点故障，采用基于虚拟机架构的虚拟集群容灾方案实现。

对于整个长江航运综合信息服务的云数据中心的大规模故障，采用面向二级业务数据中心互备的多级容灾方案，其中涉及基于虚拟化的计算节点容灾技术以及异地数据互备技术。下面以内河综合信息服务系统常用的基础数据——电子江图系统为例，讨论系统的容灾方案。

### 7.7.1　基于虚拟机架构的虚拟集群容灾方案

虚拟化技术通过资源和环境的动态配置大大提高了应用系统的计算效率和业务服务部署的灵活性。通过虚拟机级别的封装，可以为上层系统提供高效、透明的容错方案。虚拟化架构总体结构如图 7-11 所示。

如图 7−11 所示，首先将硬件资源统一管理，组成硬件资源池，再利用虚拟化技术将硬件资源抽象为虚拟资源池，虚拟资源池以虚拟机为单位向各种应用提供虚拟服务器。图 7−11 中的虚线框代表虚拟集群配置，虚拟集群可以提供服务级的高可用性，即当某个服务（也可以是整个 VM 节点）出现故障,可以将该服务迁移到虚拟集群中的其他节点运行。除此之外针对单个物理节点的故障，系统还提供了虚拟机的动态迁移机制，在虚拟机的层次进一步提高了系统的高可用性。

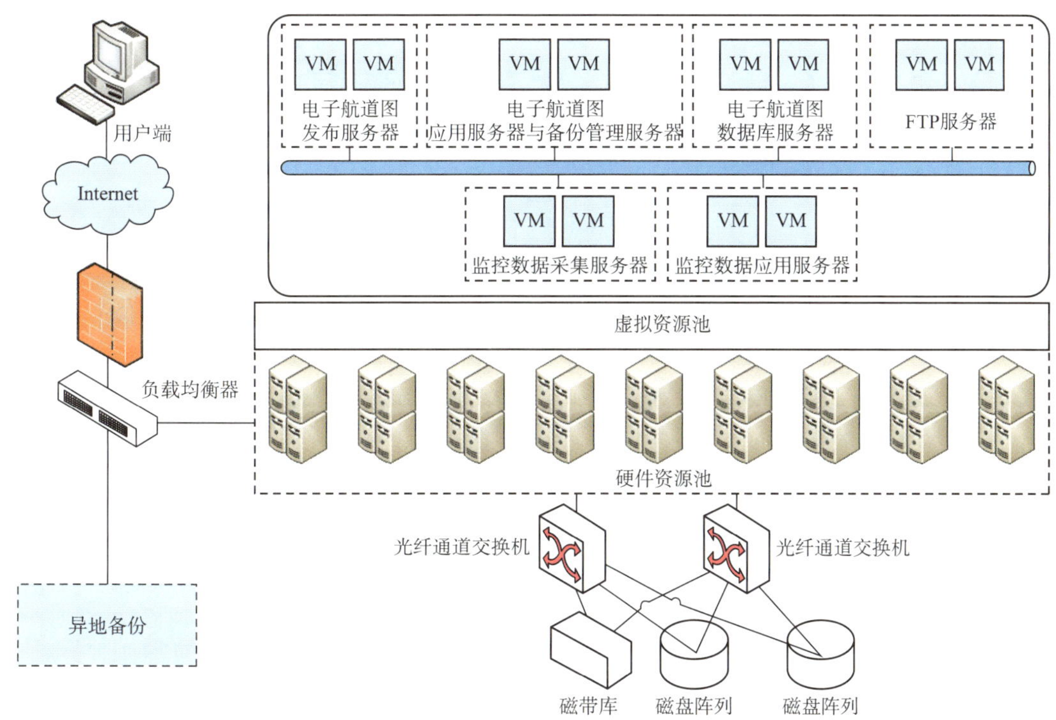


图 7−11　基于虚拟机架构的电子江图应用系统部署方案

如图 7−12 所示，故障节点的虚拟机被自动地迁移到正常节点，迁移成功后这些虚拟机继续为用户提供服务。除了物理节点故障，VM 本身也可能出现故障，对于这种故障，虚拟机管理器可以结合虚拟机检查点机制将 VM 重启或回滚即可进行故障容忍。

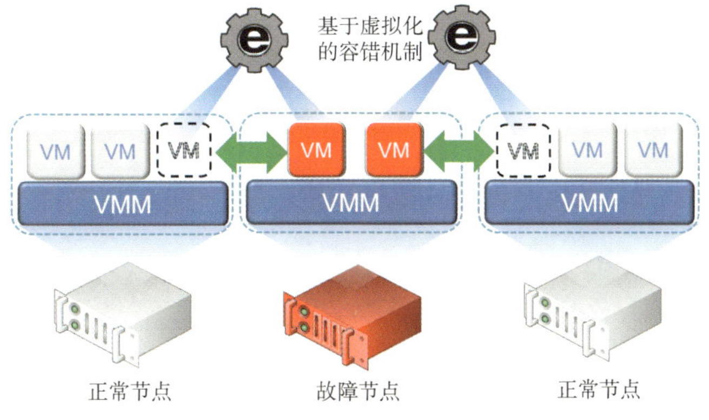


图 7−12　虚拟机级别的故障容忍方案

### 7.7.2 面向二级业务数据中心互备的多级容灾方案

对于长江航运综合信息服务的云数据中心故障，系统提供面向二级业务数据中心互备的多级容灾方案。该方案包含两种层次上的互备技术：即基于虚拟化的计算节点容灾技术和异地数据互备技术。其中基于虚拟化的计算节点容灾技术是以快速恢复上层服务为目标，而这需要以异地数据互备为基础来实现。

基于虚拟化的计算机节点容灾技术包含两种互备技术，第一种是采用基于负载均衡的区域互备技术，如图 7–13 所示。在该技术中 *A*、*B* 两个二级业务数据中心通过负载均衡器同时向外部提供服务，同时两个二级业务数据中心间的数据进行实时的同步，以保证数据的一致性。该方案的优点是可以通过负载均衡器充分发挥 *A*、*B* 两地的处理能力，适合负载较重的应用；缺点是会增加额外的硬件资源，不适用于负载较小的应用。

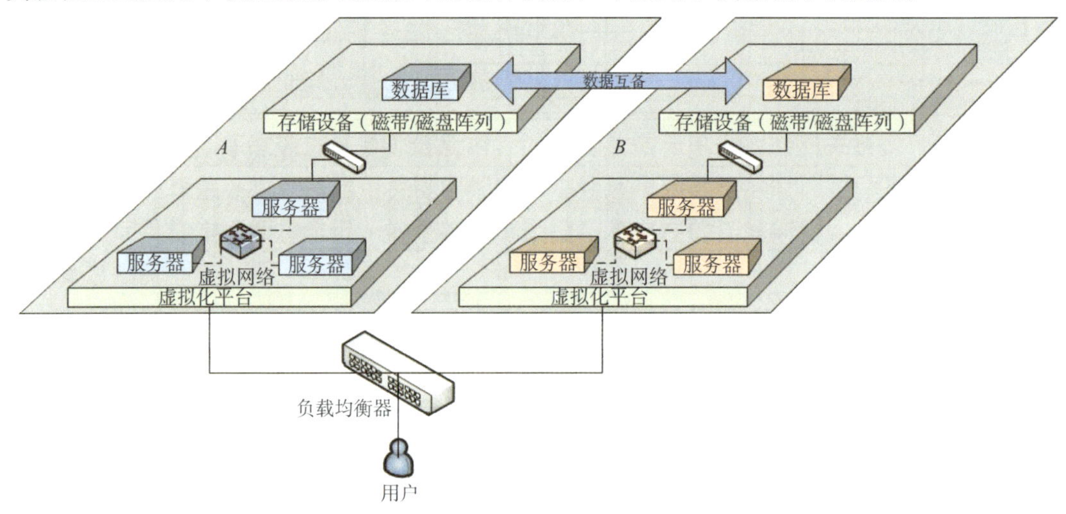


图 7–13 基于负载均衡的二级业务数据中心互备技术

第二种是基于容灾模板的二级业务数据中心互备技术，如图 7–14 所示。

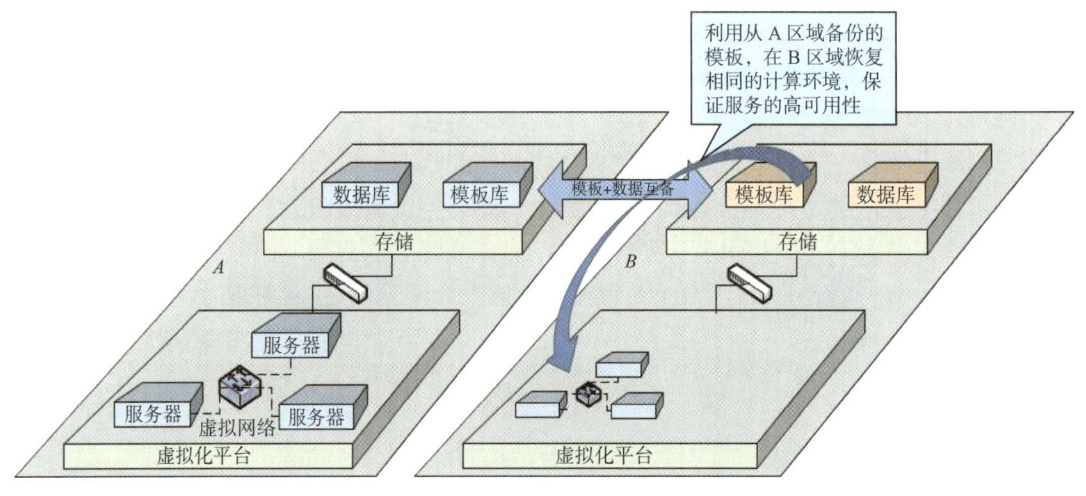


图 7–14 基于容灾模板技术的二级业务数据中心互备

该技术在二级业务数据中心 $B$ 备份二级业务数据中心 $A$ 的虚拟机模板和数据。正常情况下，二级业务数据中心 $B$ 不运行相应的服务，只有当二级业务数据中心 $A$ 出现故障时才在二级业务数据中心 $B$ 利用已经备份的模板库恢复出与二级业务数据中心 $A$ 相同的计算环境，为用户继续提供服务。该方案可以有效地节约计算资源，适合负载较小的应用。

面向二级业务数据中心互备的多级容灾方案则是采用混合容灾策略，将这两种技术结合起来使用，对于负载较大的应用采用基于负载均衡的二级业务数据中心互备技术，而对于负载较小的应用采用基于容灾模板技术的互备策略。

异地数据互备技术是为了防止数据中心因故障而导致全系统无法使用，在异地建立一套备份数据库，当某地的数据库无法访问时，可以立即切换到异地数据库，保证了服务的连续性，同时多地备份也保证了数据的完整性。

由于电子江图应用系统的数据种类复杂，除了传统意义上的数据库外，还包括一系列的图表和文件信息。针对这一应用特点，我们分别对数据库和文件进行了同步备份。

(1) 数据库二级业务数据中心互备技术

数据库二级业务数据中心互备技术可以实现不同二级业务数据中心的数据同步、数据库之间的快速切换和灾难性恢复。数据库二级业务数据中心互备技术在逻辑上把数据库分为主节点和备份节点。在正常运行时，用户主要访问主节点，其他备份节点接受主节点的更新；当主节点发生故障时，会进行角色转换，从备份节点中选取一个作为主节点。该技术的架构如图 7–15 所示。

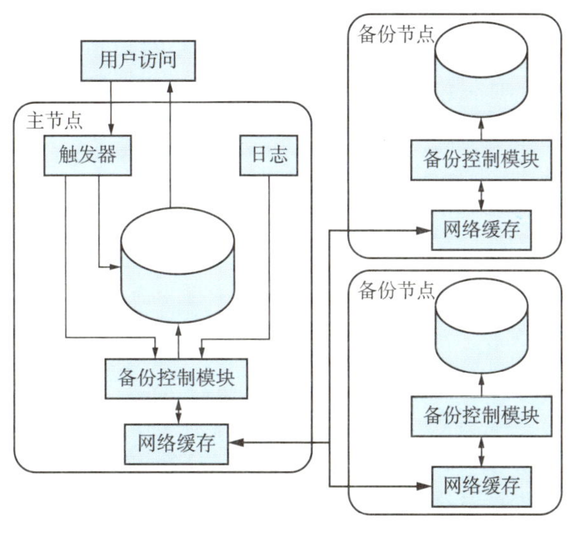


图 7–15 数据库二级业务数据中心互备技术架构图

数据库二级业务数据中心互备技术利用日志和触发器机制来监视数据库记录的修改，支持事务回滚，使得数据库的完整性得到了保证，而且该技术支持不同的网络传输协议，并定义了一系列的过滤器，提供数据同步流的强制验证和并发控制，保证在网络不稳定的情况下的数据同步。

(2) 文件级别二级业务数据中心互备技术

文件级别二级业务数据中心互备技术主要用来备份非数据库中的数据。该技术可以实时跟踪文件变化，在各台服务器之间进行同步。该技术的架构如图 7–16 所示。

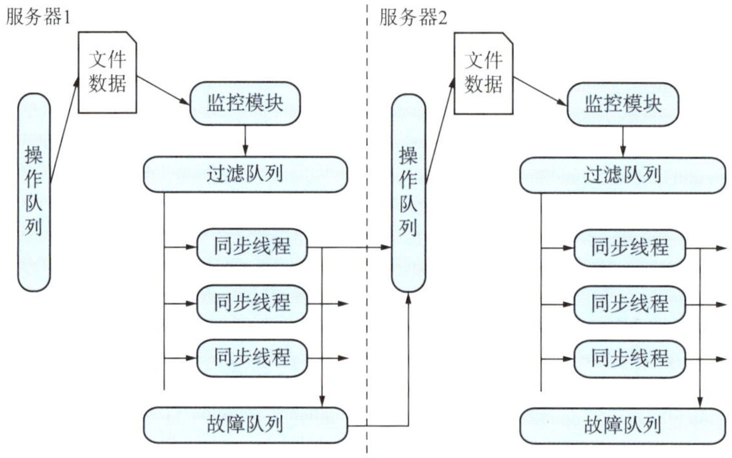


图 7–16　文件级别二级业务数据中心互备技术架构图

通过在各台服务器上的内核监控模块，系统可以实时了解指定文件夹或磁盘内的文件变化情况（新建、修改、删除等）。当发现文件改变时，系统会把消息传入过滤队列。过滤队列则启用多个线程，并发地把修改操作发送到需要同步的服务器。如果遇到网络错误导致同步失败，系统会把此次操作加入到失败队列，等待重传。即使所需同步的文件较大时，该技术也可以保证各个远程服务器可以同时获得要同步的文件。

# 8 综合信息服务数据共享方案

按照交通运输部打造“四个交通”的精神，注重“智慧长江”的建设，注重以信息化、智能化引领提升交通运输管理效能，全面提升交通运输综合服务质量，长江航运综合信息服务以促进长江航运综合服务信息资源共享整合为手段，打破传统信息壁垒，实现各单位之间的信息互联互通、资源共享，提高长江航运综合服务效率。

## 8.1 共享方案编制目的

为了满足日益增长的综合服务信息共享需求，必须形成综合服务信息共享机制，并通过建设数据共享环境的途径来实现数据共享。长江航运综合服务信息共享方案通过元数据管理、公共数据表示、通用数据库访问引擎、数据交换和数据库段管理等数据共享技术，建立共享数据环境，为各种应用系统提供通用数据访问服务和数据共享支持。

数据共享方案将提出数据交换共享的工作原则、数据共享的范围、数据共享实现的技术方式及数据共享机制，从访问控制、安全控制和传输控制等方面明确具体技术和各自的责任，为长江航运综合服务信息共享提供技术实施依据。

## 8.2 数据共享范围

长江航运综合服务信息共享的范围，主要有政务信息、企业信息及商务信息。数据按更新频率和业务相关性分为静态数据与业务动态数据。

（1）政务信息指由各级航运管理部门在管理业务活动中形成的信息资源，包括政策法规信息、行业管理信息（运政管理、船舶及船员管理等信息）、通航保障信息（航道维护、枢纽通航、无线电管理等信息）、安全监管信息（船舶定位、公安消防、应急救助等信息）。

政务信息中的静态数据包括航道基础数据、船舶基础数据、水运企业基础数据、船员基础数据、管理机构基础数据。业务动态数据包括航道维护管理数据、航道动态发布数据、船舶动态数据、港航企业动态数据、船员动态数据、三峡管理动态数据、CCTV 视频监控数据、政务公开数据。

（2）企业信息是指航运企业运营过程中产生的信息资源，包括企业基本信息、生产资源信息、运营调度信息（船舶、港口作业计划等）、物流信息（货物信息、货物定位信息等）。

企业信息中的静态数据包括港口基本信息、企业基本信息等。业务动态数据包括船期计划、船舶配载、船舶装载货物详情、港口装卸作业计划等。

（3）商务信息是指长江航运涉及的全部配套服务信息，包括船舶交易信息、运输交易信息、人才服务信息、配套设备服务信息、一关三检信息、银行保险信息等。

## 8.3　数据共享原则

数据共享的程度反映了行业的信息发展水平，数据共享程度越高，信息发展水平越高。要实现数据共享，首先应建立一套统一的、法定的数据交换标准及规范数据格式，使用户尽可能采用规定的数据标准。

长江航运综合服务信息数据共享，必须按照“标准完善、技术开放、分级共享、逐步深化”的原则开展工作。

（1）标准完善

信息资源整合工作需要一系列完善的标准，在数据采集、分类、保存和共享各环节进行技术标准统一，才能保证资源整合落实工作。数据交换必须采用安全、可靠的技术手段和技术协议，设定合理的数据交换策略和数据项，保证长江航运数据交换的安全性和完整性。

（2）技术开放

将数据交换的技术进行规范和定义，在数据交换的各方进行技术公开，并制定相应的技术标准，各方共同遵守、执行，使数据交换共享从技术层面上保证一定的公开、透明。

（3）分级共享

利用技术手段，确保由数据的安全和共享，使授权用户可以进行数据维护和管理，并根据权限享受数据的使用；无权限的人员将不能对数据进行生产和维护，只能一定范围内使用数据。同时，在管理上，通过制定应用系统规范，来要求数据提供者及时更新自己所负责的数据，保证系统中数据的准确性和可追踪性。系统提供安全审计功能，保证业务数据的安全使用，提高保密性，对用户进行严格筛选，对不可共享的数据进行严格管控。

（4）逐步深化

按照“谁掌握，谁负责”的总体要求和“一数一源，交换共享”的总体原则，方案将界定长江航运综合服务信息的数据内容、数据源头，提出当前阶段的具体交换共享机制，并适当规划远期交换共享方式。

## 8.4　数据共享技术实现方式

长江航运综合服务信息将利用长航局数据交换平台实现数据交换与共享，如图 8-1 所示。该数据交换平台主要面向长航系统单位及航运企业、港航管理部门等提供一系列开放的、基于标准的安全认证和数据交换等基础服务。安全交换系统主要的功能主要有：传输协议适配、认证服务调度、加密解密、加签验签、身份认证、权限控制、标准转换、逻辑校验、报文调度、数据存证等。

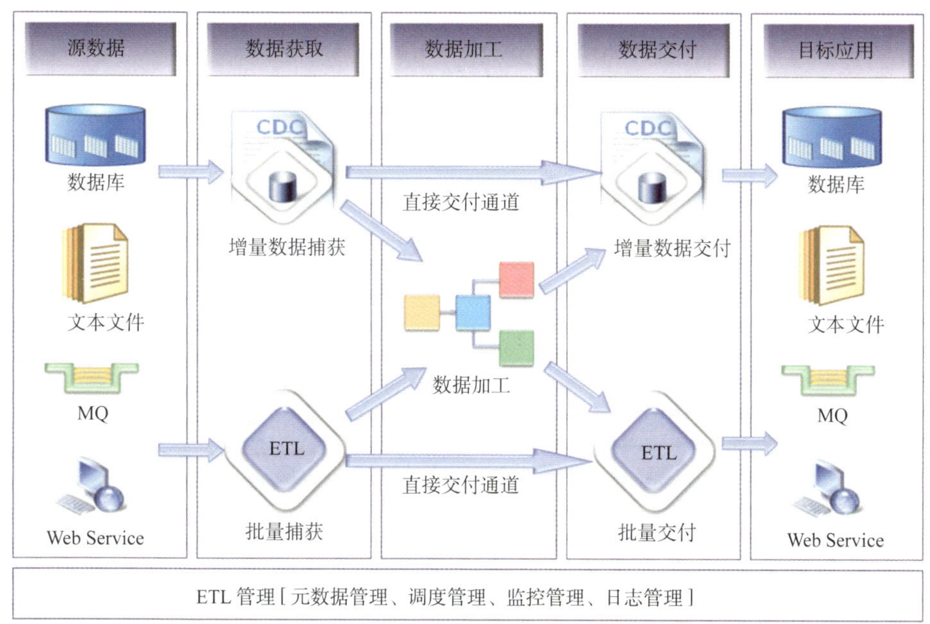


图 8-1　综合信息服务数据交换平台

## 8.4.1　数据共享技术架构

（1）传输协议

由于长江航务管理部门的核心数据交换平台与长航系统单位及航运企业、港航管理部门的应用系统，是处于异构网络环境下的分布式应用。为了更好地管理需要共享的数据信息，系统要求各数据交换方的数据中心与长江航务管理部门的核心数据交换平台之间使用消息队列技术实现加密数据的可靠传输。

（2）安全控制

利用异步传输技术，实现长航系统单位及航运企业、港航管理部门数据交换。为保障数据交换过程的安全，保证信息在交换过程中不被非法篡改、非法访问、数据交换后不可抵赖等功能，核心数据交换平台提供了两种方法实现安全控制：

①支持 HTTPS 传输协议，通过 SSL 实现数据防篡改、数据加密等功能。

②支持对消息内容的数字签名、数字摘要和信息加密，来实现上述的安全功能。

各数据交换方可协商选取一种实现数据交换的安全控制。

（3）访问控制

根据数据交换各方的身份限制对某些信息项的访问，或限制对某些控制功能的使用。按事先约定的规定，由核心数据交换平台控制访问用户对服务器、目录、文件等网络资源的访问。核心数据交换平台提供了以下两种方法实现访问控制。

①对接入的业务系统（即接入用户）的身份认证和授权访问控制。当一个业务系统通

过应用适配器或者调用交换系统的 JAVA API，向信息交换平台发送数据或者从交换平台读取数据时，必须要提供身份信息（用户名与口令、CA 证书），经交换平台进行身份认证和权限检查后，被授权的合法用户才能将操作完成。

②对系统管理人员的身份认证和访问控制。用户登录到管理平台，进行系统管理，必须经过系统的身份认证和授权访问控制。

（4）传输控制

核心数据交换平台利用消息队列技术，采用异步的消息机制在不同的服务器节点之间保证可靠的信息传递服务。各数据交换方的数据传输，统一由长航局数据交换平台负责。

核心数据交换平台在数据传输中，保证自动屏蔽各种异常和故障而保证将数据信息传送到目的地，每种信息将至少被传递一次而且只被传递一次。在传输过程中网络或任何软件、硬件系统出现故障，长航局数据交换平台也能够保证将信息安全地传送到目的地。

## 8.4.2 数据交换技术

（1）数据文件方式

基于文件的数据交换方式主要包括文件的接收与发送、解析处理、数据存储。数据中心前置机通过 SFTP 协议，以二进制的形式获取文件，通过解析器解析、处理文件中的数据，在处理过程中仅需要抽取相关记录，并存储到前置交换信息库。数据交换中心通过交换平台，从前置信息库中获取数据。图 8-2 是文件的交换方式流程图。

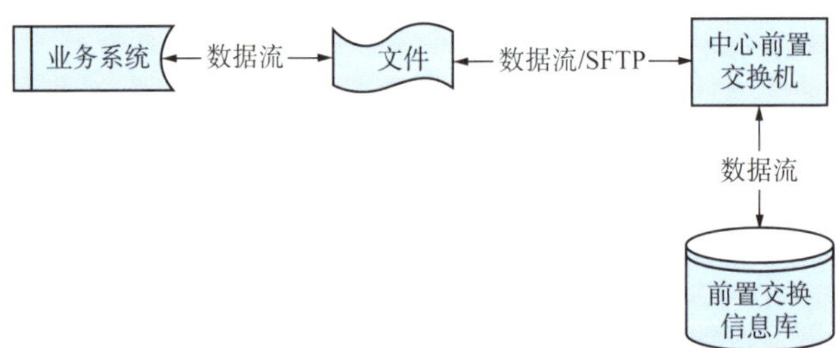


图 8-2　文件交换方式流程图

SFTP 是英文“Secure File Transfer Protocol”的缩写，为安全文件传送协议，可以为传输文件提供一种安全的加密方法。SFTP 与 FTP 有着几乎一样的语法和功能。SFTP 为 SSH 的一部分，是一种传输档案至 Blogger 伺服器的安全方式。其实在 SSH 软件包中,已经包含了一个叫作 SFTP（Secure File Transfer Protocol）的安全文件传输子系统，SFTP 本身没有单独的守护进程，它必须使用 SSHD 守护进程（端口号默认是 22）来完成相应的联结操作。所以从某种意义上来说，SFTP 并不像一个服务器程序，而更像是一个客户端程序。SFTP 同样使用加密传输认证信息和传输的数据，所以使用 SFTP 是非常安全的。但是，由于这种传输方式使用了加密与解密技术，所以传输效率比普通的 FTP 要低得多，如果环境对网络安全性要求更高时，可以使用 SFTP 代替 FTP。

（2）数据库同步方式

数据库同步是指两个数据交接单位之间通过数据库复制技术，将各业务系统数据库中的共享数据实时收集到数据交换平台，形成汇总数据集。

①使用环境：两个数据交接单位访问同一个共享数据服务器。

②技术选择：基于数据库复制的数据交换技术。

③数据同步：两个应用系统之间的数据对实时性要求不高，增量数据大，可以按月或季度进行数据交换。

（3）数据通信接口方式

两个数据交接单位之间通过建立在传输层协议上的 socket 套接字规范，数据接收方可以向 socket 写请求，服务器将处理此请求，然后通过 socket 将结果返回给请求者。

①使用环境：网络互联情况支持安全性高的点对点的数据交换。

②技术选择：基于传输层协议的通信数据交换技术。

③数据同步：两个数据交换单位的数据交换对实时性要求高，增量数据大。

（4）基于 Webservice 的接口方式

WebService 是一种跨编程语言和跨操作系统平台的远程调用技术，在跨防火墙通信、实现数据传输和共享方面有很大的优势。WebService 采用基于 HTTP 的 SOAP 协议，以 XML 的数据格式传输信息。WSDL 是一个用来描述 WebService 和说明如何与 WebService 通信的 XML 语言，是 Web Service 的接口的详细描述和说明。WSDL 主要的元素和定义见表 8-1。

WSDL 主要元素定义表　　表 8-1

| 元　素 | 定　义 | 元　素 | 定　义 |
|---|---|---|---|
| <portType> | Web service 执行的操作 | <types> | Web service 使用的数据类型 |
| <message> | Web service 使用的消息 | <binding> | Web service 使用的通信协议 |

### 8.4.3 数据服务模式

综合信息服务系统提供不同的信息服务模式，各用户可根据自身条件，选择不同类别的信息服务模式。

（1）信息查询模式

综合信息服务系统将信息发布为数据查询服务模式；公共服务信息可通过各服务途径直接查询使用；对于内部和受限服务信息，获得授权的管理部门用户和应用系统由主要管理部门配置访问权限，通过验证后可查询信息。

（2）直接交换模式

综合信息服务系统通过数据交换平台，可定制多种格式的直接数据交换，还可搭建数据下载服务。获得授权的用户或应用系统由主要管理部门配置访问权限，直接下载共享数据。

（3）定制处理模式

用户可通过综合信息服务系统定制各种所需的信息内容及服务方式，系统可针对不同信息及方式对用户进行信息服务。

## 8.5 数据共享机制

长江航运综合服务信息资源的共建共享是一项长期性、基础性和公益性工作，而共享机制是促进信息资源的有效整合、充分共享和高效利用的关键。信息资源共建共享机制的构建需要从国家发展总体布局出发，结合长江航运信息化发展的实际情况，并以提升航运行业竞争力和信息资源高效共享为主要目标，以政府平衡机制为主，市场机制和社会机制为辅，充分调动各主体的积极性和参与性，构建一个信息共享的信息资源系统，促进航运信息资源的高效共享秩序的形成，为产业创新与科技进步提供服务。

### 8.5.1 组织领导机制

在信息资源的建设过程中，要以系统论思想为指导，把分散、杂乱无章的信息进行整合，集中资源统一规划，强化行业内横向和纵向的信息沟通，消除条块分割的行政性约束，以提高信息的综合利用效率。这就要求对行业内各信息行为主体的信息进行重新整合，避免各信息主体因各自利益产生公共信息重复投资，造成信息资源浪费，从整体上规划和协调各相关信息主体所拥有的资源，发挥行业信息资源共建共享的作用。

本书建议成立长江航运综合信息服务系统工作领导小组和工作协调办公室，统筹协调、监督实施长江航运综合信息服务系统的相关工作。工作领导小组由交通运输部、长江航务管理部门及沿江港航管理部门、支持保障系统单位领导组成，负责对长江航运综合信息服务及系统重大事项进行讨论决策，协调实施过程中的各项问题。

### 8.5.2 协调管理机制

分工协作是实现长江航运综合服务信息资源共建共享的重要环节。综合服务信息资源共建共享机制是一个庞大、复杂的综合体，共建共享系统的协调机制需要将各信息主体结合成分工明确、管理有序、职责分明的联合体。结合长江航运行业发展的实际，相关信息主体应按照信息资源优化配置的观念，提高信息资源共享的规范化建设，各单位根据自身的优势情况进行分工，合理规划，提高数据利用率。

本书建议由长江航务管理部门、沿江港航管理单位、支持保障系统、航运企业单位代表组成工作协调办公室，负责收集实施过程中的相关意见，参与制订相关标准和规范。综合信息服务的各参与单位应建立专设机构，配备专设人员及岗位，为长江航运综合信息服务提供组织与人员保障，负责履行本单位的相关工作。

### 8.5.3 运行管理机制

在长江航运综合服务信息资源共建共享体系中，运行管理机制是保证数据共享连续性、长期性的保证，必须建立完善的资金保障体系、资源建设体系、资源建设人才体系，才能全面保证数据共享机制的运行；必须投入力度，给予稳定持续的财政支持，以保障长江航运综合服务信息资源建设的可持续性；必须依托公共的综合服务信息服务平台，充分利用各行业内主要信息资源持有单位的数据资源，加强增量数据建设，有效整合行业信息资源；同时，全面提升信息服务与开发领域人员素质，为长江航运综合服务信息数据共享提供更好的服务，为综合服务信息资源建设提供人力资源保障。

### 8.5.4 共享共用机制

综合服务信息资源共建共享机制的核心是共享共用机制，只有采用共享共用的利益驱动机制，才能调动行业内各信息主体的积极性，保障整个行业信息资源系统的实施。因此，必须建立监督机制、激励机制和互惠互利机制才能保证数据资源的共享共用。

本书建议建立长江干线综合信息服务系统专门管理机构，通过建立诚信档案记录等相关制度和措施，加强监督管理。相关参与单位拒不执行相关政策、规范、技术标准，信息采集与更新不及时、不准确、不完整，信息安全疏于管理的，责令实施限期整改、记录诚信档案、限制或取消其获取服务信息的权限，并通报批评及进行责任追究。

## 8.6 数据共享关键技术

### 8.6.1 分布式数据组织与管理

由于服务器性能得到极大的提高及其使用的普及，使处理能力分布到网络上的所有计算机成为可能。分布式计算是和集中式计算相对立的概念，分布式计算的数据可以分布在很大区域。分布式数据组织的基本思想是将原来集中式数据库中的数据分散存储到多个通过网络联结的数据存储节点上，以获取更大的存储容量和更高的并发访问量。

分布式网络中，数据的存储和处理都是在本地服务器上进行的。数据输出可以打印，也可保存在软盘上。每台计算机都能够存储和处理数据，所以不要求服务器功能十分强大，其价格也就不必过于昂贵。这种类型的网络可以适应用户的各种需要，同时允许它们共享网络的数据、资源和服务。在分布式网络中使用的计算机既能够作为独立的系统使用，也可以把它们联结在一起得到更强的网络功能。

综合信息服务系统采用分布式技术进行数据组织与管理，可具备如下优点：

（1）更快的数据访问速度：分布式技术为了保证数据的高可靠性，往往采用备份的策略实现容错，所以在读取数据的时候，客户端可以并发地从多个备份服务器同时读取，从而提高了数据访问速度。

（2）更大的灵活性：分布式技术在系统设计上，既可为独立的计算机的地区用户的特殊需求服务，也可为联网的企业需求服务，实现系统内不同计算机之间的通信；每台计算机都可以拥有和保持所需要的最大数据和文件；减少了数据传输的成本和风险。

（3）更高的可用性：分布式技术为分散地区和中心办公室双方提供更迅速的信息通信和处理方式，为每个分散的数据库提供作用域，数据存储于许多存储单元中，但任何用户都可以进行全局访问，使故障的不利影响最小化，以较低的成本来满足数据交换的特定要求。

### 8.6.2 封装服务的数据交换技术

封装服务主要是指为某些功能或操作提供对外的接口，从而可以让远方的程序进行调用。对于服务代码，我们可以自己编写业务逻辑，也可以调用已经编写好的 JavaBean。

综合信息服务系统主要采用中间件 GDT（Grid Development Tools）开发服务，GDT 可以简化开发流程。利用它可以方便地实现 Stub 类的生成、gar 包的生成以及服务的本地部署。

# 9 综合信息服务数据交换标准

在长江航运各信息系统数据交换过程中，存在异构系统数据交换。交换技术类型可分基于 AIS 信息系统的数据交换技术、基于数据库方式的数据交换技术和基于 Web Service 的数据交换技术，分别应用于不同环境中。

## 9.1 基于 AIS 信息系统的数据交换技术及标准

### 9.1.1 基于 AIS 的数据交换技术

船舶自动识别系统（Automatic Identification System，简称 AIS 系统）由岸基（基站）设施和船载设备共同组成，是一种新型的集网络技术、现代通信技术、计算机技术、电子信息显示技术为一体的数字助航系统和设备。AIS 信息系统主要为船舶提供其动态、静态等信息，可及时识别相遇船舶，极大减少了船舶碰撞事故的发生。

基于 AIS 系统，我们搭建了一个船舶综合业务平台，分别建立船舶动态信息模块、船舶静态信息模块、船舶报告系统、船舶航程计算统计、短信互动系统、视频监控系统、船舶调度系统、综合业务信息平台 8 个子模块。其中，船舶动态信息模块、船舶静态信息模块的数据推送采用基于 AIS 的数据交换技术。

AIS 系统数据交换主要通过动态数据交换协议来实现的。动态信息交换接口采用动态数据交换协议对外推送 AIS 数据。AIS 转发协议使用统一的接口、统一的报文、统一的显示终端，在航行区域内实时进行多船舶间、船岸间的动、静态航行信息以及其他航行安全相关信息的动态交换，从而为船舶航路监视、避碰及恶劣天气状况下的安全航行提供连续准确的信息和可靠的通信手段。AIS 数据交换技术具有低信息量、低报告率、低成本的特点。

### 9.1.2 AIS 转发协议报文格式

动态数据交换协议包括动态信息交换接口、通信格式等。动态信息交换接口用于对外推送 AIS 数据。该接口包括以下功能，如表 9-1 所示。

动态信息交换接口功能表　　表 9-1

| 序　　号 | 功　　能 | 说　　明 |
|---|---|---|
| 1 | 位置数据 | AIS 终端的位置信息 |
| 2 | 静态位置信息 | AIS 终端发送的静态信息 |

通信格式规定了双方数据交换时采用的标准及格式，动态信息输出接口采用 UDP 方式通信，以“\r\n”为结束符的字符串为通信指令基本单元。逗号作为通信指令中的字段分隔符。字符编码英文采用 ASCII，中文编码采用 GBK。具体指令类型见表 9-2。

指令类型表　　表 9-2

| 序　　号 | 指令符 | 定　　义 | 方　　式 | 发送方 | 接收方 | 说　　明 |
|---|---|---|---|---|---|---|
| 1 | p | 位置数据 | 异步 | S | C | 服务端推送位置数据 |
| 2 | y | 静态数据 | 异步 | S | C | 服务端推送信息数据 |

(1) 动态数据推送，即数据服务商向数据接收方推送位置、UTC、实际航向、实际航道、航行状态及转向率等避碰重要数据。动态数据推送格式如下。

指令符：p

terminal_code,comm_type,pos_type,utc,longitude,latitude,course,trueheading,speed,status,vdesc\r\n

分别为：终端号码、通信终端类型、位置类型、GPS 时间、经度、纬度、航向、船艏向、速度、状态码、备注。

位置类型定义：基站 412、其他 410。

状态码定义：保留。

通信终端类型定义：AIS 为 4。

数据定义见表 9-3。

数据定义表　　表 9-3

| 名　　称 | 单　　位 |
|---|---|
| Utc | 自 1970-01-01 00：00：00 以来的秒数 |
| 经度、经度偏移 | 1/10000 " |
| 纬度、纬度偏移 | 1/10000 " |
| 航向 | 1/10° |
| 速度 | 1/10kn |
| 半径 | n mile |
| 报位间隔 | 1s |
| 字符串类数据在进行自定义协议插传送时进行转义 | 转义字符表示，为了区分指令分隔符“，”，和结束符“\r\n”转义字符：-> 表示转义，(逗号) -> \.（两个字符）\r\n（回车换行） -> \r\n（四个字符） |

(2) 静态数据推送，即数据服务商向数据接收方推送船舶静态数据信息。静态数据推送格式如下。

指令符：y

mmsi,imo,call sign,shipname,cargo type,length,width,pos_fix,eta,draft,dest,classtype,utc\r\n

分别为：终端号码、imo 号码、呼号、船名、船舶类型、船长、船宽、定位类型、预到达时间、吃水、目的港、AIS 类别、接收时间。

AIS 类别：A 类 0，B 类 1。

## 9.2 基于数据库的坝区调度技术及标准

### 9.2.1 基于数据库方式的数据交换技术

随着三峡水库蓄水通航和长江航运的快速发展，三峡船闸实际通航能力与航运需求之间的矛盾日益突出，如何最大限度地挖掘三峡船闸的通航潜力，提高船闸通过能力，减少船闸的待闸时间，是亟需解决的现实问题。因此，制定三峡船闸调度标准，有助于准确掌握船舶的发航时机。选择安全合理的船舶待闸地点、缩短船舶进闸时间是提高船闸通过能力和船闸运行效率的关键。

三峡、葛洲坝船闸调度计划数据交换采用基于数据库的数据交换方式，长江航运综合信息服务系统数据库通过前置机直接与坝区调度数据库进行对接。当坝区调度计划数据库更新时，推送到前置机，长江航运综合信息服务系统数据库服务器通过数据库交换方式抽取存放于前置机上 ORACLE 数据库的三峡、葛洲坝船闸调度计划数据，然后应用服务器通过调用数据库服务器数据的方式对外提供 Web 应用服务。基于数据库数据交换的网络拓扑结构如图 9−1 所示。

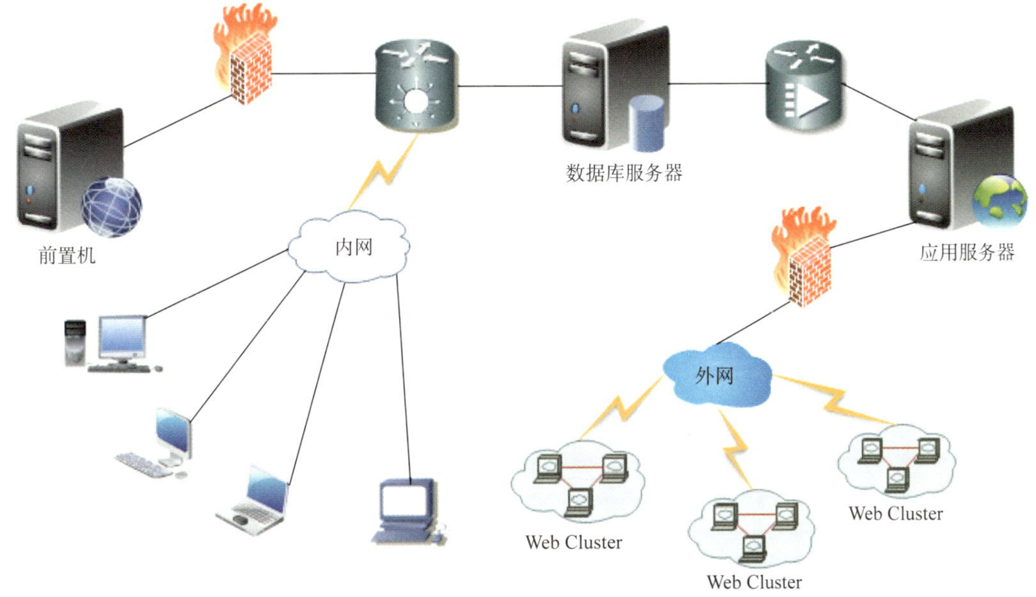


图 9−1 基于数据库数据交换的网络拓扑结构

### 9.2.2 基于数据库方式的数据交换的优势

运用数据库数据交换，主要是为了适应信息共享的发展趋势，具有在内部不同业务系统间、内部与外部不同业务系统间快速进行信息交换的功能。

采用数据库交换方式进行信息共享的优点：

（1）通过对内部网络数据访问权限进行控制，可有效管理控制数据访问请求，从而保障信息共享更加安全。

（2）数据库交换具有较高的稳定性，只要保障前置机的数据服务正常以及数据库与前置机的网络连接通畅，即可保证所有的数据访问请求都能够得到响应和处理。

（3）数据访问响应时间短，可实现实时数据交换。

### 9.2.3 报文结构和标记说明

坝区调度计划包括三峡南线计划、三峡北线计划、葛洲坝 1 号计划、葛洲坝 2 号计划、葛洲坝 3 号计划。三峡、葛洲坝船闸调度计划表，描述了船闸名称、闸次序号、闸次开闸时间、船舶名称、船舶所属公司等信息。数据类型的取值类型为 a 字符型，n 数字型，DATE 日期时间型。三峡、葛洲坝船闸调度计划数据库表如表 9–4 所示。

三峡、葛洲坝船闸调度计划数据库表结构　　表 9–4

| 数据项（Data Name） | 字段名称（Field Name） | 说明（Description） | 数据类型（DataType） |
|---|---|---|---|
| 序号 | SID | 记录序列号 | n |
| 船闸名称 | DAMGATE_ID | 通过船闸的名称，如三峡南线 | n |
| 闸次序号 | DAMGATE_ORDER | 闸次序号 | n |
| 航向 | DAMGATE_DIRECTION | 航向，汉字‘上’或‘下’ | a |
| 闸次开闸时间 | DAMGATE_BEGINTIME | 闸次开闸时间，格式：yyyy-mm-dd h24：mi：ss | DATE |
| 船名 | SHIP_NAME | 船舶名称 | a |
| 船舶公司名称 | COMPANY_NAME | 船舶所属公司名称 | a |
| 过闸方式 | PASS_DAM_TYPE | 过闸方式，如葛闸三峡上、三峡葛闸下 | a |
| 计划编号 | PLAN_SID | 每个计划都有唯一值 | n |
| 计划标识 ID | PLAN_ID | 计划标识 ID，格式：yyyy-mm-dd-顺序号 | a |
| 计划开始时间 | PLAN_BEGINTIME | 过闸计划开始时间 | DATE |
| 计划结束时间 | PLAN_ENDTIME | 过闸计划结束时间 | DATE |
| 数据标志 | DATA_FLAG | 数据标志 | a |
| 计划详细信息 | MEM | 计划详细信息 | a |

## 9.3 基于 Web Service 的数据交换技术及标准

### 9.3.1 Web Service 数据交换技术

传统的搜索引擎虽可以方便地查找信息，但仅适用于数据量较小情况。随着计算机网络的迅速发展，互联网信息资源库呈爆炸式增长，且不同网站开发所采用的技术差异较大，数据采集的难度增大。因此，研究通用网页数据采集工具，根据一定的采集规则，从指定的 URL 页面中进行信息抓取，并将匹配到的结果分析、整理后保存在指定的结构化数据库中，为数据的再开发利用提供基础很有必要。

Web Service 是一项新技术，用于解决不同网络信息载体之间的数据交换问题，从而实现对目标网站的各类数据进行针对性地采集。依据 Web Service 规范实施的应用之间，无论它们所使用的语言、平台或内部协议是什么，都可以相互交换数据。Web Service 用 SOAP 作为传输协议，航运综合信息系统是基于 Web Service 开发平台接口的。

### 9.3.2 数据采集原理

数据采集程序从目标网址按照采集规则获取相关数据，由于数据采集来源的数据格式不是统一规范的，因而需要对采集到的数据需要进行必要的数据分析和处理，然后保存到数据库中，以便调用分析。基于 Web Service 的数据采集原理如图 9–2 所示。

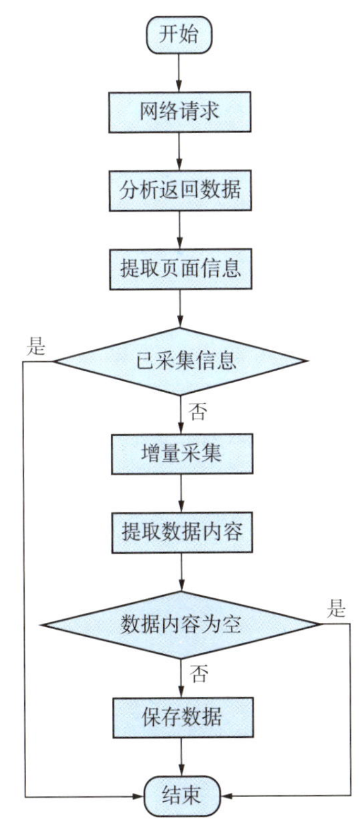

图 9–2 数据采集流程图

基于 Web Service 的数据交换采用正则表达式这种可用于模式匹配和替换的强有力的工具，提取网页特征数据。抓取程序算法是广度优先算法，即从起始页开始，一个链接一个链接跟踪下去，处理完这条线路之后再转入下一个起始页，继续跟踪链接。为提高采集效率，有效避免重复采集，长江航运综合信息服务系统设计的数据采集程序增加以下功能。

（1）支持增量更新即在一次完整的抓取后，之后只抓取更新部分内容，大幅提高数据采集效率。

（2）支持历史记录功能，有效避免重复采集。

（3）支持任务列队功能，当有大量任务同时运行时，可以分批、排队，使得数据采集任务有序进行。

（4）支持断点续采，即软件关闭后，下次打开可以接着上次的断点采集。

（5）支持采集结果发布，可以发布到 Access、SQL Server、MySQL、Oracle 等各种数据库以及在线发布到指定的网站。

通用网页数据采集封装采集的具体实现，仅向用户提供界面友好、标识明确的采集参数设置菜单。用户在配置完采集参数后，即可实现向指定数据库采集指定网页的目的。

数据采集系统后台数据库采用 SQL Server 2005，开发工具使用 Visual Studio 2010，开发语言选择 C#，系统采用 B/S 结构。

### 9.3.3 数据接口及报文结构

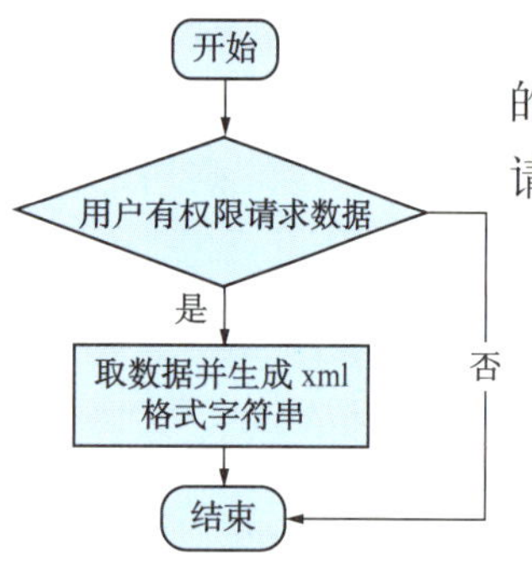


图 9–3 数据接口调用流程图

对采集到的数据对外提供接口以便调用，系统根据用户请求的参数判断是否有权限，接口采用 WebServer 服务的形式返回请求的 xml 数据。数据接口调用流程如图 9–3 所示。

以地区气象走势接口为例，该接口的 SOAP 描述如下：

```
POST /hytool/hyservice.asmx HTTP/1.1
Host: 192.168.70.16
Content-Type: text/xml；charset=utf-8
Content-Length: length
SOAPAction: "hyservice/GetQXYGXQ"

<?xml version="1.0" encoding="utf-8"?>
<soap:Envelope xmlns:xsi="HTTP://www.w3.org/2001/XMLSchema-instance" xmlns:xsd="HTTP://www.w3.org/2001/XMLSchema" xmlns:soap="HTTP://schemas.xmlsoap.org/soap/envelope/">
<soap:Body>
<GetQXYGXQ xmlns="hyservice">
<area>string</area>
<dayNum>string</dayNum>
<timep>string</timep>
<Account>string</Account>
<PassKey>string</PassKey>
</GetQXYGXQ>
</soap:Body>
</soap:Envelope>
```

地区气象走势接口的数据结构如表 9–5 所示。

**地区气象走势接口表结构** 表 9–5

| 数据项（Data Name） | 字段名称（Field Name） | 说明（Description） | 数据类型（Data Type） |
|---|---|---|---|
| 序号 | id | 顺序编号 | int |
| 城市名 | city | 预报气象城市名称 | varchar |
| 天气 | weather | 天气预报情况 | varchar |
| 温度 | warm | 温度 | varchar |
| 风向及风力及雾 | direction | 风力风向及雾等信息 | varchar |

# 10　综合信息服务系统的软件开发与应用

## 10.1　系统开发基础工作

### 10.1.1　系统开发技术选型

根据长江航运综合信息服务系统的功能需求和性能需求，综合信息服务系统通过 Web 抽取、数据库直联、XML 接口开发等方式在各参与方相关业务系统中获取需要的数据，然后通过数据库产品进行清理和整合，形成有效的数据资源，以 Web service 的方式对外提供信息服务。综合信息服务系统在功能上要求能够满足逻辑复杂系统的需求，在系统性能和开发效率上，对数据库产品和软件开发平台提出了较高的要求。通过比选当前主流的数据库产品和软件开发平台，综合信息服务系统选择开发效率更高、用户体验更丰富、实施成本更低、对 Web service 支持更好、更易于管理和维护的微软 .net 开发平台，并选择构造数据库相对容易、开发难度低、性能水平适中、成本较低的 SQL Server 数据库，采用 Visual Studio 2010 + SQL server 2005 方式，来开发航运综合信息服务系统。

### 10.1.2　系统开发工具选型

综合各项指标，航运综合信息服务系统的开发工具，选择当前最流行的微软 .Net 开发平台，微软 .Net 和 J2EE 平台技术指标对比情况如表 10–1 所示。

.Net 和 J2EE 平台技术指标对比表　　表 10–1

| 技术指标 | .Net | J2EE | 描　述 |
|---|---|---|---|
| 技术架构 | 技术架构基本相似，J2EE 支持多平台，单一语言；.Net 支持多语言，单一平台。<br>J2EE 是多家公司维护一个产品；.Net 是一家公司维护多个产品 | | ①二者都支持多层分布式应用的标准架构。<br>② .Net Framework 和 Java 都有一个受控的运行时环境，它不但将源代码转换成中间语言，而且将中间语言编译成本地的可执行代码。两个环境都支持碎片整理、动态类加载和异常处理等。<br>③ .Net 和 Java 都倡导和支持基于组件的设计、多态性、继承和接口、反射、泛型等，也提供基础类库来执行 I/O、XML 处理、带有连接池的数据库接入、文本操作与网页脚本编写。<br>④ .Net Framework 提供了一个跨服务器、PC 和其他设备一致的、面向组件的模型；而 J2EE 提供 EJB 作为服务器端的组件模型。<br>⑤ J2EE 以 Java 语言为主，支持多个操作系统平台；.Net 则基于 Windows 平台，支持多种语言 |
| 稳定性 | 强 | 强 | ①尚未有明显的证据表明哪种应用系统更加稳定。<br>②在 Windows 操作系统上，.Net 应用由于提供原生态支持，理论上反而更加稳定 |

续上表

| 技术指标 | .Net | J2EE | 描　述 |
|---|---|---|---|
| 标准一致性 | 一致 | 不完全一致 | ① .Net 被微软独家支持，有更好的一致性和兼容性。<br>② J2EE 被不同的厂家支持，厂家的标准是不一致 |
| 易用性 | 好 | 相对差 | Microsoft 应用具有良好的应用体验和业界标准的操作模式，并具有最佳的易用性 |
| 可管理性 | 好 | 差 | ①微软公司提供了从设计开发、测试部署、运行维护一体式的产品解决方案；可维护性好。<br>② Java 则缺少这样一致性的官方产品 |
| 开发效率 | 高 | 相对低 | ① Visual Studio 专门针对 .Net 量身定制，具有大量的组件和开发框架，开发模式统一。<br>② Java 则被多家公司支持，开发模式不一致，开发代码量大。<br>③ Visual Studio 作为最佳开发工具赢得了一系列的大奖。第三方 Visual Studio 结果，相对于最好的 Java 工具 Eclipse，Visual Studio 开发效率更高。<br>④ Microsoft 的产品线丰富，而且所有产品都可以相互集成，能够快速整合为一个应用 |
| 运行效率 | 高 | 低 | ① Java 应用运行在 Java 虚拟机上。<br>② .Net 应用运行在 .Net Framework 上，而 .Net Framework 是 Windows 操作系统的组件之一 |
| 实施成本 | 低 | 高 | ① Windows Server 的许可证，比遵从 J2EE 标准的商业服务器许可便宜很多，比率大概为 12∶1。<br>② .Net Framework 开发工具的费用低廉。Visual Studio .Net 是 .Net 的整合开发工具，其许可费用大大低于商业化的 J2EE 销售商制定的开发工具费用。<br>③ .Net 开发效率高导致开发成本低。<br>④使用 .Net 维护费用更低。典型的软件开发和维护占项目总费用的 50% ~ 80%。Middleware 公司研究表明，在 .Net 上一个给定的应用程序开发相对于 J2EE，只需要 1/3 的代码。代码越少就意味着维护成本更低 |
| 用户体验 | 好 | 差 | ① .Net Framework 提供了专门针对用户体验的 WPF 组件，用户体验十分丰富。<br>② Java 缺乏面向用户体验的开发支持 |

## 10.1.3　系统数据库管理系统选型

综合各项指标，航运综合信息服务系统选择微软的 SQL Sever 数据库作为数据库管理系统。三大通用数据库管理系统 SQL Server、Oracle、DB2 指标对比如表 10-2 所示。

**数据库管理系统指标对比表**　　表 10-2

| 技 术 指 标 | SQL Server | Oracle | DB2 |
|---|---|---|---|
| 构造数据库难易度 | 容易，界面简单友好，操作方便，Windows 操作系统无缝集成 | 较复杂 | 困难 |
| 开发难易度 | 较简便，适合快速部署中小型应用系统 | 较复杂，适合大型复杂系统 | 困难 |
| 数据库性能 | 集群性能优异，具备完全 Web 支持，提供 XML 的核心支持以及在 Internet 上和防火墙外进行查询的能力，具有可伸缩性、灵活性、扩充性好的特点 | 事务处理性能强，冗余方式多种多样，备份支持充分 | 高 |
| 安全性 | 好 | 好 | 好 |
| 使用成本 | 使用成本相对低，SQL Server 企业管理器（Enterprise Manager）是 SQL Server 数据库管理系统的组成部分，为用户提供了一个集成的管理控制台来集中管理多个服务器 | 使用成本高，工具软件交给第三方软件商来开发，花费高 | 使用成本昂贵 |

## 10.2 系统功能设计

### 10.2.1 系统定位

航运综合信息服务系统是以长江航运管理和运输业务的流程分析和优化为基础，以航运业务数据交换与集成为手段，以各类长江航运业务系统的应用为依托构建的综合性航运业务信息服务系统。综合信息服务系统能有效联结各类航运业务信息系统，为航运管理部门、船方、港方、货主等各类航运参与者提供航运数据的无缝交换和共享，促进各类业务流程的紧密配合及协同运行，进一步提高运输经营效率，提升航运服务质量，引领长江航运现代化发展。

在收集、分析国内外相关技术资料的基础上，长江航运管理部门组织项目支持和开发单位，通过实地调研、文献查阅和专家咨询等方式，梳理分析长江航运综合信息服务的信息组成、信息分类、信息采集渠道，现有航运业务流程状况、信息分布、数据积累等情况，分析目前已存在的各类业务应用系统运行过程中产生的数据信息和它们之间的数据信息关系，确定综合信息服务系统的信息服务范围、种类和服务方式，最终以整合长江航运公共综合信息为主，全面提供经过整理后的航运综合信息管理、信息展现，及各种公共信息服务的调用、应用服务的集成功能。

### 10.2.2 系统展现形式

综合信息服务系统以 B/S 模式下的网站平台为主要展现效果，提供新闻类信息、数据类信息、统计图表信息、服务控件类信息的全面展示。

综合信息服务系统采用目前最流行的 Jquery 框架和 Ajax 技术，实现网站前台的展示功能，通过专业的网页制作工具，网络编程语言 HTML5 以及层叠样式表 CSS 技术，综合设计前台的展示布局，根据显示内容的不同，来突出最主要的信息部分。新闻类信息针对标题和内容，选用具有强烈对比的字体和颜色进行区分。数据类信息采用表格和排序方式，实现数据可定制化显示需要的数据内容。统计图类信息根据不同的数据内容，统计分类，以常见的饼状图、柱状图以及多维度图进行统计效果展示。总之，综合信息服务系统采用多方式，多维度地来实现服务信息的综合展示。

### 10.2.3 系统基本功能

（1）前端展示功能（图 10–1）

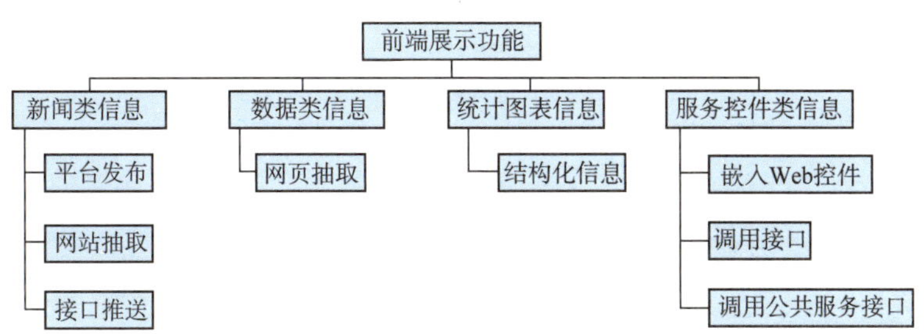


图 10–1 系统前端展示功能模块图

①新闻类信息的模块化展示

传统新闻类信息的模块化展示，可通过平台发布、网站抽取、接口推送等各种形式进行采集。

②数据类信息的模块化展示与查询

对相关条理清晰的业务数据进行网页抽取结构化处理，将数据进行结构化管理，并提供灵活的展现及查询。数据类信息的统计结果以图、表化展示。

③统计图表信息展示

对已有的结构化数据信息，按要求进行统计结果的展现，包括统计表、统计图展示。

④集成相关服务控件类信息进行本地展示

通过嵌入其他应用系统的 Web 控件功能，集成相关的应用服务功能，提出对需集成控件的技术要求，便于系统作集成应用。

前端展示还包括对其他服务网站的接口进行调用，对查询结果进行展示；通过调用其他网站提供的公共服务接口，进行查询结果的本地展示，使系统具有综合查询、搜索统一入口功能。

（2）后台管理功能（图 10–2）

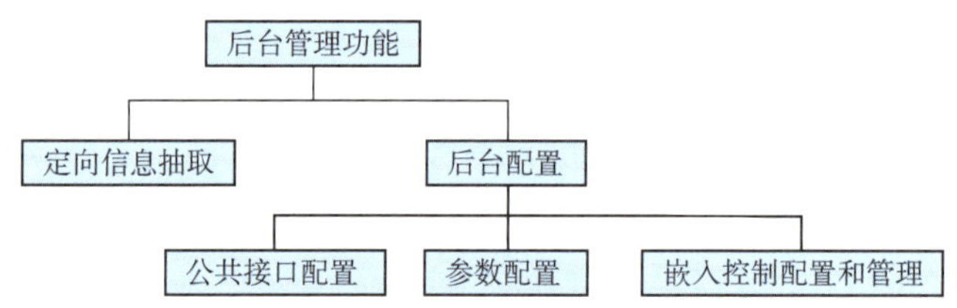


图 10–2　系统后台管理功能图

①定向信息抽取功能

通过后台定向信息抽取管理功能，以长江航运政府网、长江海事局、长江航道局、长江三峡通航管理局网站等航运公共信息提供源网为主，进行综合信息的抽取，并进行数据结构化转换。

②后台配置功能

提供前端展示效果的后台配置功能，进行模块化、规范化管理，包括配置公共接口功能、对调用其他应用的公共接口提供参数配置功能管理、配置嵌入控件功能和对嵌入控件提供相应的后台管理功能。

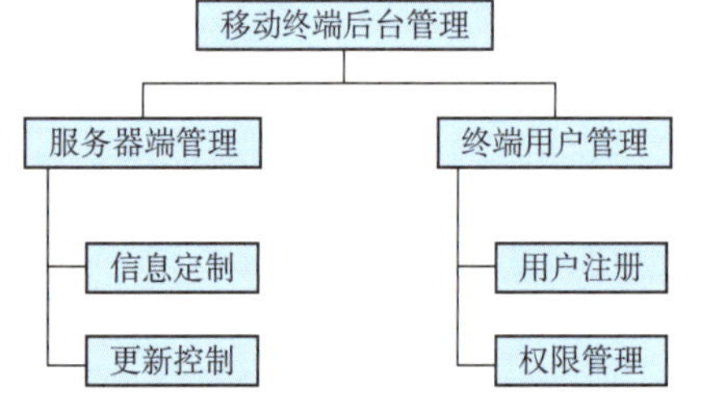


图 10–3　智能移动终端后台管理功能图

（3）移动端后台管理功能（如图 10–3 所示）

①移动应用的服务器端管理

集成移动应用的服务器后台管理，对移动终端信息发布进行定制，数据更新包的控制等。

②移动终端的用户管理

包括移动用户的注册、权限管理等。

# 10.3 系统数据库设计

## 10.3.1 数据库规范

(1) 开发规范

①遵守数据库设计规范 3NF 范式。

②主外键规范：

A. 关联字段必须设为外键。

B. 所有的键必须唯一。

C. 避免使用复合键。

D. 外键关联唯一的键字段。

(2) 命名规范

①对象名称应准确完整地描述对象的含义。

②数据库对象的命名应避免和系统原有对象名称（如系统表、系统存储过程等）重复。

③对象名称中的不同单词能够方便地区分。

④使用 Pascal 语言命名规则。

(3) 标识符和状态

①数据库表均以"t_"为前缀。

②数据库表字段均不加前缀。

③数据库视图均以"view_"为前缀。

④数据库存储过程均以"sp_"为前缀。

⑤数据库参数均以"@"为前缀。

⑥数据库约定概念数据模型（CDM）中实体所对应的表必须以 GUID 为主键，其他表以 int 自增类型字段为主键。例如：用户实体对应的用户表的主键为 GUID 类型，而用户实体与应用系统对应关系的主键以 int 自增类型为主键。

## 10.3.2 数据表设计

综合信息服务系统数据库按照规范约定设计数据表以及表之间的关系。核心数据表有：采集源网站地址表 sourceInfo、新闻主表 newInfo、气象预告表 weather、水位公告表 waterLevel、三峡调度表 dispatch、验船师表 shipSurveyor、船员培训机构表 crewTraining、验船机构表 checkBoat、危险品申报员表 dangerousGoodsDeclaration、港口水情 portInformation。其中采集源网站地址表 sourceInfo 用于保存需要采集新闻的板块及网址，保存数据的数据库表名及网页内容匹配规则表达式；新闻主表 newInfo 用于保存所有采集的新闻内容；其余的表用于保存非文本形式的新闻内容，并通过新闻主表 newInfo 的主键 id 进行关联。各数据表的关系如图 10-4 所示。

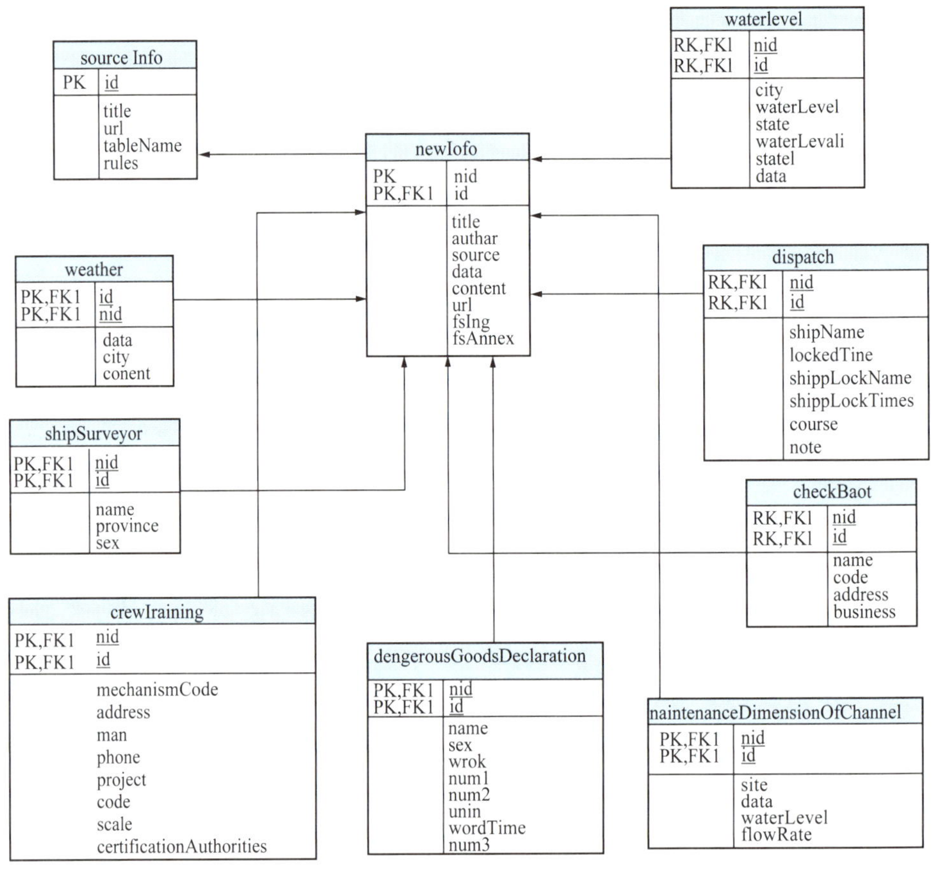


图 10–4　数据表关系图

### 10.3.3　数据库字典

数据库字典用以存放综合信息服务系统相关的数据表、字段、类型以及大小。综合信息服务系统业务逻辑复杂，设计的数据表很多，因而选用部分数据字典内容进行说明。

数据库：cjhyw，数据相关表，见表 10–3 ～表 10–12。

**采集源网站地址表**（sourceInfo）　　表 10–3

| 序号 | 列名 | 数据类型 | 长度（B） | 小数位 | 标识 | 主键 | 允许空 | 说　明 |
|---|---|---|---|---|---|---|---|---|
| 1 | id | int | 4 | 0 | 是 | 是 | 否 | 索引 |
| 2 | title | varchar | 50 | 0 | | | 否 | 页面版块名称 |
| 3 | url | varchar | 200 | 0 | | | 否 | 网站网址 |
| 4 | tableName | varchar | 20 | 0 | | | 否 | 保存新闻的数据库表名 |
| 5 | rules | varchar | 200 | 0 | | | 否 | 数据采集规则 |

新闻主表（newInfo） 表 10-4

| 序号 | 列名 | 数据类型 | 长度(B) | 小数位 | 标识 | 主键 | 允许空 | 说明 |
|---|---|---|---|---|---|---|---|---|
| 1 | nid | int | 4 | 0 | 是 | 是 | 否 | 新闻索引 |
| 2 | title | varchar | 200 | 0 | | | 否 | 文章标题 |
| 3 | author | varchar | 20 | 0 | | | 否 | 作者 |
| 4 | source | varchar | 100 | 0 | | | 否 | 文章来源 |
| 5 | data | varchar | 50 | 0 | | | 否 | 发布日期 |
| 6 | content | varchar | 16 | 0 | | | 否 | 文章内容 |
| 7 | url | varchar | 200 | 0 | | | 否 | 源地址 |
| 8 | isImg | bit | 1 | 0 | | | 否 | 是否有图片或 flash 等 |
| 9 | isAnnex | bit | 1 | 0 | | | 否 | 是否有附件 |
| 10 | id | int | 4 | 0 | | | 否 | 同 sourceInfo 表索引 id |

验船机构表（checkBoat） 表 10-5

| 序号 | 列名 | 数据类型 | 长度(B) | 小数位 | 标识 | 主键 | 允许空 | 说明 |
|---|---|---|---|---|---|---|---|---|
| 1 | nid | int | 4 | 0 | 是 | 是 | 否 | 公用新闻表索引 |
| 2 | name | varchar | 30 | 0 | | | 否 | 机构名称 |
| 3 | code | varchar | 20 | 0 | | | 否 | 机构代码 |
| 4 | address | varchar | 50 | 0 | | | 否 | 通讯地址 |
| 5 | business | varchar | 100 | 0 | | | 否 | 业务范围 |

船员培训机构表（crewTraining） 表 10-6

| 序号 | 列名 | 数据类型 | 长度(B) | 小数位 | 标识 | 主键 | 允许空 | 说明 |
|---|---|---|---|---|---|---|---|---|
| 1 | nid | int | 4 | 0 | 是 | 是 | 否 | 公用新闻表索 |
| 2 | mechanismCode | varchar | 20 | 0 | | | 否 | 机构代码 |
| 3 | address | varchar | 50 | 0 | | | 否 | 培训地点 |
| 4 | man | varchar | 20 | 0 | | | 否 | 联系人 |
| 5 | phone | varchar | 20 | 0 | | | 否 | 联系电话 |
| 6 | project | varchar | 30 | 0 | | | 否 | 培训项目及规模 |
| 7 | code | varchar | 10 | 0 | | | 否 | 代码 |
| 8 | scale | varchar | 20 | 0 | | | 否 | 培训规模 |
| 9 | certificationAuthorities | varchar | 30 | 0 | | | 否 | 考试发证机关 |

危险品申报员表（dangerousGoodsDeclaration） 表 10-7

| 序号 | 列名 | 数据类型 | 长度(B) | 小数位 | 标识 | 主键 | 允许空 | 说明 |
|---|---|---|---|---|---|---|---|---|
| 1 | nid | int | 4 | 0 | 是 | 是 | 否 | 公用新闻表索引 |
| 2 | name | varchar | 20 | 0 | | | 否 | 姓名 |
| 3 | sex | varchar | 2 | 0 | | | 否 | 性别 |
| 4 | wrok | varchar | 50 | 0 | | | 否 | 单位 |
| 5 | num1 | varchar | 30 | 0 | | | 否 | 货申编号 |
| 6 | num2 | varchar | 30 | 0 | | | 否 | 装箱员编号 |
| 7 | unin | varchar | 20 | 0 | | | 否 | 所属海事 |
| 8 | workTime | varchar | 20 | 0 | | | 否 | 取证时间 |
| 9 | num3 | varchar | 30 | 0 | | | 否 | 船申编号 |

三峡调度表（dispatch） 表 10-8

| 序号 | 列名 | 数据类型 | 长度(B) | 小数位 | 标识 | 主键 | 允许空 | 说　明 |
|---|---|---|---|---|---|---|---|---|
| 1 | nid | int | 4 | 0 | 是 | 是 | 否 | 公用新闻表索引 |
| 2 | shipName | varchar | 30 | 0 | | | 否 | 船舶名称 |
| 3 | lockedTime | varchar | 20 | 0 | | | 否 | 过闸时间 |
| 4 | shipLockName | varchar | 50 | 0 | | | 否 | 闸名 |
| 5 | shipLockTimes | varchar | 30 | 0 | | | 否 | 闸次 |
| 6 | course | int | 4 | 0 | | | 否 | 航向 |
| 7 | note | varchar | 50 | 0 | | | 否 | 备注 |

港口水情（portInformation） 表 10-9

| 序号 | 列名 | 数据类型 | 长度(B) | 小数位 | 标识 | 主键 | 允许空 | 说　明 |
|---|---|---|---|---|---|---|---|---|
| 1 | nid | int | 4 | 0 | 是 | 是 | 否 | 公用新闻表索引 |
| 2 | site | varchar | 30 | 0 | | | 否 | 站名 |
| 3 | data | varchar | 20 | 0 | | | 否 | 时间 |
| 4 | waterLevel | varchar | 20 | 0 | | | 否 | 水位 |
| 5 | flowRate | varchar | 20 | 0 | | | 否 | 流量 |

验船师表（shipSurveyor） 表 10-10

| 序号 | 列名 | 数据类型 | 长度(B) | 小数位 | 标识 | 主键 | 允许空 | 说　明 |
|---|---|---|---|---|---|---|---|---|
| 1 | nid | int | 4 | 0 | 是 | 是 | 否 | 公用新闻表索引 |
| 2 | name | varchar | 20 | 0 | | | 否 | 姓名 |
| 3 | province | varchar | 50 | 0 | | | 否 | 省份 |
| 4 | sex | varchar | 2 | 0 | | | 否 | 性别 |

水位公告（waterLevel） 表 10-11

| 序号 | 列名 | 数据类型 | 长度(B) | 小数位 | 标识 | 主键 | 允许空 | 说　明 |
|---|---|---|---|---|---|---|---|---|
| 1 | nid | int | 4 | 0 | 是 | 是 | 否 | 公用新闻表索引 |
| 2 | city | varchar | 20 | 0 | | | 否 | 城市 |
| 3 | waterLevel | varchar | 20 | 0 | | | 否 | 水位 |
| 4 | state | varchar | 20 | 0 | | | 否 | 状态 |
| 5 | waterLeval1 | varchar | 20 | 0 | | | 否 | 预报水位 |
| 6 | state1 | varchar | 20 | 0 | | | 否 | 预报状态 |
| 7 | data | varchar | 50 | 0 | | | 否 | 日期 |

气象预告表（weather） 表 10-12

| 序号 | 列名 | 数据类型 | 长度(B) | 小数位 | 标识 | 主键 | 允许空 | 说　明 |
|---|---|---|---|---|---|---|---|---|
| 1 | nid | int | 4 | 0 | 是 | 是 | 否 | 公用新闻表索引 |
| 2 | data | varchar | 50 | 0 | | | 否 | 日期 |
| 3 | city | varchar | 30 | 0 | | | 否 | 城市 |
| 4 | content | varchar | 100 | 0 | | | 否 | 气象 |

# 10.4　系统开发与实现

## 10.4.1　数据抓取开发技术与实现

（1）程序工作原理

综合信息服务系统采用 C/S 架构设计，使用 C# 的 windows forms 开发。程序工作原理先为模拟浏览器浏览网页，得到页面的数据再进行分析，最后把分析的结构即整理好的数据写入数据库。具体如下。

①发送 HTTPRequest 请求。

②接收 HTTPResponse 返回的结果，得到页面的 html 源码。

③根据设定的页面取作者、来源、日期等信息的正则表达式规则取得相应的内容。

④根据设定的取正文的正则表达式规则取得新闻正文部分的源码。

⑤若新闻为列表形式，则根据设定的列表规则从新闻的正文源码中循环取出各个列的表值。

⑥若新闻为文本形式，则根据设定的文本规则从新闻的正文源码中取出正文内容。

⑦判断是否有附件，若有则下载附件到系统对应目录下，并修改新闻源码中原路径为系统指定目录。

⑧根据设定各个栏目新闻的数据库表将取出的数据写入对应的数据库表中。

此外，可对系统自动分析的数据进行手动分析，具体流程为：选择相应的新闻，系统将源网页内容展示在界面上，并将自动分析的数据取出到界面，手动将有差异的数据修改并保存，系统将更新到数据库中。

对外信息发布接口将为系统采集的信息对外提供 Web Service 服务，系统根据用户请求的参数判断是否有权限，若有则返回请求板块对应日期的新闻内容的 XML 格式的数据。

（2）模块用例

模块用例图如图 10-5 所示。

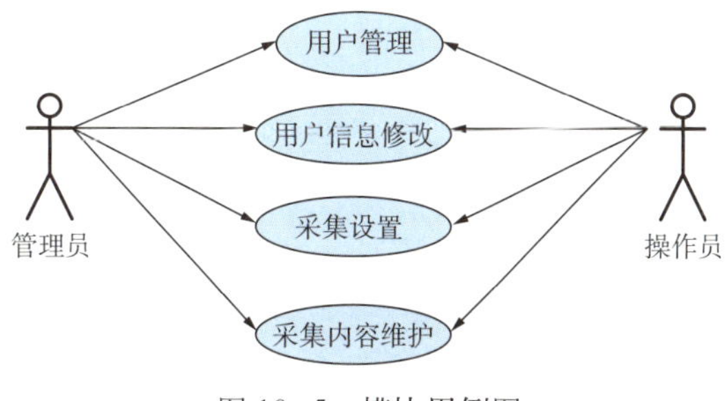


图 10-5　模块用例图

（3）模块流程图

①信息采集（如图 10-6 所示）

②信息接口（如图 10-7 所示）

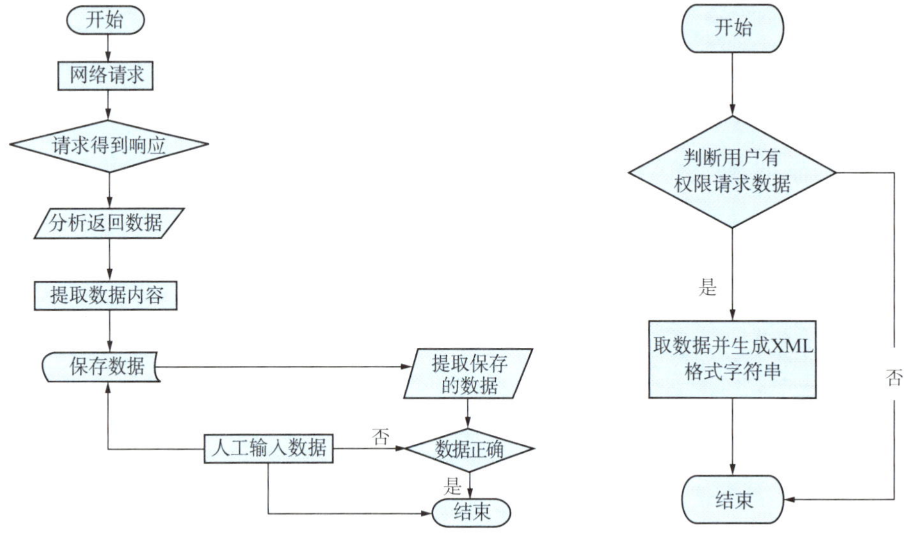


图 10–6　数据采集流程图　　　　图 10–7　信息接口流程图

（4）信息抓取代码

```
// 前略
private void GetOnePageWS(string url)
{
   setTxt ss = new setTxt(st);
isRead = true;
   Model.tSwggxq model = new Model.tSwggxq();
   Dal.tSwggxq dal = new Dal.tSwggxq();
   string htmlStr = hr.Get(url,utf8Encode);
   if (htmlStr == "" || htmlStr == null)
   {
         this.Invoke(ss,url + " 的内容没有读到，请重试 \r\n");
      isRead = false;
      return;
   }
   System.Net.HTTPWeb.HtmlParse.HtmlDocument doc1=new System.Net.HTTPWeb.
         HtmlParse.HtmlDocument();
   doc1.LoadHtml(htmlStr);
      // 得到标题
   HtmlNode swFontTitle = doc1.DocumentNode.SelectSingleNode("//font [ @id=
         'artibodyTitle' ]");
   string titleStr = swFontTitle.InnerText;
   titleStr = titleStr.Replace(" 点水位公告 ","");
```

```
string [ ] titleArray = titleStr.Split(' 日 ');
string swDate = titleArray [ 0 ];
swDate = swDate.Replace(" 年 ","-").Replace(" 月 ","-");
model.DateValue = DateTime.Parse(swDate);

string swTime = titleArray [ 1 ];
model.timePoint = swTime;

// 判断日期 时间点是否已采集
if (isHaveDealUrl(swDate,swTime))
{
    this.Invoke(ss," 存在 \r\n");
  isRead = false;
  return;
}

this.Invoke(ss,swDate + "---" + swTime + "\r\n");

HtmlNode swFont = doc1.DocumentNode.SelectSingleNode("//font [ @id='artibody' ]");
HtmlNodeCollection swTr = null;
System.Net.HTTPWeb.HtmlParse.HtmlDocument doc2 = new System.Net.HTTPWeb.
    HtmlParse.HtmlDocument();
  doc2.LoadHtml(swFont.InnerHtml.Replace(" ","").Replace("\r\n",""));
  if (swFont.InnerHtml.Contains("tr"))
  {
    swTr = doc2.DocumentNode.SelectNodes("//tr");
  }else{
    swTr = doc2.DocumentNode.SelectNodes("//div");
  }if (swTr == null){
    isRead = false;
    return;
  }
  foreach (HtmlNode item in swTr)
  {
    if (item.InnerHtml.Contains(" 预报水位 "))
    {
    break;
```

```
        }
        bool isSuccess = false;
        string swStr = item.InnerText.Replace(" ","").Replace("\r","").Replace("\n",
                "").Replace("\t","").Replace(" ","");
        Match itemTitle = Regex.Match(swStr,@"(.\D?)0800 时 (\d*.\d*) 米 (.\D?)",
                        RegexOptions.Singleline | RegexOptions.IgnoreCase);
        if (itemTitle.Success)
        {
        isSuccess = true;
        } else{
        itemTitle = Regex.Match(swStr,@"(.\D?)(\d*.\d*) 米 (.\D?)",RegexOptions.
Singleline | RegexOptions.IgnoreCase);
            if (itemTitle.Success)
            {
                isSuccess = true;
            }
        }
        if (isSuccess)
        {
        model.city = itemTitle.Result("$1") == " 场 )" ? " 涪陵 ( 清溪场 )" : itemTitle.
Result("$1");
            model.city = model.city.Replace("-","");
            model.water = itemTitle.Result("$2");
            model.state = itemTitle.Result("$3");

            this.Invoke(ss,model.city + "--" + model.water + "--" + model.state + "\r\n");
            dal.Add(model);
        }
    }

    isRead = false;
}
// 后略
```

## 10.4.2 复杂数据结构化技术实现

（1）数据结构分析

综合信息服务平台数据库主要分为六大子数据库：系统数据库、发布信息数据库、互动信息数据库、物流信息数据库（存储物流业务相关信息内容）、物流信息辅助信息数据库（存储船货相关的信息）、基础空间信息数据（存储空间定位标准和电子江图数据）。

数据结构直接反映系统的业务流，依据业务类别，综合信息服务系统数据分为与上述数据库相对应的六大类。综合信息服务系统分两层进行设计。数据层提供数据的物理存储形式，数据操作依赖于基于连接的两层模型，即上层应用通过连接直接访问数据源。

（2）新闻数据结构代码

```
// 前略
namespace hydata.Model
{
        /// <summary>
        /// tNews: 实体类）属性说明自动提取数据库字段的描述信息）
        /// </summary>
        [ Serializable ]
        public partial class tNews
        {
                public tNews))
                {}
                #region Model
                private int _id;
                private string _newstitle;
    private int _channelID;
                private string _newsdetail;
                private DateTime _posttime;
                private string _newspic;
                private int _newspart;
                private int _clicks;
                private string _flag;
                private int _ntype;
    private int _uid;
    private string _postdate;

                public int ID
                {
                        set{ _id=value;}
                        get{return _id;}
                }
```

```
                public string NewsTitle
                {
                        set{ _newstitle=value;}
                        get{return _newstitle;}
                }

        public int ChannelID
        {
          set { _channelID = value; }
          get { return _channelID; }
        }

                public string NewsDetail
                {
                        set{ _newsdetail=value;}
                        get{return _newsdetail;}
                }

                public DateTime PostTime
                {
                        set{ _posttime=value;}
                        get{return _posttime;}
                }

                public string NewsPic
                {
                        set{ _newspic=value;}
                        get{return _newspic;}
                }
                /// <summary>
        /// 1 网站新闻 2 公司新闻
                /// </summary>
                public int NewsPart
                {
                        set{ _newspart=value;}
                        get{return _newspart;}
                }
```

```
            public int Clicks
            {
                    set{ _clicks=value;}
                    get{return _clicks;}
            }

            public string Flag
            {
                    set{ _flag=value;}
                    get{return _flag;}
            }

            public int NType
            {
                    set{ _ntype=value;}
                    get{return _ntype;}
            }

            public int UID
            {
                    set{ _uid=value;}
                    get{return _uid;}
            }

public string PostDate
{
   set { _postdate = value; }
   get { return _postdate; }
}
            #endregion Model

/// <summary>
/// 增加一条数据
/// </summary>
public int Add)Model.tNews model)
{
```

```
        StringBuilder strSql = new StringBuilder));
        strSql.Append)"insert into tNews)");
strSql.Append)"NewsTitle,ChannelID,NewsDetail,PostTime,NewsPic,NewsPart,Clicks,Flag,NTy
pe,UID,Isload)");
strSql.Append)" values )
");
strSql.Append)"@NewsTitle,@ChannelID,@NewsDetail,@PostTime,@NewsPic,@NewsPart,@
Clicks,@Flag,@NType,@UID,1)");
        strSql.Append)";select @@IDENTITY");
        SqlParameter [ ] parameters = {
                              new SqlParameter)"@NewsTitle",SqlDbType.VarChar,250),
                              new SqlParameter)"@ChannelID",SqlDbType.Int,4),
                              new SqlParameter)"@NewsDetail",SqlDbType.Text),
                              new SqlParameter)"@PostTime",SqlDbType.DateTime),
                              new SqlParameter)"@NewsPic",SqlDbType.VarChar,250),
                              new SqlParameter)"@NewsPart",SqlDbType.Int,4),
                              new SqlParameter)"@Clicks",SqlDbType.Int,4),
                              new SqlParameter)"@Flag",SqlDbType.VarChar,50),
                              new SqlParameter)"@NType",SqlDbType.Int,4),
                              new SqlParameter)"@UID",SqlDbType.Int,4)};
        parameters [ 0 ].Value = model.NewsTitle;
        parameters [ 1 ].Value = model.ChannelID;
        parameters [ 2 ].Value = model.NewsDetail;
        parameters [ 3 ].Value = model.PostTime;
        parameters [ 4 ].Value = model.NewsPic;
        parameters [ 5 ].Value = model.NewsPart;
        parameters [ 6 ].Value = model.Clicks;
        parameters [ 7 ].Value = model.Flag;
        parameters [ 8 ].Value = model.NType;
        parameters [ 9 ].Value = model.UID;

        object obj = DbHelperSQL.GetSingle)strSql.ToString)),parameters);
        if )obj == null)
        {
          return 0;
        }else{
          return Convert.ToInt32)obj);
```

```
            }
        }
            }
}
// 后略
```

### 10.4.3　系统后台管理功能的开发与实现

（1）后台管理功能分析

综合信息服务系统包括定向信息抽取功能、前端展示配置功能、配置公共接口功能、配置嵌入控件功能以及人员角色管理等。定向信息抽取模块，对以长江航务管理局、长江海事局、长江航道局、长江三峡通航管理局等为主的网站航运信息，进行实时数据采集、清洗、结构化转换，存储到本地数据库。前端展示配置模块，提供前端展示效果的参数配置功能，对信息展示方式进行模块化、规范化管理。系统配置公共接口模块，对调用其他应用的公共接口提供参数配置管理。

（2）后台部分代码

```
// 前略
namespace YXShop.Web.Admin
{
    public partial class index : System.Web.UI.Page
    {
        protected string WebName;
        protected void Page_Load(object sender,EventArgs e)
        {
            if (!this.Page.IsPostBack)
            {
            }
        }
        public string message = "";
        protected void Login_Click(object sender,ImageClickEventArgs e)
        {

            // 检查填写的表单
            if (!CheckForm())
            {
                return;
            }
```

```
        // 系统登录
        string userLoginName = this.txtUserLoginName.Text;
        string userLoginPwd = this.txtUserLoginPwd.Text;
        AccountsPrincipal newUser = AccountsPrincipal.
                              ValidateLogin(userLoginName,userLoginPwd);
        if (newUser == null)// 登录信息不对
        {
          ChangeHope.WebPage.Script.Alert(" 登录失败：登录信息不对 ");
          return;
        }else {
string sql = "select * from Accounts_Users where UserType=@UserType and UserName=@
UserName ";
          System.Data.SqlClient.SqlParameter [ ] values=new System.Data.
SqlClient.SqlParameter [ ] {
            new System.Data.SqlClient.SqlParameter("@UserType","AA"),
new System.Data.SqlClient.SqlParameter("@UserName",
userLoginName)
          };
          DataTable dt = ChangeHope.DataBase.DataHelper.GetDataTable(sql,values);
          if (dt.Rows.Count == 1)
          {
          }else{
            ChangeHope.WebPage.Script.Alert(" 登录失败：登录信息不对 ");
            return;
          }

          // 根据用户对象的上下文得到用户对象信息，用于得到其他信息
          User currentUser = new LTP.Accounts.Bus.User(newUser);
          Context.User = newUser;
          // 验证当前用户密码
        if(((SiteIdentity)User.Identity).TestPassword(userLoginPwd)== 0)
          {
            ChangeHope.WebPage.Script.Alert(" 登录失败：你的密码无效 ");
            return;
          }else{
            // 保存当前用户对象信息
            FormsAuthentication.SetAuthCookie(userLoginName,false);
```

```
                Session ["UserInfo"] = currentUser;
                Session ["Style"] = currentUser.Style;
                if (Session ["returnPage"] != null)
                {
                    string returnpage = Session ["returnPage"].ToString();
                    Session ["returnPage"] = null;
                    Response.Redirect(returnpage);
                }else{
                    LTP.Accounts.Bus.User adminInfo =(LTP.Accounts.Bus.User)
Session ["UserInfo"];
                    if (adminInfo != null)
                    {
                        string _sql = "INSERT INTO sysLogs(strGuid,
dtOperatingtime,strUser,strInfo)
VALUES(NEWID(),GETDATE(),' " + adminInfo.UserName + "' ,' "+" 登录系统
"+"' )";
                        Maticsoft.DBUtility.DbHelperSQL.ExecuteSql(_sql);
                    }
                    this.Response.Redirect("admin_index.aspx");
                }
            }
        }
    }

    /// <summary>
    /// 检查表单
    /// </summary>
    private bool CheckForm()
    {
        string message = "";
        // 检查浏览器是否打开 Cookies
        if (Request.Cookies ["CheckCode"] == null)
        {
message = " 您的浏览器设置已被禁用 Cookies, 您必须设置浏览器允许使用 Cookies 选项后
才能使用本系统。";
            ChangeHope.WebPage.Script.Alert(message);
            return false;
```

```
            }

            // 检查验证码
            if (!Request.Cookies["CheckCode"].Value.ToUpper().Equals(
txtCheckCode.Text.ToUpper()))
            {
                message = "温馨提示：验证码错误";
                ChangeHope.WebPage.Script.Alert(message);
                return false;
            }
            // 系统登录
            string userLoginName = this.txtUserLoginName.Text;
            string userLoginPwd = this.txtUserLoginPwd.Text;
            if (userLoginName.Equals("") || userLoginPwd.Equals(""))
            {
                message = "温馨提示：用户名或者密码为空";
                ChangeHope.WebPage.Script.Alert(message);
                return false;
            }
            return true;
        }
    }
}
// 后略
```

### 10.4.4 系统首页模块开发与实现

（1）系统首页模块分析

综合信息服务系统数据采集源来自长江航务管理部门、长江海事管理部门、长江航道管理部门、长江三峡通航管理部门等网站的航运业务数据和公共服务信息。通过对从上述网站采集到的数据进行分析处理后转存到中间数据库，最后通过调用中间数据库的数据信息，完成数据的发布、数据的统计分析、各类页面效果图的绘制展示。

综合信息服务系统首页模块提供了航运信息、交易信息、电子江图以及其他数据服务。首页菜单包括航运信息、航运分析、交易信息、航运查询、航运文库、航运黄页、电子江图、电子助导航以及数据服务等项目。数据内容里面，进行分类展示，包括焦点新闻、通知公告、安全信息、三峡通航、坝区水情，以及船、货等信息。在数据交互方面，系统提供了公众服务、航运问答等服务。此外，首页还提供了便捷通道、长江水势、坝区调度计划、招投标信息以及相关资质证书查询的服务。

(2) 首页模块部分代码

①首页菜单代码

```
<div id="nav" class="clearfix">
  <dl>
     <dd><a href="/index.aspx" class="first01"> 首页 </a></dd>
     <dd><a href="/hyxx/index.aspx" class="first02"> 航运信息 </a></dd>
     <dd><a href="/hytool/SwQuery.aspx" class="first03"> 航运分析 </a></dd>
     <dd><a href="/hygy.aspx" class="first04"> 交易信息 </a></dd>
     <dd><a href="/hytool/YcsQuery.aspx" class="first07"> 航运查询 </a></dd>
     <dd><a href="/hywk/index.aspx" class="first06"> 航运文库 </a></dd>
     <dd><a href="/hyhy.aspx" class="first05"> 航运黄页 </a></dd>

     <!--<dd><a href="/map.aspx" class="first08"> 电子江图 </a></dd>-->
     <dd><a href="/shiponline.aspx" class="first09"> 电子助导航 </a></dd>
     <dd><a href="/DataServices.aspx" class="first10"> 数据服务 </a></dd>
  </dl>
</div>
```

②长航通客户端下载代码

```
<div class="code_imgm codemanm"style="DISPLAY:none;"id=float-div onmouseover=hovercell()
  onmouseout=hiddenDiv()>
  <div class="code_ml">
     <div  class="code_mll">
        "航运通"手机客户端应用，主要服务于船员、船公司以及长江航运相关从业者，提
供各类航运信息查询及在线咨询服务。
     </div>
     <div class="code_mlr">
        <img src="/Template/images/rwm01.jpg" />
        <span> 手机客户端下载 </span>
     </div>
  </div>
  <div class="code_mr">
     <div class="code_mrt">"长航通"航运信息移动服务系统软件主要应用于 Android
                平板及手机，展示新闻信息以及完成互动功能，配合长江航运网项目。
  </div>
        <div  class="code_mrb">
```

```
                <div class="code_mrba">
                    <img src="/Template/images/rwm02.jpg" />Android 版 <a href="/Template/ 长航通 / 长航通使用手册 -Android 版 .doc"  class="code_mrbabt2"> 使用手册 </a>
                </div>
                <div class="code_mrba">
                    <img src="/Template/images/rwm03.jpg" />Android 平板 <a href="/Template/ 长航通 / 长航通安装手册 -Android 版 .doc"  class="code_mrbabt2"> 安装手册 </a>
                </div>
                <div class="code_mrba">
                    <img src="/Template/images/rwm04.jpg" />IOS 版 <a href="/Template/ 长航通 / 长航通安装手册 -IOS 版 .doc"  class="code_mrbabt2"> 安装手册 </a>
                </div>
            </div>
        </div>
</div>
```

③用户登录信息代码

```
<div class="top">
    <div class="top01">
        <span class="a1"> 您好，欢迎访问长江黄金水道综合信息服务系统！</span> <span> [</span>
<a href='/user.aspx'  target='_top'> 登录 </a>
<span>] </span>  |  <span> [</span>
<a href='/user.aspx'  target='_top'> 注册 </a>
<span>] </span>  
        <div class="topr">
            <span class="a1">027-82761296</span><a href="#"> 收藏 </a>
        </div>
    </div>
</dsiv>
```

### 10.4.5　系统用户权限管理开发与实现

（1）权限管理

综合信息服务管理系统用户人群广，范围大，用户类别和权限多。为了更好地实现对数据信息的访问和系统数据的安全性，综合信息服务系统采用基于角色的权限管理机制，按照不同模块的统一资源定位符（URL）以及用户的角色，分配给用户不同的访问权限和交互视图，便于用户的操作，而且在交互层面对数据进行安全隔离，进一步保证了系统数据的安全。

（2）基于角色的权限模块部分代码

①根据角色提取菜单

```
// 前略
function loadMenuTree(_islink) {
// 判断是否跳转链接
var islink = false;
if (arguments.length == 1 && _islink) {
islink = true;
}
// 发送 AJAX 请求
$.ajax({
type : "post",
url : "../tools/admin_ajax.ashx?action=get_navigation_list&time="+ Math.random(),
dataType : "html",
success : function (data, textStatus) {
// 将得到的数据插入到页面中
$("#sidebar-nav .list-box").html(data);
$("#pop-menu .list-box").html(data);
// 初始化导航菜单
initMenuTree(islink);
initPopMenuTree();
// 设置左边导航滚动条
$("#sidebar-nav").niceScroll({ touchbehavior : false, cursorcolor : "#7C7C7C",
cursoropacitymax : 0.6, cursorwidth : 5 });
$("#pop-menu .list-box").niceScroll({ touchbehavior : false, cursorcolor :
"#7C7C7C", cursoropacitymax : 0.6, cursorwidth : 5 });
$("#pop-menu .list-box").getNiceScroll().hide();
// 设置主导航菜单显示和隐藏
navresize();
}
});
}
```

②初始化导航菜单

```
function initMenuTree(islink) {
```

```
// 先清空 NAV 菜单内容
$("#nav").html('');
$("#sidebar-nav .list-box .list-group").each(function (i) {
// 添加菜单导航
var navHtml = $('<li><i class="icon-' + i + '"></i><span>' + $(this).
attr("name") + '</span></li>').appendTo($("#nav"));
// 默认选中第一项
if (i == 0) {
$(this).show();
navHtml.addClass("selected");
}
// 为菜单添加事件
navHtml.click(function () {
$("#nav li").removeClass("selected");
$(this).addClass("selected");
$("#sidebar-nav .list-box .list-group").hide();
$("#sidebar-nav.list-box.list-group").eq($("#nav li").
index($(this))).show();
});
// 为 H2 添加事件
$(this).children("h2").click(function () {
if ($(this).next("ul").css('display') != 'none') {
return false;
}
$(this).siblings("ul").slideUp(300);
$(this).next("ul").slideDown(300);
// 展开第一个菜单
if ($(this).next("ul").children("li").first().children("ul").length > 0)
{
//$(this).next("ul").children("li").first().children("a").child   ren(expandable").last().removeClass
("close");
//$(this).next("ul").children("li").first().children("a").child   ren(".expandable").last().addClass
("open");
//$(this).next("ul").children("li").first().children("ul").firs      t().show();
}
});
```

```
// 首先隐藏所有的 UL
$(this).find("ul").hide();
// 绑定树菜单事件 . 开始
$(this).find("ul").each(function (j) { // 遍历所有的 UL
// 遍历 UL 第一层 LI
$(this).children("li").each(function () {
liObj = $(this);
// 插入选中的三角
var spanObj = liObj.children("a").children("span");
$('<div class="arrow"></div>').insertBefore(spanObj); // 插入到 span 前面
// 判断是否有子菜单和设置距左距离
var parentExpandableLen = liObj.parent().parent().children("a").
children(".expandable").length; // 父节点的左距离
if (liObj.children("ul").length > 0) { // 如果有下级菜单
// 删除链接，防止跳转
liObj.children("a").removeAttr("href");
// 更改样式
liObj.children("a").addClass("pack");
// 设置左距离
var lastExpandableObj;
for (var n = 0; n <= parentExpandableLen; n++) { // 注意 <=
lastExpandableObj = $('<div class="expandable"></div>').
insertBefore(spanObj); // 插入到 span 前面
}
// 设置最后一个为闭合 + 号
lastExpandableObj.addClass("close");
// 创建和设置文件夹图标
$('<div class="folder close"></div>').insertBefore(spanObj);
// 隐藏下级的 UL
liObj.children("ul").hide();
// 绑定单击事件
liObj.children("a").click(function () {
// 搜索所有同级 LI 且有子菜单的左距离图标为 + 号及隐藏子菜单
$(this).parent().siblings().each(function () {
//alert($(this).html());
if ($(this).children("ul").length > 0) {
// 设置自身的左距离图标为 + 号
```

```
$(this).children("a").children(".expandable").last().removeClass("o      pen");
$(this).children("a").children(".expandable").last().addClass("close");
// 隐藏自身子菜单
$(this).children("ul").slideUp(300);
}
});
// 设置自身的左距离图标为 - 号
$(this).children(".expandable").last().removeClass("close");
$(this).children(".expandable").last().addClass("open");
// 显示自身父节点的 UL 子菜单
$(this).parent().children("ul").slideDown(300);
});
} else {
// 设置左距离
for (var n = 0; n < parentExpandableLen; n++) {
$('<div class="expandable"></div>').insertBefore(spanObj); // 插入到 span 前面
}
// 创建和设置文件夹图标
$('<div class="folder open"></div>').insertBefore(spanObj); // 插入到 span 前面
// 绑定单击事件
liObj.children("a").click(function () {
// 删除所有的选中样式
$("#sidebar-nav .list-box .list-group ul li a").
removeClass("selected");
// 自身添加样式
$(this).addClass("selected");
// 保存到 Cookie
addCookie("dt_manage_navigation_cookie", $(this).attr("navid"), 2
40);
});
}
});
// 显示第一个 UL
if (j == 0) {
$(this).show();
// 展开第一个菜单
if ($(this).children("li").first().children("ul").length > 0) {
```

```
$(this).children("li").first().children("a").children(".expandable").la
                    st().removeClass("close");
$(this).children("li").first().children("a").children(".expandable").la
                    st().addClass("open");
$(this).children("li").first().children("ul").show();
}
}
});
// 绑定树菜单事件 . 结束
});
// 定位或跳转到相应的菜单
linkMenuTree(islink);
}
// 后略
```

### 10.4.6　系统用户登录管理开发与实现

（1）用户登录管理

综合信息服务系统提供了丰富的航运、交易、船货等信息，用户能够进行匿名或注册登录访问系统。匿名用户具有浏览和查询部分信息的功能，要访问更多的数据或进行数据交互，必须进行用户注册登录访问。综合信息服务系统提供了用户注册、登录的服务，用户输入自己的用户名和密码，后台通过数据库校对，确认数据匹配，用户即登录成功。为了确保用户信息的安全性，用户的密码以信息摘要算法与（MD5）加密的方式，保存在数据库，降低了数据库用户密码被窃取的风险。

（2）用户登录部分代码

```
// 前略
// 检查填写的表单
if (!CheckForm())
{
          return;
 }
 // 系统登录
 string userLoginName = this.txtUserLoginName.Text;
 string userLoginPwd = this.txtUserLoginPwd.Text;
AccountsPrincipal newUser = AccountsPrincipal.ValidateLogin(userLoginName,u
serLoginPwd);
  if (newUser == null)// 登录信息不对
          ChangeHope.WebPage.Script.Alert(" 登录失败 ：登录信息不对 ");
```

```
    return;
    }else{
string sql = "select * from Accounts_Users where UserType=@UserType and Us
erName=@UserName ";
System.Data.SqlClient.SqlParameter [ ] values=new System.
Data.SqlClient.SqlParameter [ ] {
        new System.Data.SqlClient.SqlParameter("@UserType","AA"),
        new System.Data.SqlClient.SqlParameter("@UserName",userLoginName)
    };

    DataTable dt= ChangeHope.DataBase.DataHelper.GetDataTable(sql,values);
    if (dt.Rows.Count == 1)
    {
    }else{
        ChangeHope.WebPage.Script.Alert(" 登录失败 : 登录信息不对 ");
        return;
    }

    // 根据用户对象的上下文得到用户对象信息，用于得到其他信息
    User currentUser = new LTP.Accounts.Bus.User(newUser);
    Context.User = newUser;
    // 验证当前用户密码
    if (((SiteIdentity)User.Identity).TestPassword(userLoginPwd) == 0)
    {
          ChangeHope.WebPage.Script.Alert(" 登录失败 : 你的密码无效 ");
      return;
}else {

          // 保存当前用户对象信息
      FormsAuthentication.SetAuthCookie(userLoginName,false);
      Session [ "UserInfo" ] = currentUser;
      Session [ "Style" ] = currentUser.Style;
      if (Session [ "returnPage" ] != null)
      {
          string returnpage = Session [ "returnPage" ] .ToString();
          Session [ "returnPage" ] = null;
          Response.Redirect(returnpage);
```

```
    }else{
        LTP.Accounts.Bus.User adminInfo = (LTP.Accounts.
BusUser)Session [ "UserInfo" ];
            if (adminInfo != null)
            {
                string _sql = "INSERT INTO sysLogs(strGuid,dtOperatingtime,
        strUser,strInfo) VALUES(NEWID(),GETDATE(),'" +
adminInfo.UserName + "','"+" 登录系统 "+"')";
                    Maticsoft.DBUtility.DbHelperSQL.ExecuteSql(_sql);
            }
            this.Response.Redirect("admin_index.aspx");
    }
}
// 后略
```

### 10.4.7　系统 Web Service 接口开发与实现

（1）系统 WebService 接口分析

综合信息服务系统采用目前最流行的接口方式，为其他系统提供公共的访问接口，提供船员、港口、水位、气象、新闻等信息，实现数据的有效共享和价值最大化。综合信息服务系统接口调用地址为 http：//www.cjhy.com.cn/hytool/hyservice.asmx。部分接口定义如下：

①船员培训机构　GetCYPXJGXQ

输入参数：查询值（parameter）、查询类型（subject）。

返回数据：机构代码（organCode）、培训地点（training）、联系人（man）、联系电话（phone）、培训项目及规模（project）、代码（code）、培训规模（scale）、考试发证机关（organ）。

②港口水情

A. 某地区某一段时间内港口水情关联详情 GetGKSQBYAREA

输入参数：日期（strDate）、格式：yyyy-MM-dd，如 2013-01-01。

返回数据：站名（site）、时间（data）、水位（water）、流量（flowRate）。

B. 某日所有地区港口水情关联详情 GetGKSQBYDATE

输入参数：日期（strDate）；格式：yyyy-MM-dd，如 2013-10-14。

返回数据：站名（sitename）、日期（datavalue）、时间（timepoint）、水位（water）、流量（flowRate）。

③气象预告 GetQXYGXQ

输入参数：日期（strDate）、天数（dayNum）（默认 10）、时间点（timep）（默认 17

时）；日期格式：yyyy–MM–dd，如 2013–01–01。

返回数据：城市名（city）、天气（weather）、高温度（hightemperature）、低温度（lowtemperature）、风向及风力及雾（environment）、日期（qxdate）、时间点（timepoint）。

④水位公告

A. 某地区一段时间内水位公告关联详情 GetSWGGXQBYAREA

输入参数：日期（strDate）；格式：yyyy–MM–dd，如 2013–01–01。

返回数据：城市名（city）、水位（water）、状态（state）。

B. 某天所有地区水位公告关联详情 GetSWGGXQBYDATE

输入参数：日期（strDate）；格式：yyyy–MM–dd，如 2013–10–14。

返回数据：城市名（city）、水位（water）、状态（state）、日期（DateValue）。

⑤三峡、葛洲坝两坝调度计划 GetSXDDByArea

输入参数：坝区（area）；发布日期（ReleaseTime），格式：（例如）area：三峡 yyyy–MM–dd，如 2013–08–21。

返回数据：闸次（indexValue）、航向（Direction）、闸次开始时间（starTime）、过闸船舶（ship）、发布日期（ReleaseTime）、坝区（area）。

⑥危险品申报员详情 GetWXPSBYXQ

必选输入参数：无。可选输入参数：姓名，如李道义。

返回数据：姓名（names）、性别（sex）、单位（work）、货申编号（shnum）、装箱员编号（zxynum）、所属海事（mari）、取得证书时间（qdtime）、船申编号（shipnum）。

⑦验船机构详情 GetYCJGXQ

必选输入参数：无。可选输入参数：机构名称，如云南省船舶检验处。

返回数据：机构名称（organName）、机构代码（organCode）、通讯地址（commcation）、业务范围（Scope）。

⑧验船师详情 GetYCSXQ

必选输入参数：无。可选输入参数：姓名，如刘天成。

返回数据：省份（province）、姓名（names）、性别（sex）。

⑨新闻栏目 GetNewsType

输入参数：无。

返回数据：新闻栏目（strType）。

⑩新闻信息 GetNews

输入参数：新闻栏目（strType）。

返回数据：新闻栏目（strType）、新闻标题（strTitle），新闻日期（strDate）、新闻的链接（strHref）、新闻详情（strText）。

（2）接口实例代码

```
// 前略
#region 水位公告关联详情
[ WebMethod(Description = "<h3>一日期所有地区水位公告关联详情</h3><p>输入参数:
```

```
(strDate)= 日期；(Account)= 账号；(PassKey)= 授权密令；(例如) 格式：(yyyy-MM-dd)、2013-10-14;<br> 返回数据:(city)= 城市名、水位 (water)、状态 (state)、日期 (DateValue)</p>")]
public XmlDataDocument GetSWGGXQBYDATE(string strDate,string Account,string PassKey)
{
DataSet ds = new DataSet()；
Try
{
        int nRows = GetRowsByUserNamePassKey(Account,PassKey)；
    if (nRows == 0)
          {
          return ErrorXml()；
        }

    string strCmd = string.Format(@"select city,water,state,DateValue from  tSwggxq where
    DateValue='{0}'",strDate)；
    ds = DbHelperSQL.Query(strCmd)；
    return DsToXmlDataDocument(ds)；
}catch{
return ErrorXml()；
  }
}

[WebMethod(Description = "<h3> 一地区一段时间内水位公告关联详情 </h3><p> 输入参数：(area)= 地区；(sDate)= 开始日期；(eDate)= 结束日期；(Account)= 账号；(PassKey)= 授权密令；(例如) 格式：南京,2013-10-14(yyyy-MM-dd)、2013-10-14；<br> 返回数据：(city)= 城市名、水位 (water)、状态 (state)、</p>")]

public XmlDataDocument GetSWGGXQBYAREA(string area,string sDate,string eDate,
string Account,string PassKey)
{
DataSet ds = new DataSet()；
  DataSet ds1 = new DataSet()；
Try
{
        int nRows = GetRowsByUserNamePassKey(Account,PassKey)；
```

```
        if (nRows == 0)
        {
            return ErrorXml() ;
        }

        string strCmd = "select city,water,state,DateValue from tSwggxq where city like
        '%" + area + "%' and datevalue>=' " + sDate + "' and datevalue<=' "
    +eDate+"' order by datevalue asc,timePoint asc" ;

        ds = DbHelperSQL.Query(strCmd) ;
        return DsToXmlDataDocument(ds) ;
}catch{
return ErrorXml() ;
}
}
// 后略
```

### 10.4.8 系统数据同步接口开发与实现

（1）数据同步接口分析

综合信息服务系统是能够提供航道、港口、船舶船员、航运管理、水上安全、三峡通航、航运市场、公共服务、航运数据等信息的系统。系统涉及大量的数据采集、清洗、转换工作。数据同步接口的优劣决定了系统的服务质量好坏。鉴于数据同步接口的性能对综合信息服务系统的重要性，以及开发接口的可扩展性和灵活性，综合信息服务系统采用 C# 语言进行封装，调用 Oracle 数据库的底层 API 接口，实现数据同步接口的开发，保证数据的同步性能以及接口调优的可扩展性。

（2）数据同步接口部分代码

```
public void getdd ( )
{
oracleCon con = new oracleCon();
string sql = "select DAMGATE_ID,DAMGATE_ORDER,DAMGATE_DIRECTION,
DAMGATE_BEGINTIME,SHIP_NAME,PASS_DAM_TYPE,PLAN_BEGINTIME from
sx.ship_passdam_plan where  ROUND(TO_NUMBER(PLAN_BEGINTIME - sysdate)) = 0
order by DAMGATE_ID,DAMGATE_ORDER";
DataTable table = con.Db_CreateDataSet(sql).Tables [ 0 ];    if (table != null)
    {
        string indexvalue = "";      string direction = "";      string startime = "";      string ship
```

```
= "";        string area = "";
        Model.tSxdd model = new Model.tSxdd();                for (int i = 0; i < table.Rows.Count;
i++)
        {
            string dd = table.Rows [ i ][ "damgate_id" ] .ToString();              string dam = "";
switch (dd)
            {
                case "1" : dam = " 三峡南线 "; break;
                case "2" : dam = " 三峡北线 "; break;
                case "32" : dam = " 升船机 "; break;
                case "4" : dam = " 葛洲坝 1# 闸 "; break;
                case "8" : dam = " 葛洲坝 2# 闸 "; break;
                case "16" : dam = " 葛洲坝 3# 闸 "; break;
            }
            if (area != "")
            {
                if (area != dam || indexvalue != table.Rows [ i ]
                        [ "DAMGATE_ORDER" ] .ToString())
                {
                    model.indexValue = Convert.ToInt16(indexvalue);
                    model.Direction = direction;
                    model.starTime = Convert.ToDateTime(startime);
                    model.ship = ship;
                    model.Add(model);
                    model.area = area;
                    ship = "";
                }else{
                }
            }
            area = dam;
            indexvalue = table.Rows [ i ][ "DAMGATE_ORDER" ] .ToString();
            direction = table.Rows [ i ][ "DAMGATE_DIRECTION" ] .ToString();
            startime = table.Rows [ i ][ "DAMGATE_BEGINTIME" ] .ToString();
            ship += table.Rows [ i ][ "PASS_DAM_TYPE" ] .ToString() + table.Rows [ i ]
                [ "SHIP_NAME" ] .ToString() + " ";               }
            }
        }
```

```
/// <summary>
/// 增加一条数据
/// </summary>
public int Add(Model.tSxdd model)
{
   StringBuilder strSql = new StringBuilder();
   strSql.Append("if(not exists(select 1 from tSxdd where datediff
      (day,getdate(),releaseTime) = 0 and area = @area and indexvalue = @indexValue and
Direction = @Direction and starTime = @starTime))");
         strSql.Append(" begin insert into tSxdd(");
         strSql.Append("indexValue,Direction,starTime,ship,releaseTime,area)");
   strSql.Append(" values (");
   strSql.Append("@indexValue,@Direction,@starTime,@ship,getdate(),@area)");
   strSql.Append(";select @@IDENTITY end");
   SqlParameter [ ]parameters = {
         new SqlParameter("@indexValue",SqlDbType.Int,4),
         new SqlParameter("@Direction",SqlDbType.VarChar,50),
         new SqlParameter("@starTime",SqlDbType.DateTime),
         new SqlParameter("@ship",SqlDbType.VarChar,500),
         new SqlParameter("@releaseTime",SqlDbType.DateTime),
         new SqlParameter("@area",SqlDbType.VarChar,50)};
   parameters [ 0 ].Value = model.indexValue;
   parameters [ 1 ].Value = model.Direction;
   parameters [ 2 ].Value = model.starTime;
   parameters [ 3 ].Value = model.ship;
   parameters [ 4 ].Value = model.releaseTime;
   parameters [ 5 ].Value = model.area;
    object obj = DbHelperSQL.GetSingle(strSql.ToString(),parameters);
    if (obj== null)
    {
         return 0;
    }else{
      return Convert.ToInt32(obj);
    }
}
#endregion  Method
// 后略
```

### 10.4.9 系统 socket 套接字数据接口开发与实现

（1）socket 接口分析

socket 是建立在传输层协议上的一种套接字规范，是一种基本的通信机制。它屏蔽了底层通信软件和具体操作系统的差异，使任意两台安装了 TCP 协议软件的计算机，能够基于套接字规范进行通信。它提供了不同主机间进程双向通信的端点，进程在通信前各自建立一个 socket，并通过对 socket 的读写操作实现网络通信功能。

socket 套接字编程，要求对数据打包封装才能实现数据的交换传输，因此系统设计和实现者需要规定传输数据的格式、定义传输数据加密、解密密钥，设定数据检错、纠错的方式，然后根据网络环境灵活设计数据包。socket 通信方式具有数据传输可靠、安全性好、拥塞易于控制、通信资源便于管理的优点，在网络环境比较差的情况下，能够采用相应的机制来保证数据传输的可靠和安全。但是这种方式接口程序设计工作量大，要求系统开发人员具有丰富的网络编程知识和经验。

综合信息服务系统采集长江海事管理部门的 AIS 数据，数据量大，传输实时性要求高，因此，采用 socket 通信方式来进行数据的传输交换。通过 socket 协议向 AIS 通信服务器获取实时的船位信息，包括中英文船名、九位码、经纬度、航速、航向以及更新时间等。此时，对于 AIS 通信服务器，综合信息服务系统作为客户端向 AIS 服务器发送数据获取请求，并将接收到的 AIS 数据分类存储（AIS 动态数据、AIS 静态数据、AIS 历史数据）。按照长江海事管理部门信息中心提供的“AIS 数据转发协议”标准，综合信息服务系统实现了同海事管理部门 AIS 服务器的数据通信。

（2）socket 接口部分代码

```
// 前略
int Receive(SOCKET fd,char *szText,int len)
{
   int cnt;
   int rc;
   cnt = len;
   while (cnt > 0)
      {
      rc = recv(fd,szText,cnt,0);
      if (rc == SOCKET_ERROR)
         {
         return  - 1;
         }
      if (rc == 0)
         return len - cnt;
```

```
        szText += rc;
        cnt -= rc;
        }
    return len;
}

int Send(SOCKET fd,char *szText,int len)
{
    int cnt;
    int rc;
    cnt = len;
    while (cnt > 0)
    {
        rc = send(fd,szText,cnt,0);
        if (rc == SOCKET_ERROR)
        {
            return  - 1;
        }
        if (rc == 0)
            return len - cnt;
        szText += rc;
        cnt -= rc;
  }
  return len;
}

#define DEFAULT_PORT 2000
void CServerDlg : : OnStart()
{
    sockaddr_in local;
    DWORD dwThreadID = 0;
    local.sin_family = AF_INET;
    // 设置的端口为 DEFAULT_PORT
    local.sin_port = htons(DEFAULT_PORT);
    //IP 地址设置成 INADDR_ANY, 让系统自动获取本机的 IP 地址
    local.sin_addr.S_un.S_addr = INADDR_ANY;
    // 初始化 Socket
```

```
    m_Listening = socket(AF_INET,SOCK_STREAM,0);
    if (m_Listening == INVALID_SOCKET)
    {
        return ;
    }
    // 将本地地址绑定到所创建的套接字上
    if (bind(m_Listening,(LPSOCKADDR) &local,sizeof(local)) == SOCKET_ERROR)
    {
        closesocket(m_Listening);
        return ;
    }
    // 创建监听线程，这样也能响应界面上的操作
    m_hListenThread = ::CreateThread(NULL,0,ListenThread,this,0,d
        &dwThreadID);
    m_StartBtn.EnableWindow(FALSE);
    m_StopBtn.EnableWindow(TRUE);
}

// 监听线程函数：
WORD WINAPI CServerDlg::ListenThread(LPVOID lpparam)
{
    CServerDlg *pDlg = (CServerDlg*)lpparam;
    if (pDlg == NULL)
        return 0;
    SOCKET Listening = pDlg->m_Listening;
    // 开始监听是否有客户端连接。
    if (listen(Listening,40) == SOCKET_ERROR)
    {
        return 0;
    }
    char szBuf[MAX_PATH];
    // 初始化
    memset(szBuf,0,MAX_PATH);
    while (1)
    {
        SOCKET ConnectSocket;
        sockaddr_in ClientAddr;
```

```
        int nLen = sizeof(sockaddr);
        // 阻塞直到有客户端连接，不然多浪费 CPU 资源
        ConnectSocket = accept(Listening,(sockaddr*) &ClientAddr,&nLen);
        // 读到客户端的 IP 地址
        char *pAddrname = inet_ntoa(ClientAddr.sin_addr);
        pDlg->Receive(ConnectSocket,szBuf,100);
        // 界面上显示请求数据
        pDlg->SetRequestText(szBuf);
        strcat(szBuf,pAddrname);
        strcat(szBuf,")");
        // 向客户端发送回应数据
        pDlg->Send(ConnectSocket,szBuf,100);
    }
    return 0;
}

#define DEFAULT_PORT 2000
void CClientDlg : : OnSend()
{
    DWORD dwIP = 0;
    TCHAR szText [ MAX_PATH ];
    memset(szText,0,MAX_PATH);
    m_IP.GetWindowText(szText,MAX_PATH);

    // 把字符串形式的 IP 地址转成 IN_ADDR 结构需要的形式
    dwIP = inet_addr(szText);
    m_RequestEdit.GetWindowText(szText,MAX_PATH);
    ockaddr_in local;
    SOCKET socketTmp;

    // 必须是 AF_INET, 表示该 socket 在 Internet 域中进行通信
    local.sin_family = AF_INET;
    // 端口号
    local.sin_port = htons(DEFAULT_PORT);
    // 服务器的 IP 地址
    local.sin_addr.S_un.S_addr = dwIP;
    // 初始化 socket
```

```
socketTmp = socket(AF_INET,SOCK_STREAM,0);

    // 连接服务器
    if (connect(socketTmp,(LPSOCKADDR) &local,sizeof(local)) < 0)
    {
        closesocket(socketTmp);
        MessageBox(" 连接服务器失败。");
        return ;
    }

    // 发送请求，为简单只发 100Byte, 在服务器端也规定 100Byte。
    Send(socketTmp,szText,100);
    // 读取服务器端返回的数据
    memset(szText,0,MAX_PATH);

    // 接收服务器端的回应
    Receive(socketTmp,szText,100);
    CHAR szMessage [ MAX_PATH ];
    memset(szMessage,0,MAX_PATH);
    strcat(szMessage,szText);

    // 界面上显示回应数据
    m_ReplyBtn.SetWindowText(szMessage);
    closesocket(socketTmp);
}
// 后略
```

## 10.5 移动客户端开发与应用

### 10.5.1 智能终端系统定位

考虑到综合信息服务系统的业务功能，智能终端系统（又名：长航通）设计目的是为广大长江船员和航运相关的企业提供服务。船员、航运企业借助于长航通系统，能够查询日常工作中需要的政务信息、船员服务、AIS 船位、通航信息、助航信息、安全信息、政策法规以及船员、船舶违章等信息，并且能够查看船舶相关视频。此外，船员、航运企业还能够进行在线咨询和问题反馈。

## 10.5.2 智能终端系统功能

智能终端系统主要提供信息发布和查询服务两大功能，具体功能模块如图 10–8 所示。

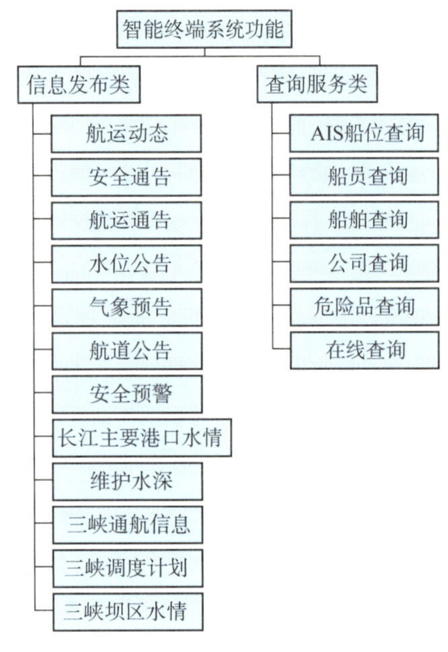


图 10–8 智能移动终端系统功能模块图

（1）信息发布类

①航运动态　发布行业信息。发布长航新闻、水路新闻、电子期刊等航运相关的服务信息。

②安全通告　发布长江航务相关的安全通告信息。

③航运通告　发布航运相关的通告。

④水位公告　发布长江各个监控点的最新水位情况。

⑤气象预告　发布长江各监控点的最新气象预报信息。

⑥航道公告　发布长江航道公告信息。

⑦安全预警　发布长江海事管理部门以及各个分支部门发布的水文水位气象等安全预警信息。

⑧长江主要港口水情　发布长江各个港口的水位水情。

⑨维护水深　发布长江各个河段维护水深和尺度预告等相关信息。

⑩三峡通航信息　发布三峡通航的相关信息。

⑪ 三峡调度计划　发布三峡、葛洲坝两坝调度计划、简表计划。

⑫ 三峡坝区水情　发布三峡坝区水情情况，如三峡入库、出库、葛洲坝出库、水位等相关信息。

（2）查询服务类

① AIS 船位查询　提供查询 AIS 船位信息功能。根据船舶相关信息查询到当前船位等信息。

②船员查询　根据船员姓名等关键字查询到船员的详细信息。

③船舶查询　根据船舶名称等关键字查询到船舶登记的详细信息。

④公司查询　根据公司名称等关键字查询到公司登记注册的详细信息。

⑤危险品查询　根据名称等关键字查询到危险品的详细信息。

⑥在线咨询　提供在线的咨询投诉平台，用户能够在线提交咨询信息，查询咨询信息，同时能够查询到其他用户公开咨询的信息。

## 10.5.3 智能终端系统设计

智能终端系统（长航通）的系统结构设计按照分层、分模块的方式，使得整个软件系统做到层次分明、逻辑清晰、便于维护。系统结构设计如图 10–9 所示。

平台服务器分为服务管理服务器、应用服务器、数据库服务器，备份服务器（A–A

双机备份)。服务器部署方式可采用单机或者集群方式。

服务管理服务器负责数据的自动采集、内部编辑、外部编辑以及数据服务的发布管理。系统级数据中心直接影响对外提供的服务种类及数量。

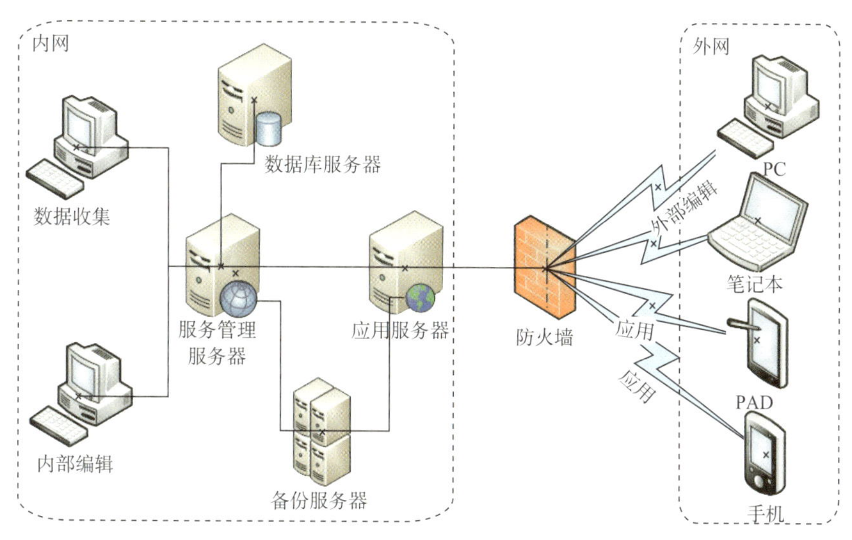


图 10-9　长航通系统结构图

应用服务器部署智能终端系统的应用服务模块，负责对外提供应用交互服务。服务的并发访问数、应用逻辑复杂度以及交互的形式决定着服务的质量。

智能终端系统在整个系统框架的逻辑结构处理中都是按照分层、分模块的方式，使得整个软件系统做到层次分明、逻辑清晰、便于维护。

(1) 长航通客户端设计

长航通客户端以用户操作便捷为基本原则，界面设计合理、图标形象，按功能需求的模块进行界面流转，具有良好的用户体验。

对于大部分功能模块，客户端通过与应用管理服务端交互来实现，采用基于 TCP 的 socket 连接作为通道载体，按双方约定的自定义内部通信协议进行消息传递，通信数据以纯二进制字节流的形态存在，既有效地减少了通信产生的流量，又保证了消息传递的可靠与安全。

为减小服务端的并发连接数量，双方的通信连接方式采用短连接。对于大部分功能模块，当前活动的 Activity 中完成数据请求任务后，立刻关闭连接；对需要定时请求数据的 Activity，如船舶监控，在 Activity 为活动状态时，始终保持连接，以获取 AIS 船位信息。

原始数据量较大的信息，采用分页的形式提供给用户以方便操作，如船舶、船员等信息的查询。分页形式采用目前在 Android 系统上较常见的“查看更多”的方式展示。

新闻类的信息采用 WebView 容器来实现，不仅便于整体的样式及布局设计，而且能够很好地处理信息内的图片、附件等。

客户端程序中有部分功能模块需依赖于第三方的开发包和 Android 平台相关的 API

来完成。首先是船位监控，该模块通过服务端获取实时的 AIS 船位信息，调用百度地图的 API，将船舶信息显示到 GIS 地图上，实现常用的地图操作（缩放、平移等）、按船名（中英文船名、拼音索引）及 MMSI 查询船舶信息，并能够在地图上进行跟踪定位。地图缩放或者平移时，转换当前视图的四角坐标为大地坐标，向服务器发送获取当前区域船位信息的请求；无操作时，按默认 30s 刷新船位信息。另一个功能是船舶视频，用户在登录后，能够从服务器获取视频的最新配置信息，利用 Android 平台自带的 VideoView 和第三方的 JAR 对基于实时流传输协议（RTSP）的流媒体进行播放。

（2）长航通服务端设计

长航通智能终端系统服务端由应用管理服务端、Web 应用服务端、数据库三部分组成。

应用管理服务端的设计考虑服务的整体性能、数据的安全与完整性以及程序的可扩展性。服务端采用 Visual C++ 作为开发平台，在通信处理方面，着重考虑并发性能，合理运用 IOCP 技术来解决 socket 通信方面的因并发而产生瓶颈的问题。在数据库连接方面，系统采用对 Oracle 原生的 OCI 进行直接封装来访问数据库，使数据库的访问更安全高效。应用管理服务端通过预先定义好的内部通信协议（参见《Android 应用通信规约》）来实现与客户端的数据服务。

Web 应用服务端主要为客户端提供新闻信息类的应用服务。系统采用 ASP.NET 开发环境。ASP.NET 是基于通用语言的编译运行的程序，所以它的强大性和适应性，能够满足 Web 应用程序的全部需求。Web 应用服务端不仅要实现新闻文本信息的采集，同时实现对海事管理部门网站新闻图片、附件数据的采集，然后保存到本地 Web 应用服务器中，为长航通客户端提供新闻服务。处理流程如图 10-10 所示。

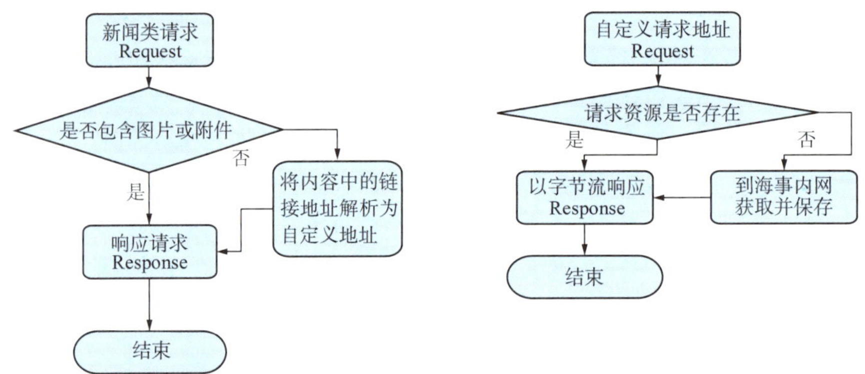


图 10-10　长航通 Web 应用服务端处理流程图

综合信息服务系统的数据库涉及两种类型，一种是 Oracle 10g，用于 AIS 船位信息的管理。另一种是 SQL Server 2005，因为本系统的部分数据来自于海事管理部门现有的业务系统，如船舶、船员、公司、新闻等，而原有的数据库系统均为 SQL Server 数据库，考虑到 SQL Server 之间的数据同步便捷性和兼容性，所以本系统的部分数据源选用 SQL Server 2005 来进行存储管理。系统通过 SQL Server 作业、数据库快照、订阅与分发等多种形式，来完成与其他业务系统数据库的数据同步。

# 参考文献


[1] 徐祖远 . 加快转变发展方式为建设水运强国作出新贡献 [J]. 中国水运 , 2010 (3): 6–8.

[2] 唐冠军 . 打造“数字长江”发展现代航运 [J]. 水运管理 , 2010, 32(6): 1–4.

[3] 孙国庆 . 中国内河航运回顾与展望 [J]. 中国水运 , 2001, 1: 29–31.

[4] 邹力 , 高翔 . 交通运输信息化发展现状和展望 [C]// 但乃越 , 孙玉清 . 数字长江发展论坛文集 , 2010 年卷 . 大连 : 大连海事大学出版社 , 2010.

[5] 罗本成 , 解玉玲 . 欧洲内河航运综合信息服务系统概述 [J]. 水运管理 , 2007, 2: 37–39.

[6] Europe Commission. River Information Service: as policy implementation flows from research[R]. Brussels: Europe Commission, 2004.

[7] The International Navigation Association(PIANC). Guidelines and recommendations for river information services(Edition 2.0)[R]. Brussels: European Commission, 2004.

[8] IMO N A V. Development of an E–Navigation Strategy. Report of the Correspondence Group on navigation, submitted by the United Kingdom. Sub–Committee on Safety of Navigation[J]. London: International Maritime Organization, 2007.

[9] 王娴 . 基于浏览器的数字港及其应用技术研究 [D]. 大连 : 大连海事大学 , 2009.

[10] 李源惠 , 潘明阳 , 吴娴 . 基于动态网格模型的航线自动生成算法 [J]. 交通运输工程学报 , 2007, 3: 34–39.

[11] Zhao L, Hao J. Intelligent Marine Traffic System Architecture for Changjiang River[C]// International Conference on Transportation Engineering 2007. ASCE, 2007: 2858–2863.

[12] Xie H, Zhao D, Miao F. A Kind of Approximately Linear Support Vector Machine Based on Variational Inequality[C]//Computational Intelligence and Industrial Application, 2008. PACIIA’08. Pacific–Asia Workshop on. IEEE, 2008, 1: 287–291.

[13] Wang D Q, Wen Y P, Wang K L. A smaller planar graph without 4–, 5–cycles and intersecting triangles that is not 3–choosable[J]. Information Processing Letters, 2008, 108(3): 87–89.

[14] Li S, Zhao D, Dong J, et al. Research of Convenient Route Design Based on Secure Navigation[C]//The Emerging Frontiers of Transportation and Development in China. ASCE, 2009: 3225–3231.

[15] International Inland ENC Harmonization Group. Status Report on Inland ENC Development

and Standardization[R]. Taunton: IEHG, 2004.

[16] Central Commission for the Navigation of the Rhine. Standard Electronic Chart Display and Information System for Inland Navigation[R]. Strasbourg: CCNR, 2006.

[17] Central Commission for the Navigation of the Rhine. Standard for Electronic Ship Reporting in Inland Navigation[R]. Strasbourg: CCNR, 2006.

[18] Central Commission for the Navigation of the Rhine. Notices to Skippers for Inland Navigation International Standard[R]. Strasbourg: CCNR, 2007.

[19] 刘国辉，彭认灿，董箭，等．基于一体化思想的海图更新数据模型 [J]. 测绘科学技术学报，2010, 27(6): 446–449.

[20] 吕鸣剑，孟东升．基于 SOA 架构的企业集成系统设计与实现 [J]. 现代电子技术，2009, 32(9): 115–117.

[21] 汪涛．基于 SOA 架构的中间件应用集成技术 [J]. 无线电通信技术，2009, 35(4): 14–16.

[22] 孙芳，吴俊彦，张亚彪，等．中国海域助航标志信息平台的设计与实现 [J]. 海洋测绘，2009, 29(3): 54–57.

[23] 马广慧，邵秀丽，李耀芳．基于 XML 的异构数据源间数据交换的实现 [J]. 天津师范大学学报：自然科学版，2008, 28(1): 76–80.

[24] 吴波，曹守明，苏日娜．ITS 共用信息平台的研究 [J]. 重庆交通大学学报：自然科学版，2008, 27(1): 165–168.

[25] 程玲，陈昆．基于 Struts 及 ORM 技术的仓储管理系统 [J]. 福建电脑，2008, 24(8): 128–129.

[26] 冀钢．基于 MVC 模式的 STRUTS 框架的研究与设计 [D]. 天津大学，2007.

[27] David Carlson. XML 应用的 UML 建模技术 [M]. 北京：清华大学出版社，2003.

[28] 林介渺，闫宏印．基于 Web 的地形图查询系统 [J]. 科技情报开发与经济，2008, 17(5): 231–232.

[29] 周俊华，张凤江，宫彦萍，等．欧洲内河航运综合信息服务系统数据交换研究与思考 [J]. 中国水运（下半月），2011, 10: 40.

[30] European Union. Implement of River Information Services in Europe:IRIS Europe–Final Technical Report[R]. Brussels: European Union, 2009.

[31] 俞晓帆，邓运川，季锦章，等．船联网智能感知平台设计研究 [J]. 中国交通信息化，2013 (5): 138–140.

[32] Randeniya D I B, Hilliard M R. Tracking and Predicting Barge Locations on Inland Waterways[J]. Journal of computing in civil engineering, 2012, 27(1): 27–35.

[33] Agarwal K, Alphones A. RIS–based compact circularly polarized microstrip antennas[J]. Antennas and Propagation, IEEE Transactions on, 2013, 61(2): 547–554.

[34] Sam O K. Safety and Environmental Risk and Reliability Modeling Process for Sustainable Inland Water Transportation System[J]. 2010.

[35] Pan M, Zhang B, Hu J. Research on web–based ship navigation system[C]//Computer

Application and System Modeling (ICCASM), 2010 International Conference on. IEEE, 2010, 11: 422–426.

[ 36 ] Chen M D, Yang Z C, Wang D Y, et al. Analysis on Efficiency and Application of Water-Saving Ship Lock in Inland Navigation[C]//Advanced Materials Research. 2012, 487: 506–511.

[ 37 ] Lutz A, Gilles E D. Science Research Application-Collision Detection and Avoidance for Inland Navigation based on Automotive Path-Following[J]. European Journal of Navigation, 2011, 9(3): 18.

[ 38 ] 刘国辉，彭认灿，等．基于制图综合知识的海图更新资料分析方法研究 [J]. 测绘科学，2010, 35(增刊): 178–181.

[ 39 ] Powell J, Ence C, Wallace T, et al. Using ArcGIS Nautical Solution to Produce Navigational Products[C]//Proceedings of the US Hydrographic Conference, Norfolk, VA, 2009.

[ 40 ] 肖京国，谭冀川，刘国辉．基于数据库的一体化海图生产模式研究 [J]. 海洋测绘，2010, 30(4): 41–43.

[ 41 ] Ward R, Greenslade B. IHO S-100: The Universal Hydrographic Data Model[J]. International Hydrographic Organization, Monaco, 2011.

[ 42 ] 桑百川，徐乐，吕霖，等．长江电子航道图制作规范与 IHO ENC 标准比较 [J]. 海洋测绘，2013, 33(6): 73–75.

[ 43 ] Liao X, Jin H, Liu H. Towards a green cluster through dynamic remapping of virtual machines[J]. Future Generation Computer Systems, 2012, 28(2): 469–477.

[ 44 ] Liao X, Chen K, Jin H. AdaptIDC: Adaptive inter-domain communication in virtualized environments[J]. Computers & Electrical Engineering, 2013, 39(7): 2332–2341.

[ 45 ] Li D, Liao X, Jin H, et al. A new disk I/O model of virtualized cloud environment[J]. Parallel and Distributed Systems, IEEE Transactions on, 2013, 24(6): 1129–1138.

[ 46 ] Jiang H, Jin H, Guo S, et al. A measurement-based study on user management in private BitTorrent communities[J]. Concurrency and Computation: Practice and Experience, 2013, 25(14): 2052–2066.

[ 47 ] Liu H, Jin H, Liao X, et al. Live virtual machine migration via asynchronous replication and state synchronization[J]. Parallel and Distributed Systems, IEEE Transactions on, 2011, 22(12): 1986–1999.

[ 48 ] Liao X, Jin H, Bao Z, et al. MoClouDesk: Virtualized Desktop for Mobile Environment[C]//Computational Science and Engineering(CSE), 2011 IEEE 14th International Conference on. IEEE, 2011: 511–517.

[ 49 ] 李鹤，侯海翔，姜跃，等．面向多虚拟机的分布式存储系统 [J]. 计算机科学与探索，2011, 5(7): 595–601.

[ 50 ] Singhal M, Chandrasekhar S, Ge T, et al. Collaboration in multicloud computing environments: Framework and security issues[J]. Computer, 2013 (2): 76–84.

[ 51 ] Papagianni C, Leivadeas A, Papavassiliou S, et al. On the optimal allocation of virtual resources in cloud computing networks[J]. Computers, IEEE Transactions on, 2013, 62(6): 1060–1071.

[ 52 ] Mi H, Wang H, Zhou Y, et al. Toward fine-grained, unsupervised, scalable performance diagnosis for production cloud computing systems[J]. Parallel and Distributed Systems, IEEE Transactions on, 2013, 24(6): 1245–1255.

[ 53 ] 唐经宇，刘东峰，孙粤辉，等. S-57 电子海图文件基础处理库的设计实现 [J]. 计算机工程与科学，2013, 35(2): 184–190.

[ 54 ] 董才华，秦臻. 电子海图数据读取与显示技术 [J]. 中国航海，2012, 4: 007.

[ 55 ] 潘明阳，高进，李超，等. 基于 MapFile 的电子海图数据访问和制图表达 [J]. 大连海事大学学报：自然科学版，2014 (2): 63–68.

[ 56 ] Zhang Z J, Zhao D P, Wang D Q. Study on the Implementation of Quadtree Index on E-Chart System[C]//Applied Mechanics and Materials. 2011, 63: 627–632.

[ 57 ] Zhang Z J, Zhao D P, Wang D Q. Research on Cache Quadtree: A Cache Index for Spatial Data Based on Intelligent Material System[C]//Applied Mechanics and Materials. 2011, 63: 795–799.

[ 58 ] Wang W, Zhao D P, Wang D Q. Analysis based on 3DGIS system for Channel Evolution[C]//Applied Mechanics and Materials. 2011, 97: 382–385.

[ 59 ] Pan M, Pang B, Li C, et al. Research on Web Mapping of Vector Nautical Charts Based on HTML5[C]//Information Science and Cloud Computing Companion(ISCC-C), 2013 International Conference on. IEEE, 2013: 611–617.

[ 60 ] 李超，潘明阳，李邵喜，等. 基于 Android 的电子海图显示系统研究与实现 [J]. 大连海事大学学报：自然科学版，2013 (4): 55–58.

[ 61 ] 李鹏，王斌，石志伟，等. Tag-TextRank: 一种基于 Tag 的网页关键词抽取方法 [J]. 计算机研究与发展，2015, 49(11): 2344–2351.

[ 62 ] Xianmin L, Jianzhong L. Key-Based Method for Extracting Entities from XML Data[J]. Journal of Computer Research and Development, 2014, 1: 007.

[ 63 ] 刘显敏，李建中. 基于键规则的 XML 实体抽取方法 [J]. 计算机研究与发展，2015, 51(1): 64–75.

[ 64 ] 朱泽德，李淼，张健，等. 基于文本密度模型的 Web 正文抽取 [J]. 模式识别与人工智能，2013, 26(7): 667–672.

[ 65 ] Reichartz F, Korte H, Paass G. Semantic relation extraction with kernels over typed dependency trees[C]//Proceedings of the 16th ACM SIGKDD international conference on Knowledge discovery and data mining, ACM, 2010: 773–782.

[ 66 ] Poon H, Vanderwende L. Joint inference for knowledge extraction from biomedical literature[C]//Human Language Technologies: The 2010 Annual Conference of the North American Chapter of the Association for Computational Linguistics. Association for

Computational Linguistics, 2010: 813–821.

[67] 刘鹏博，车海燕，陈伟．知识抽取技术综述 [J]. 计算机应用研究，2010, 27(9).

[68] 刘里，刘小明．基于分隔符和上下文术语的领域现象术语抽取 [J]. 华南理工大学学报：自然科学版，2011, 39(7): 146–149.

[69] Chen Y L, Hong Z W, Chuang C H. A knowledge–based system for extracting text–lines from mixed and overlapping text/graphics compound document images[J]. Expert Systems with Applications, 2012, 39(1): 494–507.

[70] Vel á squez J D, Dujovne L E, L' Huillier G. Extracting significant website key objects: A semantic web mining approach[J]. Engineering Applications of Artificial Intelligence, 2011, 24(8): 1532–1541.

[71] Liu W, Meng X, Meng W. Vide: A vision–based approach for deep web data extraction[J]. Knowledge and Data Engineering, IEEE Transactions on, 2010, 22(3): 447–460.

[72] Su W, Wang J, Lochovsky F H, et al. Combining tag and value similarity for data extraction and alignment[J]. Knowledge and Data Engineering, IEEE Transactions on, 2012, 24(7): 1186–1200.

# 索　引